Domesday Book

or

The Great Survey of England

of

William the Conqueror

A.D. MLXXXVI

Fac-simile of the Part relating to

ESSEX.

Photo-Zincographed by HER MAJESTYS Command

[illegible]

ORDNANCE SURVEY OFFICE SOUTHAMPTON

COLONEL SIR H. JAMES. R.E. F.R.S. &c.

[illegible]

MDCCCLXII

INTRODUCTION.

Domesday Book, or the Great Survey of England, was made by order of William the Conqueror, A.D. 1086.

It is contained in two volumes, the first of which, called Great Domesday Book, is a folio of 760 pages; the second, called Little Domesday Book, containing the survey of the counties of Norfolk, Suffolk, and Essex, is a large octavo of 900 pages of the size of this copy.

These volumes contain the Census of the Kingdom, made up from returns from each county of England, excepting the four northern counties, viz:—Northumberland, Cumberland, Westmorland, and Durham.

The Book of Exeter and the Book of Ely are of the same date, and no doubt copied from the same returns as Domesday Book itself, but they contain more details than are given in Domesday.

The Book of Winchester was made A.D. 1148.

Boldon Book, containing returns for the county of Durham, was made A.D. 1183.

These five Books, with valuable Indexes and very interesting explanatory Introductions, have been published in four folio volumes in modern type, but with all the contractions in the original. The first volume, containing Great Domesday Book, and the second volume, containing Little Domesday Book, were published in 1783.

The other four Books were published in 1816 in the third and fourth volumes, by order of the Royal Commissioners who were appointed for the purpose of carrying into execution the measures recommended by the House of Commons respecting the Public Records of the Kingdom, and under the immediate direction of Sir Henry Ellis, late Principal Librarian of the British Museum, to whom we are indebted for the valuable Introductions and Indexes. To these Introductions, and to the enlarged General Introduction published separately in two octavo volumes in 1833, by the same author, I must refer those who desire to have more detailed information respecting Domesday Book than it is my object in these few preliminary remarks to enter upon.

The following remarkable passage from the Anglo-Saxon Chronicle is taken from the Translation by Mr. Benjamin Thorpe, published under the direction of the Right Hon. the Master of the Rolls.—Vol. II. (Translation) pp. 185, 186.

"A.D. MLXXXV. In this year men declared, and for sooth said, that Cnut King of Denmark, son of King Svein, was bound hitherward, and would win this land with the aid of Robert Count of Flanders; because Cnut had Robert's daughter to wife. When William King of England, who was then residing in Normandy,—because he owned both England and Normandy,—was apprized of this, he went into England with so large an army of horsemen and foot, from France and from Brittany, as never before had sought this land, so that men wondered how this land could feed all that army. But the king caused the army to be distributed through all this land among his vassals: and they fed the army, each according to the measure of his land. And men had great affliction this year; and the king caused the land about the sea to be laid waste, so that if his foes should land, they might not have whereon they might so readily seize. But when the king was informed in sooth that his foes were hindered, and could not further their expedition, he let some of the army go to their own land: and some he held in this land over the winter. Then at midwinter the king was at Gloucester with his 'witan' and there held his court five days; and afterwards the archbishop and clergy had a synod three days. There was Maurice chosen bishop of London, and William to Norfolk, and Robert to Cheshire. They were all the king's clerks. After this the king had a great council, and very deep speech with his 'witan' about this land, how it was peopled, or by what men; then sent his men over all England, into every shire, and caused to be ascertained how many hundred hides were in the shire, or what land the king himself had, and cattle within the land, or what dues he ought to have, in twelve months, from the shire. Also he caused to be written how much land his archbishops had, and his suffragan bishops, and his abbots, and his earls; and—though I may narrate somewhat prolixly—what or how much each man had who was a holder of land in England, in land, or in cattle, and how much money it might be worth. So very narrowly he caused it to be traced out, that there was not one single hide, nor one yard of land, nor even—it is shame to tell, though it seemed to him no shame to do—an ox, nor a cow, nor a swine, was left, that was not set down in his writ. And all the writings were brought to him afterwards."

For the execution of the Survey, Commissioners called King's Justiciaries, or Legati Regis, were appointed to go into each county, these Commissioners, or to quote from Sir H. Ellis, p. 21:—

"The Inquisitors, it appears, upon the oaths of the Sheriffs, the Lords of each Manor, the Presbyters of every Church, the Reves of every Hundred, the Bailiffs and six Villans of every village, were to enquire into the name of the place, who held it in the time of King Edward, who was the present possessor, how many hides in the Manor, how many carrucates in demesne, how many homagers, how many villans, how many cotarii, how many servi, what free-men, how many tenants in socage, what quantity of wood, how much meadow and pasture, what mills and fish-ponds, how much added or taken away, what the gross value in King Edward's time, what the present value, and how much each free-man or soch-man had or has. All this was to be triply estimated: first, as the estate was held in the time of the Confessor; then, as it was bestowed by King William; and thirdly, as its value stood at the formation of the Survey. The jurors were moreover to state whether any advance could be made in the value."

As regards the measures of land in Domesday,

"The truth" Sir H. Ellis says "seems to be that a hide, a yardland, a knight's fee, &c., contained no certain number of acres, but varied in different places," but it has been described to be "as much as was sufficient to the cultivation of one plough, whence our term of plough-land."

"The Carucata, which is also to be interpreted the plough-land, was as much arable as could be managed with one plough and the beasts belonging thereto in a year; having meadow, pasture, and houses for the house-holders and cattle belonging to it;" and it appears that "the hide was the measure of land in the Confessor's reign, the carucate that to which it was reduced by the Conqueror's new standard."

The Hide is generally supposed to be equal to 120 acres.

Money is generally estimated as at thirty times its present value.

In the year 1855 I introduced Photography for the purpose of making accurate reductions of the Ordnance plans from the larger to the smaller scales required, and by which a saving of upwards of £2000 a-year is effected.

In 1859 we improved and adapted the Chromo-carbon process to our requirements in such a way that the Photographs could be at once transferred to the waxed surface of a copper plate to guide the engraver, or to plates of zinc or to stone for printing as by the ordinary methods—and as we generally use zinc plates, I named this art Photo-zincography.

In an interview with the Right Hon. W. E. Gladstone, Chancellor of the Exchequer, he asked my opinion as to the applicability of this art to the copying of some of our ancient MS. records, and I at once expressed my belief that we could produce fac-similes of them at a very trifling cost. But with the view of testing this, I had a small deed of the time of Edward the first copied and printed by this process, and with the sanction of the late Right Hon. Lord Herbert of Lea, Secretary of State for War, copies of it were bound up with my annual Report of the Progress of the Ordnance Survey to the 31st December, 1859, which has been presented to both houses of Parliament.

Having established the fact that Photo-zincography is applicable for the purpose of producing any number of copies of ancient MSS., the Lords of the Treasury, with the concurrence of the Right Hon. Sir John Romilly, Master of the Rolls, directed me to copy that part of Domesday Book which relates to Cornwall; and the publication of that part having excited great interest, and a desire for the continuance of the work county by county, having been very generally expressed, I have been directed to publish the whole work.

In examining copies made by Photo-zincography, it must always be remembered that the original document is not even handled or touched by the copyist, each leaf of the book is placed in succession before the camera by the officer from the Public Record Office, in whose charge it constantly remains, and sometimes after an exposure of only twenty seconds, the copy is taken.

I have placed in juxtaposition a copy of some paragraphs from the original manuscript, and a copy of the same paragraphs from the edition of 1783, to which I have added a translation made by William Basevi Sanders, Esq., of the Public Record Office, in whose charge the book has been whilst the copying was in progress, and who has obligingly examined the proofs of the several volumes before they were printed for sale.

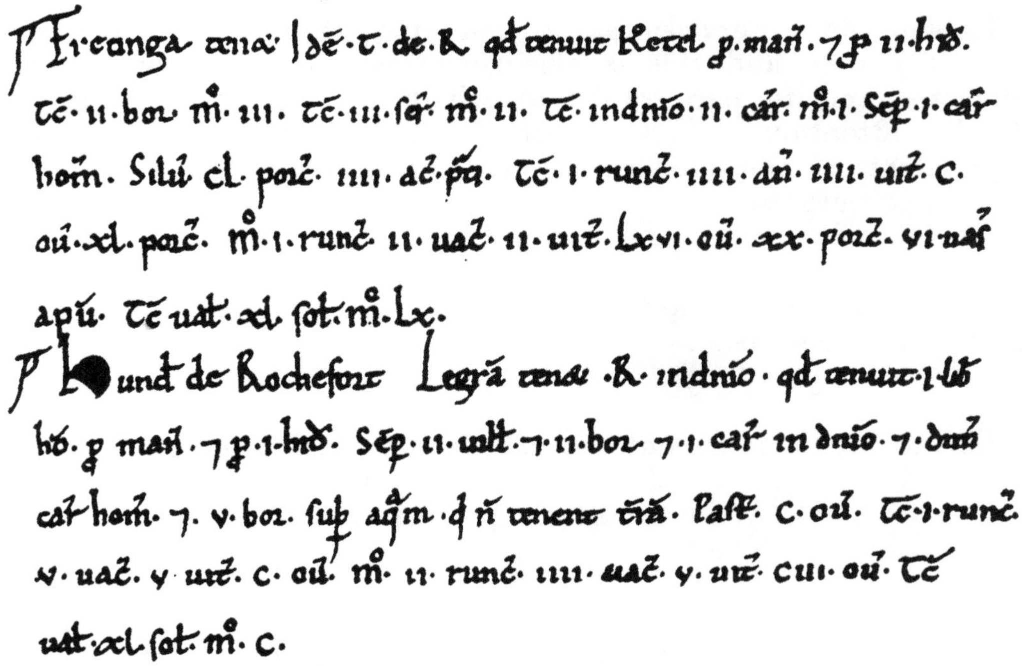

Fretinga ten& Idē . T . de . R . qđ tenuit Ketel . ꝑ . man . 7 ꝑ . II . hid.
Tc̄ . II . bor . m̄ . III . Tc̄ . III . ser . m̄ . II . Tc̄ . in dn̄io . II . car . m̄ . I . Sēp . I . car
hom . Silu . CL . porc . IIII . ac . p̄ti . Tc̄ . I . runc . IIII . an . IIII . uit . C .
ou . XL . porc . M . I . runc . II . uac . II . uit . LXVI . ou . XX . porc . VI . uas
apū . Tc̄ ual . XL . sol . m̄ . LX.

Hund de Rochefort Legrā ten& . R . in dn̄io . qđ tenuit . I . lib
hō . ꝑ man . 7 ꝑ . I . hid . Sēp . II . uilt . 7 . II . bor . 7 . I . car in dn̄io . 7 . dim
car hom . 7 . V . bor . sup aqm . q n̄ tenent trā . Past . C . ou . Tc̄ . I . runc .
. V . uac . V . uit . C . ou . m̄ . II . runc . IIII . uac . V . uit . CIII . ou . Tc̄
ual . XL . sol . m̄ . C.

TRANSLATION.

Page 150.

The same T[urold] holds Fretinga [Frinton] of R[anulph Peverel] which Ketel formerly held for a Manor and two hides. There, were then two bordars; at present there are three. And three serfs, while there are now but two. At that time there were two ploughs in demesne and now there is one, and there has always been one plough belonging to the homagers. Wood for one hundred and fifty hogs and four acres of meadow. There were formerly one hackney, four beasts, four calves, one hundred sheep and forty hogs—there are now one hackney, two cows, two calves, sixty six sheep, twenty hogs and six hives of bees. Its former value was forty shillings—its present is sixty.

The Hundred of Rochefort [Rochford]. R[anulph Peverel] holds Legram [Leigh] in demesne which was formerly held by a free man for a Manor and one hide. There, have always been two villeins, two bordars and one plough in demesne with half a plough belonging to the homagers, and five bordars living upon the water who hold no land. Pasture for a hundred sheep. There, were formerly one hackney, five cows, five calves and one hundred sheep. At present there are two hackneys, four cows, five calves and a hundred and three sheep. Its former value was forty shillings—it is now worth one hundred.

It will be observed that a red line is run through the names of places, and this is also sometimes done to the names of persons, and to paragraphs to which it is desired to direct particular attention. This is peculiar to Domesday Book, and is equivalent to the modern method of underlining a passage for the same purpose.

The old letters in the title page have been copied from letters in Domesday Book itself.

The woodcuts represent the manner in which Domesday Book was bound, and the chest in which it was formerly kept, these have been copied by the Anastatic process from a woodcut in the Illustrated London News.

The Photographs were transferred to zinc by Mr. Appel, of the Ordnance Survey.

In Sir Henry Ellis' Introduction to Domesday, an estimate for publishing a fac-simile of the work in 1767 is given at page 359; it amounts to £18,443 12s., and the time for executing the work is estimated at five years. This estimate does not include the cost of supervision, and therefore the work, if it had been executed, would certainly have cost the Government not less than £20,000.

The folio edition of 1783 was printed with types made expressly for the purpose in 1768, but Sir H. Ellis tells us—

"It was not, however, till after 1770 that the work was actually commenced. It was completed early in 1783, having been ten years in passing through the press. The type with which it was executed was destroyed in the fire which consumed Mr. Nichols' printing-office in the month of February, 1808."

The cost of this edition is said to have been £38,000, and the cost of a copy of the work so great that very few persons could afford to purchase one, but by the application of Photo-zincography to copying and printing MSS., and by publishing the work in parts, any one can now procure at a trifling cost, an exact fac-simile of the part of the original MS. in which he may be more particularly interested, and whilst the public is gratified by this, Her Majesty's Government will not be put to the cost of a single shilling for the production of the work.

HENRY JAMES,
Colonel, Royal Engineers.
Director of the Ordnance Survey, and
Topographical Depôt of the War Office.

Southampton, 31st August, 1863.

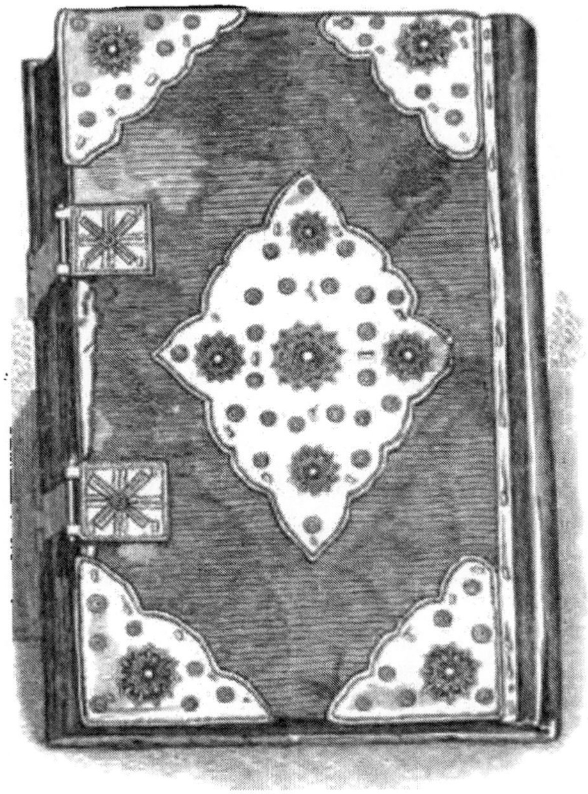

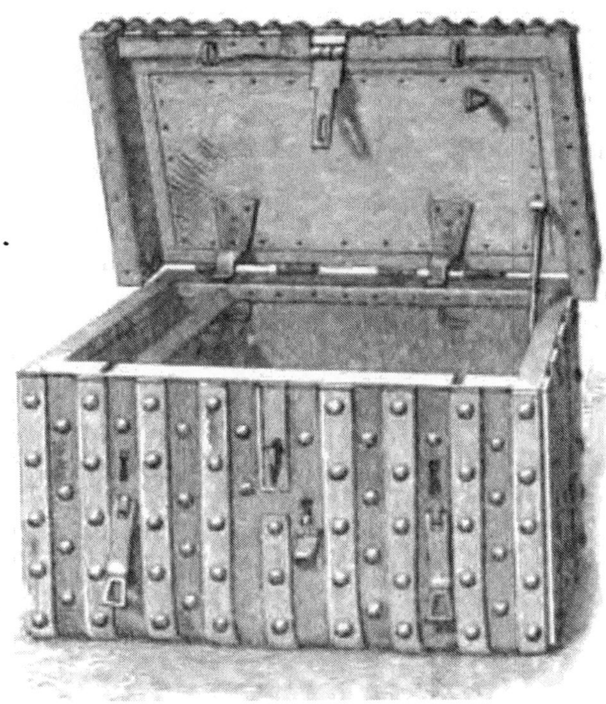

Printed at the Ordnance Survey Office, Southampton.

EXSESSA.

I. W. rex anglor.
II. Scã Trinitas de cantuaria.
III. Eps londoniensis.
IIII. Feudu eiusdẽ episcopi.
V. Canonici scĩ Pauli.
VI. Abbia de Westmonasterio.
VII. Eps dunelmensis.
VIII. Canonici de Waltham.
IX. Abbia de Berchinges.
X. Abbia de eli.
XI. Abbia scĩ Edmundi.
XII. Canonici Scĩ martini londoniensis.
XIII. Abbia de bello.
XIIII. Scs Walerič.
XV. Abbia S. Trinitatis de kadomo.
XVI. Abbia S. Stephani de cadom.
XVII. Abbia Scĩ audoeni.
XVIII. Eps baiocensis.
XIX. Eps herefordensis.
XX. Comes Eustachius.
XXI. Comes Alan.
XXII. W. de warenna.
XXIII. Ricard filius comitis G.
XXIIII. Suen de exsessa.
XXV. Eudo dapifer.
XXVI. Rog. de otburuill.
XXVII. Hugo de monteforti.
XXVIII. Hamo dapifer.
XXIX. Henric de ferrariis.
XXX. Goisfrid de magnauill.
XXXI. Comes de oy.
XXXII. Rob. greno.
XXXIII. Rad. baignard.
XXXIIII. Ranulf piperell.
XXXV. Albric deuer.
XXXVI. Petr ualoniensis.
XXXVII. Ranulf fr ilgeri.
XXXVIII. Tihell brito.
XXXIX. Rog. de ramis.
XL. Iohs filius walerami.
XLI. Rob. filius corbutionis.
XLII. Galt. diaconus.
XLIII. Rog. bigot.
XLIIII. Rob. malet.
XLV. W. de Scohies.
XLVI. Rog. pictauensis.
XLVII. hugo de gurnai.
XLVIII. W. peverell.
XLIX. Rad. de limesio.
L. Rob. de todeneio.
LI. Rad. de todeneio.
LII. Walt. de doai.
LIII. Matheus mauritaniensis.
LIIII. Comitissa de albamarla.
LV. Iudita comitissa.
LVI. Frodo fr abbis.
LVII. Sassellinus.
LVIII. Gislebt filius turoldi.
LIX. Willi Leuric.
LX. hugo de scõ quintino.
LXI. Edmund filius algoti.
LXII. Rog. marescal.
LXIII. Adam filius durandi.
LXIIII. Goscelin loremari.
LXV. Iohs nepos walerami.
LXVI. W. diacon.
LXVII. Galt. coc.
LXVIII. Moduin.
LXIX. Ilbodo.
LXX. haghebn.
LXXI. Ledmar pbr rẽ.
LXXII. R. fr Galt diac.
LXXIII. G. filius Salomonis.
LXXIIII. W. f. constantini.
LXXV. Ansger cocus.
LXXVI. Rob. f. rozel.
LXXVII. Rad. pinel.
LXXVIII. Rob. f. gobt.
LXXVIIII. Rainald balist.
LXXX. Gondwin.
LXXXI. Otto aurifabr.
LXXXII. Gislebt pbr.
LXXXIII. Grim.
LXXXIIII. Uluena.
LXXXV. Edward.
LXXXVI. Edric.
LXXXVII. Stanard.
LXXXVIII. Goduin.
LXXXIX. Liberi hoẽs regis.
Inuasiones.

·I· Essexa. Terra Regis. Hundret de berdestapla.

Benflet tenuit Harold' tēpore regis Edduuardi pro uno manerio 7 p̄ viii. hidis. m̄ custodit hoc maneriū Ranulf' fr̄ ilgeri in
manu regis. Tc̄. xii. uillani. m̄. xxi. Sēp. vi. bor. Tc̄. iii. serui m̄. ii.
Tc̄. iii. carruce in dn̄io. m̄. ii. Tc̄. xi. carruce hominū m̄. v. 7 xxx.
acre silue. Pastura. cxxx. ouib;. Dimidiū molendinū. Tc̄ appretiatū
ē. viii. lib. m̄ reddit. xii. s; tam̄ non ē appretiatū n̄. viii. lib. In hoc
manerio erat tc̄ tēporis quidā lib homo de dimidia hid. qui m̄ effect' ē
un' de uillanis. 7 ē in supradicto p̄tio. De hoc manerio data fuit cuidā
eccl̄e de alio manerio. dimidia hida. tēpre regis. E postquā aūt hoc
maneriū uenit in dn̄io regis. ablata fuit de eccl̄a. 7 iacet iterū ī manerio;
In toto hoc hundret h̄t rex. xviii. lib̄os hōs tenentes. dimidiam
hidā 7 xlviii. acras. 7 pasturā. xx. ouib;. Appretiati ē. x. sol.
In dn̄io supradicti manerii. ē. i. runcin'. 7 i. asin'. 7 xxx. porci. lxx. oues.

II. Dimidium Hundret de Witham.

Witham tenuit Harold' tēpr̄ reg. e. p̄ i. man. 7 p̄ v. hidis.
m̄ custodit hoc man. Petrus uicecomes in manu regis. Tc̄. ii. car. in
dn̄io. m̄. iii. Tc̄. xxxi. uill. m̄. xxv. Tc̄. ix. bor. m̄. x. Tc̄. vi. ser. m̄
ix. Tc̄. xxiii. sochemani. 7 m̄ similit̄. Tc̄. xviii. car hominū. m̄. vii.
7 hec p̄dicio fuit tēpr̄ Sueni. 7 baignardi uicecomitū. 7 p̄ mortem
bestiarū. Silua. cl. porc. xxx. ac. p̄ti. Pastura que tc̄ reddebat
vi. den. m̄. xiiii. Sēp. i. molin'. P̄dicti sochem̄. tenent. ii. hid. 7 i.
uirg. hn̄tes. ii. car. Tc̄ ualt totū. x. lib. m̄. xx. sed uicecomes

uit suas consuetudines 7 placita de dimidio hundret. recepit inde
xxiiii. lib. 7 . iiii. lib. de gersuma. Indominio huius manerii recep. Petrus
.iiii. 7 . xxiiii . animalia. 7 . cxxxvi . por. 7 . ci . oues. Totum m simulit.
In hoc manerio adiacebant tempore r. e. xxxiiii. libi homines . quod te reddebant xx.
sol. de consuetudine . 7 . xi . d. Ex dt tenet Ilbodus ii. de xlv. ac. 7 ual
.vi. sol. et reddit manerio suam consuetudinem. Tedricus pointel . viii.
de dimidia hid. 7 . xxii. ac. 7 . dim. reddentes consuet. 7 . ual. xx. sol.
Ranulfus piperellus . x. de . ii. hid. 7 . xlv. ac. non reddentes consuetudinem.
7 ual. xxv. sol. Will. filius grosse . v. de . i. hid. 7 . xv. ac. unus tantum redd.
consuet. 7 ual. iii. lib. 7 . xiii. sol. Rad. baignard . vi. de dimid. hid.
7 . xxxv. ac. unus redd. consuetud. 7 ual. xxx. sol. Hamo dapifer . i.
de dim. hid. reddit consuet. 7 ual. xx. sol. Goscelinus loremarius hec terra unius 7 non redd.
consuetudinem. scilicet . i. hid. quam calumpniantur monachi sancte Adeldrede.
de eli. 7 hundret testatur eis de dimidia parte et de alia parte nichil
scit. Tunc. ual. c. sol. m. lx. 7 quando goscelinus rec. c. sol. Intotum ual.
t. r. e. xiiii. lib. ii. sol. minus m. xvi. lib. 7 . ix. sol.

Dimidium Hund. de herlaua. Hadfeldam tenuit Harold. t. r. e.
p. i. man. 7 . p. xx. hid. Tunc. li. uillani m. lx. tunc . xix. bor. m. xxx.
tunc . xv. ser. m. xxii. Tunc . ix. car. indominio. m. viii. 7 . iii. runc. 7 . xl.
animalia. 7 clxxxv. por. 7 . cc. ou. vii. min. Tunc . xl. car. hom.
m. xxxi. 7 . dim. hec perdita tempore comitum . fuit 7 p.
bestiarum. Silua . dccc. porc. cxx. ac. prati. Pastura que reddit . ix. ...

· EXSESSA ·

in manerio · 7 xli · ac̄ · de aratura · Ad ecclam huj' manerii ptinebat
· i · hid' 7 · xxx · ac̄ · q's Suen' inde abstulit postquā pdidit uicecomitatū ·
& hec tra reddebat consuetudinē huic manerio · Jacebat etiā huic man̄
· i · soc̄ · de dim̄ hid' · t · r · e · q̄ · G · de magna uilla inde abstulit · huic tre
adiacet · i · uitt · de · i · ac̄ · quā tenet Camer · e · 7 uat · iiii · đ · Et · xxv · ac̄
qs tenuit · i · lib · t · r · e · q ppt latrocinium interfect' fuit · 7 ppositi reg̃ addi
dit illā trā huic manerio · Et · xl · ac̄ siluę qs ten̄ ppositi reg̃ · e · 7 Osmund'
angeuin' de saisiuit ppositū regis 7 maneriū & de tra 7 de silua · m̄ ten̄
Rob gernon · Dim̄ hid' quā ten̄ · i · soc̄ · t · r · e · hoc etiā tenet · R · gernon ·
Et hoc adiacebant huic manerio · t · r · e · iii · berewitę · heresort · 7
Emmuella · 7 hodesduna · iacentes in herefort sira · quas ten̄ m̄ · Rad
de limeseio · Et · i · soc̄ · de xxv · ac̄ · sep ptinens huic manerio · Tc̄ ·
uat · xxxvi · lib · m̄ · lx · s; uicecomes inde recipit · lxxx · lib · 7 · c · sot
de gersuma · Et · iii · berewitę uat tc̄ · xii · lib · 7 · tra sochemanorū ·
xlv · sot · Silu · xl · porc̄ · Post ea recuparaunt dimid' hid' · quā tenuit
· i · soc̄ haroldi · t · r · e · m̄ eā tenet Rad de marci · ad feudū hamonis
tc̄ uat · x · sol · m̄ · vii ·

¶ Hundret de beuentreu · Hauerinngas tenuit harold'
t · r · e · p · i · man̄ · 7 · p · x · hid' · Tc̄ xli · uitt · m̄ · xl · Sep · xli · bor
7 · vi · ser · 7 · ii · car in dnio · tc̄ · xli · car hom̄ · m̄ · xl · Silu · d · porc̄ ·
· c · ac̄ · pti · m̄ · i · mot · 7 · ii · runc̄ · 7 · x · anim̄ · 7 clx · por · 7 · cc · 7
Lxix · ou · Huic manerio adiacebant · iiii · libi hoēs · de · iiii · hid' · t · r · e ·

·REX·

reddentes consuetudinē. M̄ tenet Rob filius corbutionis .iii. hid. 7 hug' de montfort. quartā hid. 7 n̄ reddider' consuetudinē ex quo eas habuer'. Et adhuc idē Rob. tenet .iiii. hid. 7 dim. quas tenebat .i. lib hō ad hoc man. T.R.E. Ad tenebat etiam .i. soc. de .xxx. ac. reddens consuetudinē. 7 m̄ tenet Iohs filius galeranni. Hoc man. T.R.E. ual. xxxvi. lib. 7 m̄ ual. 7 Petrus uic̄ inde recip. lxxx. lib de censu. 7 x. lib de gersuma. Huic maner. ptinent xx. ac. iacentes in Lochetuna quas tenuit T.R.E. pposit' haroldi. m̄ tenet pposit' regis. 7 ual. xl. d.

Hund de domnauua. In Secheda .iii. soc. de .xxxv. ac. 7 ual .iii. sol. 7 .x. d.

Hund de Witbrictesherna. In Lessenduna tenuit Aluuin' lib hō T.R.E. dim hid. 7 .xxx. ac. Post eā inuasit Tedric' pointel. 7 nc̄ hō rex. Sēp dim car. 7 ual .xv. sol. De eadē tra tenet .i. uill .xxx. ac. ad Estolleiā 7 ual .v. sol. 7 .i. ali' uill .xv. ac. 7 ual .iii. sol. Et .iii. hōes tenent dim hid. 7 .x. ac. 7 dim car. Tc̄ ual. viii. sol m̄ .v. sol 7 .iiii. d. In Lacenduna .i. lib hō Leuuin' .xxx. ac. T.R.E. tc̄ dim car m̄ n̄. Tc̄ ual viii. sol m̄ .v. 7 .iiii. d. In eadē .viii. libi hōes T.R.E. m̄ .iiii. de .lii. ac. Tc̄ ual .viii. sol. m̄ .iiii. sol 7 .iiii. d.

In Rodinges tenet Golstan' soc reg Willi .i. hid. 7 nūq inde seruitiū t consuetud reddidit. 7 ideo debet uadere. In qua hida ē .i. car in dnio 7 .i. bor. 7 .iii. ser. silu .x. por. x. ac. pti. Tc̄ ual .xx. sol. m̄ .xxx.

·ESS·

II Hund' de Udelesforda. Cestrefordā tenuit Comes Edgar' t.r.e.
p. i. ṁ. 7 p. xx. hid'. m̄ picot' uicecomes in manu regis. Sēp. iii. car' in dn̄io.
T.r.e. xviii. car' hom. P' 7 m̄ xiiii. Sēp. xxiiii. uitt. 7 xii. bor. 7. vi. ser.
Silu. ō. porc. xv. ac. p̄ti. sēp. ii. mot. Iacet huic manerio i. hid. 7 d'
que ē in cantebrigge sira. sēp. vii. uitt. 7 iii. bor. 7 i. mot. 7 iii. car
hom. hoc totū ual. t.r.e. xxiiii. lib. P' 7 m̄ xxx. In dn̄io huj' manerii. ii. r.
sēp vii. an. 7 lxi. por. 7 lxxxi. ov. 7 lxxxvii. capr. Huic man'
adiacebat. t.r.e. i. hid. 7 dim. qt tenet harduin' de scalariis. s; hund'
nescit q'm. Dim hid. erat de dn̄io man' & manebat. i. hid. 7 aliā hidā tenebat. i. soc. q reddebat socā in manerio reg. Et picot' tenet dim hid'
q ten. i. soc. t.r.e. In his duab; hid. ii. car. 7 ual. xl. sol.
T Becangra ten' horulf' t.r.e. m̄ tascelin' pbr in elemosina regis.
p. i. hid. sēp. i. car. 7 ii. bor. 7 ii. ser. Silu. xl. por. v. ac. p̄ti. 7 i. mot.
t.r.e. 7 p' ual. xx. sol. m̄ xxx. III Hund' de hidingeforda
V Celdefordā tenuit Comes Algar' t.r.e. p. i. man. 7. v. hid. 7 xxx. ac.
post ea tenuit regina. m̄ Otto aurifab. ad censū in manu reg. Sēp. iii.
car. in dn̄io. T.r.e. vi. car. hom. P' 7 m̄ v. T.r.e. 7 p' xiii. uitt. m̄ xii. sēp. vi.
bor. T.r.e. xii. ser. P' 7 m̄ viii. Silu. c. por. xx. ac. p̄ti. i. mot. T.r.e. ual.
xii. lib. Post 7 m̄ xxii. In dn̄io. iiii. runc. T.r.e. lxv. an. m̄ lvi.
7 lii. ov. 7 t.r.e. cxviii. por. m̄ lxxx. 7 xl. cap. De hoc manerio dest
xxx. ac. silue. qs regina dedit. Ricardo filio comitis gisleberti. Huic
man' iacebat dim hid de soca t.r.e. q tenet Galt' fili' gutberti.

·REX·

Ħ Phincinghefeldā ten̄ lib̄ hō Algar̄ t.r.e. 7 post regina. m̄ rē. Otto ad censū p. ii. hid. 7 dim̄. Sēp. iii. car̄ in dnio. 7 v. car̄ hom̄. 7 x. uill. 7 ix. bor. tc̄. vi. ser̄. P̄ iiii. m̄ ii. Silū. lx. por. xvi. ac̄. p̄ti. 7 i. mol. 7 xxv. an̄. 7 ii. runc̄. tc̄. lxiii. por. m̄ lxi. 7 c. ou̅. Tc̄ ual. ix. lib. P̄ 7 m̄. xviii.

Ħ Westrefeldā ten̄ lib̄ hō Algar̄ t.r.e. p. m̄. 7 p. ii. hid. xxv. ac̄. m̄ Picot p comitē in manu regis. tc̄. iii. car̄. in dnio. P̄ ii. m̄ iii. Tc̄ 7 p̄. xv. car̄ hominū. m̄ x. Tc̄ 7 p̄ xxiiii. uill. m̄ xxviii. tc̄. vii. bor. p̄ xv. m̄ xxiiii. tc̄. vii. ser̄. P̄ xiiii. m̄ vii. tc̄ silū. dccc. por. P̄ 7 m̄. d. 7 xxiiii. ac̄. p̄ti. Tc̄ 7 p̄. i. mol. m̄ ii. Tc̄. xvii. an̄. m̄ x. 7 c. ou̅. tc̄. c. por. m̄ xl. Tc̄ lxi. cap̄. m̄ xl. Huic man̄ iacebant t.r.e. vi. soc̄. m̄ viii. tenentes. i. hid. 7 xiiii. ac̄. sēp. ii. car̄. 7 i. bor. 7 v. ac̄. p̄ti. Tc̄ ual. xx. lib. P̄ 7 m̄. xxviii. Huic man̄ adiac̄ t.r.e. xxx. ac̄. q̄s ten̄. i. pr̄b. in elemosina 7 reddebat soc̄. 7 viii. ac̄ 7 dim̄ pertinentes ad aliā ecclam. has. ii. t̄ras ten& Gislebt̄ fili͂ garini 7 ual. x. sol. Adpertinebant ad huc hunc m̄. vii. ac̄. 7 d̄. q̄s m̄ ten& comes alanus. Et. xlv. ac̄. de dnio q̄s ten& Suai͂ ad feudū ricardi f. comitis. g. 7 ual. viii. sol. In isto hund̄ hēt rex. xviii. soc̄. tenent̄ xxvi. ac̄. 7 dim̄. 7 nūquā reddider̄ consuetudinē p̄t firmā regis.

Ħ Hund de Wdebrictesherna. Beslee ten̄ Leuard̄ lib hō t.r.e. p̄ tedric̄ pointel p. i. hid. Sēp. i. bor. tc̄. i. car̄ m̄ nulla. Pastura xl. ouib; tc̄. i. piscina. m̄ nulla. 7 ual. xx. sol.

ESS

I Sceplam ten. Aluric' lib ho. t.r.e. p. i. hid. tc. i. bor. m null'. tc
i. car. m. dim. tc. ual. xx. sol. m. xvi. In Vluuinescherham. iiii. libi
hoes. de. i. hid. vi. ac. min'. t.r.e. m n s; tc ual. xx. sol. m. x. hanc
tra calumpniat. Tedric pointel p escangio. Franci hoes tenent. li.
ac. 7 n sc in firma reg. tc ual. viii. sol. m. v. hanc tra tenet famul'
reg 7 n reddit geldu. In Melduna. ii. libi hoes de. x. ac. E. x. iii. ht
Ranulf' piperell'. v. ac. 7 hugo de monte forti. v. ac. tc. ual. x. d.
m. xii. Duo libi hoes ten. t.r.e. vi. ac. 7 iacuer in hund reg 7 nc
ht haignard.

II In Hund de Rochefort tenet sep Grim' ppositus. x. ac. 7 ual. xvi. d.

IV Hund de Lassendene. Stanewega ten harold' t.r.e. p. i. m.
7 p. v. hid. 7 dim. m ht rex p ... tc. xii. uill. p 7 m. ix. tc. vi.
bor. p 7 m. ix. Sep. vi. ser. 7. iii. car in dnio. Tc. xiii. car hom. p 7 m
ii. 7 dim. sep. i. mol. Silu. c. porc. xii. ac. pti. 7. xx. an. 7 lx. por
7. cclx. oil. 7 xi. runc. Est aut. i. berewita de. ii. hid. 7 dim
7. xiii. ac. que uocat Legra 7 iacet in isto manerio. Sep. vii. uill.
7. ii. bor. 7. iiii. ser. 7. ii. car. in dnio. tc. ii. car. hom. p. 7 m. i. 7 d.
Adhuc ptinet. i. berewita que uocat Lassendona. de. iii. hid. tc.
vi. uill. p 7. m. v. tc. x. bor. p 7 m. xii. Tc. iiii. ser. p 7 m. v. Sep
ii. car. in dnio. tc. iiii. car hom. p 7 m. iii. Silu. c. porc. xviii.
ac. pti. m. ii. mol. Et. xvi. soc. de. ii. hid. 7 xxxvii. ac. Sep. ii. car
7 dim. Tc ual tota. xxii. lib. m. pcip' inde recep. xxxiii. lib. 7

·REX·

·iii· lib. de gersuma. De hoc manerio tulit Reimundus girald ·i· uill. de dim.
hid. 7 reddebat consuetudinem. Semper ibi est dim. car. 7 ual. x. sol. hanc terram
tenuit normannus 7 reddidit consuet. Sed Raimundus abstulit. 7 Rog.
similiter. Et Rog. pictau. accep ·i· uillm tenentem ·i· ac. Et Ingelric
abstulit ·i· feminam bricteuam tenentem xviii ac. & reddebat unoqq;
anno huic maner. xxxii. nummos.

Hund. de angre. Ulfelmestunam tenuit herold. p man. 7 p ·iii·
hid. 7 xl. ac. m. Rex. W. Semper ·iiii· uill. tc. ·ii· bor. m. vi. tc. int hom.
·i· car. 7 m similiter. Silu. lx. porc. ·iiii· ac. prati. tc. ual. xx. sol. m. xl.
Quidam ho libe tenuit xx. ac. t. r. e. tc. dim. car. m. nich. 7 ual
·iii· Iste semper fuit dimissus sed m est in manu uicecomitis ad firmam regis

Hund. de cesseworda. Phingheram ht rex. q ten herold. t. r. e.
sep ·i· car. in dnio. 7 vi. uill. 7 ·viii· bor. hnt. ·ii· car. Idnio xxiiii annum
Silu. cc. porc. ·iii· ac. prati. tc. ual. ·iiii· lib. m. xiiii. In Wochaduna
ht. Rex ·i· soc. de xxv. ac. tc. ual. xxxii. d. m. Lii.

Ginga ten Frebt t. r. e. p m. 7 p ·iii· hid. 7 dim. sep. vi. uill.
7 ·iii· bor. tc. ·ii· ser. m. ·i· sep ·ii· car in dnio. 7 ·i· car hom. ·iiii· ac
prati. 7 lic xxviii. por. App in Phingheram. Clarendis ten. her. pregnia m ncet de
Surrea. p ·i· hid. 7 d. tc. iii. uill. m. v. tc. iii. bor. m. ·iiii· ·i· ser. tc. ·i· c. idnio m. ·i· 7 d. tc. ·i· c. hom.
p m. ·i· silu. c. por. past. lx. ou. tc. ual.

Hund. de Celmeresfort. Witelam ten herold. p man.
7 p xvi. hid. t. r. e. m. rex. W. p xiiii. hid. Tc. c. uill. iii. min.
Post 7 m lxxiii. tc. xxvi. bor. P. 7 m. lx. tc. xxiiii. ser. P. 7 m.

·ESS·

Tē·xii· car̄ in dnīo· P̄ 7 m̄·ix· Tē int̄ hōes· lxiiii· car̄· P̄ 7 m̄ xlv·
tē· silū· ∞ d· por̄ m̄· ∞ cc· lxxx· ac̄· p̄ti· tē·i· mol· m̄·ii· sep̄·ix· runc̄·
7·v· pulli· 7·xl· an̄· 7· cccxviii· ou̇· 7· clxxii· porc̄· Tē reddidit
hoc maneriū· x· noctes de firma· 7·x· lib· m̄ reddit· c· lib· ad pond̄·
7·c· sol· de gersuma· Ingelric̄ p̄occupauit· ii· hid· de t̄ra p̄positi
haroldi reddentes omnē consuet̄ huic manerio· scit̄· xii· lib̄· postq̄
rex uenit in angliā; & m̄ ten& comes· E· ideo q̄d antecessor ei' inde
fuit saisit'· 7 in tēpr̄ haroldi fuit·i· porcari' reddens consuet̄ huic
manerio sedens sup̄·i· uirḡ t̄re· 7·xv· ac̄· s; Rob̄ grino p̄q rex uenit
accepit eum de manerio· & fec̄ forestariū de silua reḡ· 7·i· hid̄ dedit
harold' cuidā p̄b̄o suo· s; hundret nescit si dedit libe t in elemosina·
quā m̄ ten& ·R· ep̄c herefordensis· 7 dim̄ hid̄ quā libe tenuit·i· soc̄·
reddens socā in manerio· 7 cū t̄ra sua possit ire q̄ uellet· hunc comes· E·
adiuxit sue t̄re· In hoc man̄ sep̄ iacent· ii· soc̄· de dim̄· hid̄· 7·x· ac̄·
hnt̄ sep̄ ·dim̄· car̄· iiii· ac̄· p̄ti· App̄ciatū ē in sup̄dictis· c· lib̄·
In Wiuuela· ten& Idē ep̄c· ii· hid· 7· xx· ac̄· q̄rū·i· fuit t·r·ē· in eccla
q'alia in feudo reḡ· Sep̄· iii· uill̄· 7·i· p̄br̄· tē· ii· bor̄· m̄· viii· tē· ii· ser̄·
Sep̄·i· car̄ in dnīo· 7· ii· car̄· hom̄· Silū· c· por̄· viii· ac̄· p̄ti· 7· ual̄· l· sol·
Dimidiū ~~Hund̄ de meldune~~ In Mālduna h̄t rex·i· domū· 7 past̄
ad·c· ou̇· 7·i· soc̄ de· xlv· ac̄· hnt̄·i· bor̄· 7 t·r·ē·i· car̄· m̄· dim̄· Tē ual̄
x· sol· m̄·v· In Eadē h̄t rex· clxxx· domos q̄s tenent burgenses· 7·
xviii· mansuras uastatas· de q̄b; xv· tenent· dim̄· hid· 7· xxi· ac̄· 7 alii

·REX·

hoes ñ tenent ampl' q domos suas in burgo. 7 int eos hnt xii. runc.
7. cxl. an. 7. ciii. por. 7. cccxxxvi. ou. De halla reg semp exeunt. vi.
sol. 7. viii. d. 7 de tra sueni. iiii. sol. 7 de. ii. domib; eudonis. dap. xvi. d.
qs ñ habuit rex pq uenit in hanc trã. De pdicto sochemano habuit. Ra.
piperell'. consuet. in uno q q; anno p. iii. sol. s; in tepr. r. e. ñ habuit ei'
antec ñ tantũ m cmdoem. T tep. r. e. totu simul reddidit. xiii. lib.
7. ii. sol. 7 qdo petr' rec. xxiiii. lib. m. xvi. lib ad pond'.

IIII. H. ~~de Tenderinga~~. Brictricesseiã ten. herold' p. m. 7. p. x. hid.
m. r. in d. Semp. xxiiii. uill. Tc. x. bor. p. xi. m. xvi. 7. x. bor. ñ tenentes
trã. Tc. iiii. ser. m. v. Tc. iii. car. in dnio. p 7 m. ii. Tc. xvi. car. homin.
post. 7 m. xi. silu. o. por. m. i. mol. past. dc. ouib; semp. xvi. an. 7. v. r.
7. clxvi. ou. 7 lxii. por. Tc int brictricesseiã 7 herchesteda reddidit
·ii· noct. de firma. 7 qñ. p. rec. xxv. lib. m. xxii. lib. S; ista berewita
iacet in Sudfolc. In dnio. iiii. an. 7. v. por.

T Lalesfordã ten. har. p. i. m. 7. p. x. hid. m. rex in d. p tanto. Semp. xv.
uill. 7 xxiiii. bor. Tc. vii. ser. m. vi. semp. iiii. car. in dnio. Tc. int hoes
xx. car. 7 qdo baignard'. tenuit. xvi. car. s; qñ. p. rec. ix. 7 m similit.
Silu. xv. por. xii. ac. pti. Tc. i. mol. m. ii. past. ccc. ou. m. i. salina.
Tc reddidit. ii. noct. de firma. 7 qñ baign. ten. xiiii. lib. m. xxi.

Huic manerio iacent. xvii. soc. t. r. e. de. i. hid. reddentes omne cons.
7 pq rex uenit in hanc trã. 7 Bain. fuit uicecomes. occupauit istã trã
tedric' pointel 7 qñ eã accep manebant in ea. xvii. soc. hodie. ix. adhuc

ESS

m° st̃ in manu reg̃. 7. xxiii. hōēs tinent hanc t̃rā. hntes. iiii. car̃. Silū
xv. por. ii. ac̃ 7 d. p̃ti. Tc̃. ual. iiii. lib. 7. qñ tedric̃ pointel teñ. iiii. lib.
7 xl. sol. In dnio isti maneri recep̃ Petr̃. xxvi. an. 7. iiii. runc.
7. xlv. porc. 7. cc. ou. x. min. Huic manerio ptinebat. T.R.E.
i. berewita. de. iiii. hid. quam inuasit Engelric. idē tenet comes. E.
Ptinebant adhuc. xxvi. soc. tenentes. i. hid. 7. ii. uirg. 7. v. ac. quos hēt
Rog̃. de ramis p escangio; ut dicit. 7 inde uocat libatorē suanū.
Et. iiii. soc. fuer T.R.E. in isto manerio omnē consuet̃ reddentes.
quos Ricard filius comitis gisleberti inuasit tēpr̃ illo q Suen erat uicecomes.
tenentes dim. hid. 7. xv. ac. quae m° st̃ in manu reg̃ ideo q nullus fuit
ex parte ei qui dirationat q m° eos habuerit. Sēp. i. car. 7 tēpr̃. r. e. ual.
xiii. sol. 7 hucusq habuit. R. istū censū. Waleram inuasit. i. soc.
de. xxx. ac. Tc. i. car. m° null. 7 ual. x. sol. 7 istū censū usq; huc habuit
Wal. Hagebert tenet. xxx. ac. q̃s teñ. i. soc. 7. inde reuocat libatorē
Suanū. Tc. i. car. m°. dim. Tc ual. v. sol. 7. iiii. d. m°. xxxii. d.
Comes. E. tenet. i. hid. 7. dim. 7. xlv. ac. quod inuasit Engelric. 7 illā
t̃rā tenebant. viii. soc. Ep̃s baiocē tenet dim. hid. quā tenet Rad
fili turoldi sub ipso. Ranulf fr̃ ilgeri. tenet. xv. ac. Hugo de
monfort. xxx. ac. Rad baignart dim. hid. 7. xxxv. ac. Eudo dap
xxxvii. ac. 7. dim. Rog̃ hō epi Londoniensis. i. hid. 7. xxx. ac.
Wills diacon. v. ac. Tota hec t̃ra reddebat consuetudinē omnē sup
dicto manerio. T.R.E.

REX.

In Hund de Odelesfort. Neuport ten. Harold9. t.r.e. p man.
7 p .viii. hid. 7 d. m rex. W. Tē .xviii. uilt. p .xv. m .xxvi. tē.
viii. bor. p. vi. m. xiii. Tē .iiii. ser. p 7 m .ii. Tē .ii. car in dnio. p
7 m .i. Tē 7 p int hoq .viii. car. m .x. Silu. c. por. xxiiii. ac. pti.
sep .ii. mol. 7 .x. an. 7 .i. r. lxxix. por. cii. ou. Tē reddebat
firmā de duab; noctib;. Est adhuc .i. berewita que iacet in Cante
bruge sira 7 uocat. Scelford. de .iii. hid. 7 .xlvi. ac. Sep .viii. uilt.
7 .v. bor. 7 .i. car. in dnio. 7 .ii. car. hom. 7 .xv. ac. pti. Tē .v. r. 7 m
m .ii. Sep .x. an. Tē .lxxx. por. m .l. Tē .lxxx. ou. m .lxxviii.
Tē .xiii. capr. m .xxiiii. Hec berewita erat in supdicta firma t.r.e.
m ū reddit .xxv. lib. 7 .xvi. sot. Rot grino tenet .ii. soc. de .ii. hid
7 dim. ptinentes huic manerio. 7 reddentes omnē consuetudinē
qs accepit cū Sueno Stlaricecomes. 7 hund nescit q m eos habuerit
qa neq; breue neq; legat uenit ex parte regis in hund qd rex sibi
dedisset illā trā. Sudā cleric comitis e. inuasit .xlvi. ac. 7 tenet
illas ad feudū comitis e. s; hund eas testat ad neuport. 7 ita inde
rex. Cleric ū iudicat e esse in misericordia regis. 7 de omi censu suo 7
de corpore suo. In illa tra erat. tē .i. car. m nulla. i. ac. pti. Silu.
vi. por. 7 ual. vi. sot.

In Richelinga ten. Har. p m. 7 p .viii. hid. m .i. rex. W. in dnio.
Tē .xiii. uilt. p .xvi. m .xx. Tē 7 p. vi. bor. m .x. sep .iiii. ser.
7 .ii. car. in dnio. Tē 7 p. viii. car. hom. m .x. Silu. xxx. por.

·ESS̄·

7 .ii. ac̄. p̄ti. T̄c. ual. viii. lib. m̄. x. lib. 7 xvi. sol. in dn̄io. vii. ac̄. 7

Dimidium Hund de Froscewella. LXXVII.

Sanford tenuit Edeua post Rad comes. m̄. Godric dapifer in
manu regis. p. m̄. 7 p. vii. hid. 7 xxx. ac̄. T̄c. xxvi. uill. P̄. xiii.
m̄. xvi. T̄c. ix. bor. P̄. vi. m̄. v. sēp. iiii. ser. 7 ii. car. in dn̄io. T̄c
int hoēs. xvii. car. P̄. xv. m̄. xiiii. Silu. cl. por. xxx. ac̄. p̄ti.
sēp. i. mol. T̄c. ual. xx. lib. P̄. xxvi. m̄. xxx.

Hundret de Turestapla. Will rex h̄t. iiii. salinas in isto
hund. q̄s custodit uicecomes. 7 iii. hoēs. de. x. ac̄. 7 ual. xx. d.

·II

F

TERRÆ SCE TRINITATIS de cantorberia ad uictū monacorū.

Hund de Witham. In Coghessala tenuit Sca trinitas ·III· uirg̃ terr̃ T·R·E· & m̃· similiť. Sep̃ ·II· car. Tc ·I· bor· m̃· VIII· Tc ·III· ser. m̃ ·II· VIII· ac. p̃ti. I· mol· & ual· LX· sol. Indnio· IIII· r· III· an· XX· ou· VII· por.

Bochinges tenuit sep̃. S· T· p· m· & p ·IIII· hid· & d· & ·II· car· i dnio. Tc ·XXXV· car· hom· m̃· XXIX· Tc· XIX· uitt· m̃ ·XVIII· Tc ·XXV· bor· m̃ ·XLIIII· Tc ·IIII· ser· m̃ ·II· Silu· ccc· por. Past· LX· ouib; XXII· ac· p̃ti· & ·I· mol· & VI· an· & ·C· ou· & LIII· por. Huic manerio sep̃ ptinent ·II· hid· in meresai· & ·I· car· indnio· & ·I· car· hom· & ·II· uitt· & ·I· bor· pastura· L· ou· Tc int totũ ual· XVIII· lib· m̃· XXVIII·

Stisteda· tenuit Sca· T· p· m· & p dim· hid· Tc ·IIII· car· indnio· m̃ ·III· Tc· V· car· hom· m̃· VI· Tc· VIII· uitt· m̃ ·XIII· Tc ·XI· bor m̃ XXV· Tc VI· ser· m̃ ·IIII· Silu· dccc· por· XXVII· ac· p̃ti· & I· mol· & ·III· r· & ·XL· an· & ·CXX· ou· LXXVII· por· Tc ual· X· lib· m̃· XV·

Hund de Witbrictesherna· Lalenge ten· Sca· T· p m· & p· ·XIIII· hid· Tc ·XIIII· uitt· m̃ ·XXI· Tc ·XVI· bor· m̃ XL· Tc ·III· ser· m̃ ·IIII· Tc ·II· car· indnio· m̃ ·III· Tc ·XVII· car· & dim· hom· m̃· XVI· & d. Sep̃ ·I· mol· Silu· dccc· por· & ·III· r· & ·I· mul· XVI· an· & LX· por· & CC· ou· & ·XVIII· cap· Tc· ual· XII· lib· m̃· XVI·

Lachenduna ten· S· T· p· m· & ·II· hid· & ·I· car· indnio· m̃ ·II· uitt· & ·I· ser· Pastura· XXX· ouib; & ·VI· an· & ·LX· ou· & XVI· por· Tc· ual· XX· sol· m̃· XXV·

Niwelant· ten· S· T· p· m· & ·III· hid· Tc ·I· uitt· m̃ ·III· sep̃ ·II· ser·

·a· d· uuf· r· ·xiiii· ·iiii· ·vii·

ESS

Tc̃. ii. car. m̃. i. Tc̃. xxiiii. ou. 7. m̃ similit̃. Tc̃ uat. xx. sol. m̃. xl.

Hund de Rochefort. Wildenauuã ten. S. E. p m. 7. ii. hid. Sẽp. viii. uill. Tc̃. xiii. bor. m̃. xv. sẽp. i. ser. 7. ii. car in dnio. 7. vi. car. hom. Silu. lx. por. 7. viii. an. 7. ii. r. 7. xxv. por. 7. cxxiiii. ou. Tc̃. uat. c. sol. m̃. viii. lib.

Sudcercã. ten. S. E. p m. 7. p iiii. hid. Sẽp. xiiii. uill. 7. v. bor. Tc̃. ii. ser. m̃. i. sẽp. ii. car. in dnio. 7. vi. car. hom. past. cc. ou. Silu. xl. por. 7. ii. pisc. 7. iiii. runc. 7. viii. an. 7. xiii. por. 7. cl. ou. 7. xvi. cap. Tc̃. uat. c. sol. m̃. vii. lib.

Stanbruge tenuit Scã E. p m. 7. i. hid. T. r. E. m̃ Rad baignar. de eccl'a. Sẽp. i. car. in dnio. Tc̃. iii. bor. m̃. vii. 7. i. ac. p̃ti. Past. cc. ou. 7. iiii. an. 7. x. por. 7. lviii. ou. Tc̃. uat. xxx. sol. m̃. xl.

EPS Londoniensis.
FEUDUM eiusdem epi.
CANONICI sci Pauli londonie.
SCS PETRUS de West monasterio.
EPS DUNELMSIS.
CANONICI Sce Crucis De Waltham.

~~E S S E X A.~~

~~Terra epi londoniensis.~~ Hund de berdestapla. Legenduna
tenet epc qua tenuit Alfrod queda femina. t.r.e. p. i. man. 7. xx. hid.
Tc. ii. car. in dnio. m. iii. Tc. vii. car. hom. m. vi. Tc. viii. uill. m. iii.
m. xiiii. bor. Sep. vi. ser. Silu. c. por. Past. c. ou. Tc uat. ix. lib. m. x.
s; epc inde recip. xiiii. lib. De hoc manerio tenent Rad. 7 Witt. de
epo. iii. hid. 7. lxxx. ac. 7. i. car. in dnio. 7. ii. car. hom. 7 uat. c. sol. in
eod. ptio. In dnio recep. epc. c. ou. iii. min. 7. x. por.

Orseda tenet Eps. qua tenuit Witt epc t.r.e. p. man. 7. xiii. hid.
sed comes Eustachi. i. ex illis tenet que n e de suis. c. mansionib; Sep
ii. car. in dnio. Tc. xxxiii. car. hom. m. xxii. Tc. xxxiiii. uill. m
xxii. Tc. vi. bor. m. xxxvi. Tc. iiii. ser. m. ii. Silu. [illegible] 7 vi. anim.
7. cxv. ou. 7. xl. por. Tc. uat. xxxv. lib. m. xxviii. De hoc eode
manerio tenent. Tidbald. Anschetill. Witt. Gislebt. iiii. hid. 7 d.
7. xl. ac. 7 vi. car. 7 uat. viii. lib in eod ptio.

Ramesdana tenet Witt. de epo. p. m. 7. iii. hid. Sep. i. car. in dnio
7. dim. car. hom. Tc. vi. bor. m. viii. 7. i. ser. Silu. c. por. m. i. mot.
Tc uat. lx. sol. m. xl.

~~Hundret de Witha.~~ In Slamondesheia tenet Rog. de epo
xv. ac. 7. uat. xxx. d.

~~Hund de beuentreu.~~ Wenesteda tenuit Scs paul. m. Rad.
fili brien de epo. p. i. man. 7. i. hid. Tc. i. car. in dnio. m. i. 7 dim.
Sep. ii. car. hom. 7. iii. uill. Tc. vii. bor. m. viii. Tc. ii. ser. m. null.
Silu. ccc. por. m. i. mot. Sep. i. salina. 7 uat. xl. sol.

EPS

Hund. de Wensistreu. Legra tenuer. ii. libi hoes. t.r.e.
m. Rog. de epo. p. iii. hid. Sep. i. car. 7 dim. in dnio. 7. ii. car. hominu.
tc. v. uilli. m. iii. tc. iiii. bord. m. vi. tc. iii. ser. m. iii. Silua.
cl. por. 7. ii. ac. pti. tc. uat. lxx. sol. m. iiii. lib.

Legra tenet ide. R. de epo. qd tenuit. i. libra femi. t.r.e. p. iii. hid.
Sep. ii. carruc. in dnio. m. dim. car. hom. m. un9 uillan9. tc. un9.
bor. m. iiii. tc. iii. ser. m. iiii. Silu. cl. por. m. i. mot. sep. i. salina.
tc. ual. lxx. sol. m. iiii. lib. hec duo maneria de ratiocinauit W. epc
ad op9 eccle sue. post morte reg. E. iussu reg. willi.

Hund. de hidinghafore. Raines ten. W. epc. t.r.e. p. iiii.
hid. 7. xxx. ac. Sep. ii. car. in dnio. Tc. v. car. hom. m. iiii. tc.
xvi. uill. m. x. tc. ix. bor. m. viii. tc. iiii. ser. m. iii. Silua. cc. por.
xvi. ac. pti. m. i. mot. 7. x. an. xlv. ou. xxiiii. por. huic manerio
addite st. xv. ac. t.r. willi. qs tenuit. i. lib. ho. t.r.e. sic hund testat.
Tunc uat. x. lib. m. xiiii. In hoc maner. tenet Rog. de epo. iii. uirg.
7. i. car. 7. ii. ser. 7 uat. l. sol.

Hund. de Wibrictesherna. In Sudmunstra. xxx. hid. qs tenet
epc in dnio
~~xiiii. milites de epo.~~ t.r.e. xxii. uill. m. xxi. tc. xviii. bor. m. xxv.
Sep. v. ser. 7. iii. car. in dnio. tc. xviii. car. hom. m. xi. Past. cc. ou.
tc. uat. xxiiii. lib. m. xvi. In hoc manerio erant t.r.e. xv. libi
hoes manentes. xviii. hid. 7. xxx. ac. m. st. xiiii. hoes qui tenent eas
de epo. tc. iiii. bor. m. xvi. tc. iiii. ser. m. viii. tc. xii. car. m. vii.
pastura. ccc. ou. tc. uat. xii. lib. m. viii. In dnio hui9 manerii. st
xi. an. 7. dcc. ou. iii. runc. 7. xx. por. hanc tra calu. Grim. rex. s;

·ESS·

Witt epc recupauit t·r·witti. ¶ Copefordā tenet epc indnio. p·i·hid. 7

dim. 7·xvii·ac. Tc·xvi·bor·m·xiiii· Tc·v·ser. m·iii· Sep·ii·car in

dnio. Tc·vii·car·hom·m·v· Silu. c·porc. xvi·ac·prat. 7·vi·an·7·xxii·

por 7·xxxvii·ou. Sep ual·viii·lib. Huic manerio ptinebant·T·r·e.

·xii·soc. m·x· tenentes·i·hid·7·ii·ac·7 dim. 7 n potant recede sicuti hund

testat. Tc·int eos·ii·car·m·i·7 d. Appciatu e in supiori ptio· De hac

tra tenet Rog de epo·xxv·ac·7·d·car·7·ual·xv·sol. In hoc manor·

fuere·xvii·ac. qs ten Epc·T·r·e. sed m tenet Rob gnon de dono reg.

Adhuc tenet·Rob·i·uirg tre quā tenuit epc. 7 qdā lib ho tenuit illā

ita qd posset ire q uellet s; soca remanebat in manerio·

¶ Hund de Celmerforda. Wareleā tenuit Guert·p m·7·iiii·hid.

xv·ac·min. m̄ humfrid de epo. Sep·v·uilt·7·ii·bor. m·ii·ser. Tc·iii·

car indnio·m·ii· sep·iii·car·hom Silua. dcc·por. past. c·ou. Tc 7 p

ual·vi·lib·m·vii· De hoc manerio tenet tascelin pr·xv·ac. hoc man.

dedit Witt rex Witto epo pq mare transiuit· q in antiq tepr fuit de

eccta sci pauli·

¶ Celmeresfort tenuit Witt epc T·r·e. m epc indnio. p·m·7 viii·hid.

Tc·v·uitt·m·iiii· Tc·ii·car indnio·m·iii· Tc int hoes·v·car·m·i·

silu·ccc·porc. xxx·ac·prti· sep·i·mol·7·ii· an·7·xxvii·por·7·c·ou.

7·ual·viii·lib.

¶ Hund de Turestapla. Wicham tenet epc indnio qd tenuit

Witt epc·T·r·e p·m·7·iii·hid. Tc·vii·uitt·m·v· Tc·i·bor·m·iiii· Sep

·iiii·ser·7·ii·car indnio. Tc·iiii·car·hom. m·ii·7·dim. silu·ccxx·por

xxxi·ac·prti· Sep·i·mol·7·vi·an·7·L·ou. x·por·xx·cap·7 ual·vi·lib.

· EPS ·

In ead. i. lib hō de v. ac. 7 uat. xii. d.

Hund. de tenderinga. Cice. tenet eps in dnio. p. m. 7 vii.
hid. 7 t. r. e. xviii. uill. m. xx. sep. v. bor. tc. iii. car in dnio. m. ii. tc. 7 p.
hom. ix. car. m. v. iiii. ac. prati. pastura. cc. ouib. 7 vi. an. cl. ou. 7 xvi. 7
xxx. porc. tc uat. xviii. lib. m. xii.

Clachintuna sep in epatu fuit. p. m. 7. xx. hid. tc. L. uill. m. xlv.
tc. xx. bor. m. L. tc. xiii. ser. m. vii. tc. iiii. car. in dnio. m. iii. tc. int.
hom. L. car. m. xx. Silu. cccc. porc. xx. ac. prati. sep. i. pisc. m. i. molin.
past. c. ou. 7. i. runc. 7. vii. an. 7. xxx. por. 7. cl. ou. Tc uat. xl. lib. m.
xxvi. De hoc eod manerio. tenent. v. milites. iiii. hid. 7. vi. car. 7
ii. uill. 7 xlv. bor. 7. iii. ser. hntes. iii. car. 7 uat. viii. lib. 7. ii. sol. in eod
pcio. In Colecestra ht eps. xiiii. domos. 7. iiii. ac. n reddentes consuet.
pt Scotu n epo. In Eadt tenet hugo de epo. ii. hid. 7. i. ac. 7 reddit csuet. Sep. ii. car
in dnio. 7. i. car. hom. 7. ii. uill. 7. xi. bor. 7. i. ser. vi. ac. 7 d. pt. m. i. mol. Tc 7 p uat. xl. sol. m. L.

FEUDUM. EPISCOPI. LONDONIENSIS.

Hund. de Cesfeorda. Wocheduna tenuit Aluric. t. r. e.
p. m. 7. iii. hid. 7. xl. ac. m tenet hugo de epo. Tc. vi. uill. m. viii.
tc. v. bor. m. xv. tc. vi. ser. m. iiii. Sep. iii. car. in dnio. 7. iiii. car
hom. Silu. d. por. xx. ac. prati. 7. iiii. pulli. cxliiii. ou. xx. animal.
Tc 7 p uat. iiii. lib. m. vi.

Tocham tenet Witt filius brien de epo. qd tenuit Edmund. p. m. i.
7. dim. hid. 7 xxx. ac. m. i. uill. Sep. vi. bor. 7. ii. ser. 7. i. car. in dnio.
Silu. Lx. por. iiii. ac. prati. 7. i. piscatio. past. xl. ou. 7. i. salina. m. iiii.
an. 7. iiii. por. Lx. ou. Sep. uat. xxx. sol.

· ESS ·

¶ Torcham tenet Will. bain de epo. qd tenuit Aluric. p. m. 7 dim hid.
7 xxx. ac. m. iii. bor. sep. i. car. 7 i. sat. 7 ii. ac. pti. Silu. xxx. por. sep.
uat. xxx. sol.

¶ Eleffordã tenuit Eduuold. p. m. 7 ii hid. terr. m. humfrid de epo.
sep. ii. uill. tc. ii. bor. m. vi. tc. iii. ser. m. ii. tc. ii. car. in dnio m. nulla.
Sep. i. car. hom. Tc uat. xl. sol. m. xxx.

¶ Tenderinge tenet Rog. de epo. qd tenuit Aluuard. p. i. hid. 7 xlv. ac.
t. r. e. sep. v. bor. tc. iiii. ser. m. iii. Sep. ii. car. in dnio. 7 iii. ac. pti. past.
l. ou. Tc. iii. runc. m. iiii. m. iii. an. tc. vi. por. m. xvi. tc xxxvi.
ou. m. lxvi. Sep uat. xxx. sol.

¶ Hundret de berdestapla. Turruccã tenet Anschetill. de epo
q tenuit Vluuin. lib hō sub rege. E. p. i. m. 7 ii. hid. 7 ii. ac. Sep. ii. car.
in dnio. Tc. i. bor. m. vi. tc. vi. ser. m. i. Silu. l. por. past. l. ou. Tc. i. piscin.
m. n. Tc. iiii. an. m. v. m. ii. runc. 7 ii. pulli. Tc. xii. por. m. xvi. Tc
lxxx. ou. m. cxx. 7 viii. Sep uat. xxx. sol. 7 iiii. d.

¶ Wellã tenent. Rad. 7 Torold de epo qd tenuit fem Vluuin. t. r. e. p. m.
7 p. i. hid. 7 xxx. ac. Sep. i. car. Tc. i. uill. m. n. sep. ii. bor. Silu. xl. por.
7 uat. xx. sol.

¶ Burghestedã tenet Galt. de epo. q tenuit. Goduin. t. r. e. p. m. 7 p.
iii. hid. Sep. ii. car. in dnio. 7 i. car. hom. 7 ii. uill. Tc. i. bor. m. vi. tc
iiii. ser. m. i. Silu. lx. por. 7 alie. xxx. ac. calūpniant de tēpr. r. e.
m. ii. pulli. 7 iiii. an. Tc. v. por. m. xxiiii. Tc. l. ou. m. lxxviii.
7 xliiii. cap. Tc uat. lx. sol. m. l.

¶ Currincham tenet Will. de epo qd tenuit Sigar lib hō. p. i. m. 7 iiii.

Eudo

hid. 7 xx. ac. m° . iii. hid. 7 d. 7 xx. ac. dimidia hida ē inde ablata quā ten&
epc baioc. Tc. iii. car in dnio. m° . ii. 7 dim. Sep . iii. car . hom. Tc. iii. uill. m° . ii.
Tc. vii. bor. m° . xxv. Tc. v. ser. m° . iii. Silu. ccc. por. Past. cccc. ou. Sep . i. mol.
Tc. ii. runc. m° n. Tc. iii. an. m° . vi. Tc. viii. por. m° . x. Tc. cccc. ou. m° . d.
7 xxi. cap. Tc uat. vii. lib. m° . vii. 7 vi. sol.

Horninduna tenet . Ide de epo. q ten Goduin' lib ho p . i. m. 7 . i. hid
7 dim. Sep . i. car. indnio. 7 . iiii. bor. 7 . i. ser. Silu . x. por. viii. part . i. pisc.
Sep uat. xx. sol. De hoc manerio ablata ē dim hid. q tenet epc baiocensis.

Celdeuuella tenet hugolin' de epo. qd ten Aluric' teign' reg. e. p. m.
7 . ii. hid. Sep. ii. car. indnio. 7 . i. car. 7 d. hom. Tc . i. pbr. 7 iii. bor. m° . i.
pbr. 7 vii. bor. Sep . iiii. ser. past . c . ouib. Tc . i. pisc. m° n. ii. runc. x.
an. Lxxxi. ou. Tc 7 p uat. xl. sol. m° . xxx.

Ramesdana tenet Witt de epo. qd tenuit Godric' p . i. m. 7 . i. hid. 7 x.
ac. Sep . i. car. indnio. 7 . iiii. bor. Silu . xxv. por. . viii. por. l. ou. xii. cap.
Val. xx. sol.

Neiendunā tenet Rad de epo. qd tenuit Vlmar' p m. 7 dim. hid. 7 . t . ho.
Tc . i. ser. m° n. 7 uat. vi. sol.

Hund de Wicham. Bractedā tenet hugolin' de epo. q ten. Aluric'
lib ho. p m. 7 . p . i. hid. Sep . ii. car. indnio. Tc . ii. car. hom. m° nulla.
Tc . iiii. uill. m° null. Tc . iii. bor. m° . viii. 7 . i. pbr. Tc . iiii. ser. m° . ii. Silu.
xl. por. i. mol. i. runc. iiii. an. xiii. por. cxxx. ou. Sep. uat. lx. sol.

Hobruge. tenet . Rad . fili' brien. q tenuit Aluuin' lib ho. p . i. m.
7 dim hid. Sep . i. car. indnio. 7 . i. car. hom. 7 . i. uill. 7 . x. bor. Tc . ii. ser.
m° null. Silu. c. por. xii. ac. pti. xevi. an. c. ou. xx. cap. xiiii. past.
Tc uat. xl. sol.

ESS̄.

¶ Dimidium Hund de herlauuan. In halinghebia ten Edeua xxx. ac.
T.R.E. sep. dim. car. 7 . ii. ac. p̄ti. 7 uat. v. sol.
¶ Hund de Wictricesherna. Vleham tenet hugo de epo qd ten
Goder lib ho. T.R.E. p. m. 7 p. ii. hid. 7 xxx. ac. Tc. iii. uitt. m null. Tc.
iii. bor. m. i. Tc. iiii. ser. m. ii. Sep. ii. car in dnio. Tc. i. car hom. m null.
past. xxx. ovi. iii. runc. cxl. cu. Tc 7 p uat. lx. sol. m. xl.
¶ Mildemet tenet Radulf filius brien de epo qd tenuit Alunin lib ho T.R.E.
p. m. 7 dim. hid. 7 . xiiii. ac. Tc. ii. uitt. m. null. Sep. iii. bor. Tc. i. ser. m. n.
Sep. i. car. Silu. xx. por. viii. ac. p̄ti. Vat. xx. sol.

¶ TERRA CANONICOR SCI PAULI IN EXSESSA.

Hund de Tendestapla. Leam. tenuit Edeua libe. T.R.E. p. m. 7
dim hid. 7 xxx. ac. Tc. ii. car in dnio. 7 ii. car hom. m nulla. Tc. ii. uitt
m. vi. Tc. vi. bor. m. v. Tc. ii. ser. m. iii. Silu. xxv. por. Past. c. ouib. i. an.
i. porc. vii. ovi. Tc. uat. xl. sol. m. xx. hoc tra calupniata e ad op regis.
¶ Hund de Walcham. Cinghefort tenuit Scs paul T.R.E. p. i. m.
7 p. vi. hid. Sep. ii. car in dnio. Tc. iii. car hom. m. iiii. Tc. vii. uitt.
m. viii. Tc. iii. bor. m. vi. Sep. iiii. ser. Silu. D. por. l. ac. p̄ti. 7. ii. pisc.
ix. an. ii. runc. xxvii. por. c. ovi. Tc uat. iiii. lib. m. c. sol. De hoc ma
nerio abstulit petrus de ualoniis. i. hid. 7 viii. ac. p̄ti. que ptinebant
manerio T.R.E. 7 silua ad. l. por. Vat. x. sol. De eod manerio tulit
Goisfrid de magna uilla. x. ac. p̄ti.
¶ Hund de hidingaforda. Belcham ten Scs paul. T.R.E. p. m. 7 v. hid.

· CANONICI ·

Sẽp. ii. car̃ in dnio. 7. xii. car̃ hom̃. xxiiii. uill. x. bor. v. ser. Silu. lx. por.

xxx. ac. p̃ti. ix. an. ii. runc. xl. por. c. ou. v. cap. Sẽp uat. xvi. lib.

Wicham. ten̄. S. P. t. r. e. p. m̃. 7. iii. hid. i. uirg min̄. Tc. i. car in dnio

m̃. ii. Tc. iiii. car hom̃. m̃. iiii. Tc. vi. uill. m̃. v. Tc. iiii. bor. m̃. x. Tc. i.

ser. m̃. iii. Silu. cc. porc. x. ac. p̃ti. ii. runc. iiii. an. xxiii. por. l. ou.

xxiiii. cap. ii. uasa apu. Tc uat. xl. sol. m̃. iiii. lib.

Hund de Wdbrictesherna. Tillingham ten̄. S. P. p. m̃. 7. xx. hid.

7. vi. ac. Sẽp. xx. uill. 7. viii. bor. 7. iiii. ser. Tc. iii. car in dnio m̃. iiii.

Sẽp. x. car hom̃. Past. cccc. ou. m̃. i. mol. 7. i. pisc. xv. an. xxx. por.

cccxl. ou. Pt hanc t̃ra dare fuer eccle. x. ac. que iacent huic man̄.

Tc totũ uat. x. lib m̃. xv.

Hund de Angra. Nortunã tenuit Godid quedã femina. t. r. e.

p. dim̃. hid. m̃. S. P. Sẽp. i. car. 7. ii. bor. Silu. xl. por. iiii. ac. p̃ti. i. r. v. an.

Vat. xx. sol. hanc t̃ra dedit Godid sc̃o paulo p'q rex uenit in anglia

s; non ostendit breue neq; concessum regis.

Nasestocã tenuer̄. ii. libi hoes. houard. 7 Ulsi. p. ii. man̄. 7 p. v. hid

xx. ac. min̄. m̃. ht sc̃s paul' p tenude p'q rex uenit in hanc t̃ra 7

dicit se habuisse ex dono reg. Sẽp. xii. uill. 7. xi. bor. Tc. iiii. ser. m̃. ii.

Sẽp. iii. car in dnio. 7. iiii. car hom̃. Silu. dc. por. xliiii. ac. p̃ti. Sẽp

xiii. an. ii. runc. cxvi. ou. xxiiii. por. xxiii. cap. iii. uasa apum.

Sẽp. uat. x. lib.

Aliam nessetocham. tenuit Turstin' ruff' p. m̃. 7. p. i. hid. 7. xl. ac.

m̃. sc̃s paul' inuasit. 7 e cũ alia t̃ra. 7 tenet p tenuride. Tc. i. bor.

m̃. ii. Sẽp. ii. car. Silu. c. por. Sẽp. uat. xxx. sol. In eadẽ uill

.ESS.

tenuerunt . vii . libi hoës . ii . hid . q's tenet Scs paul' similit . 7 . mo in ista tra . xii . hoës . mo . iii . bor . Sep . iii . car . Silu . ccx . por . vii . ac . pti . Sep ual xl . sol . In Nassestoca tenet . i . pbr . dim . hid . 7 . xx . ac . s; hund fert testimoniu qd e sci pauli . Sep . ii . bor . Tc . i . car . mo . dim . Sep ual . x . sol . mo e in manu reg.

H Hund de . Celmeresforda . Runewella tenet . sep . scs paul' . p . viii . hid . Sep . viii . uitt . 7 . viii . bor . Tc . ii . ser . mo . i . Tc . iii . car . 7 . dim in dnio . 7 mo similit . Tc . int hoës . ii . car . 7 . dim . Silu . cc . por . ii . runc . i . an . viii . por . c . ou . Sep ual . viii . lib .

H Hund de Turestapla . Tidwolditunia tenet . sep . scs . P . p viii . hid . 7 p . i . man . s; Rad baignard tenet dimid . hid 7 hundret nescit qmo eam habuerit; Sep . xvi . uitt . 7 . iiii . bor . 7 . iiii . ser . Tc . ii . car in dnio . mo . i . 7 . d . Tc . viii . car hom . mo . iii . Silu . lx . por . xxx . ac . pti . past . clx . ou . sep . i . mol . 7 . i . sal . i . runc . viii . an . xii . por . cl . ou . iii . uasa . apu . Sep . ual . viii . lib .

H Hund de tendringa . Aldeluesnasa tenet sep . scs paul' p . man 7 . p xxviii . hid . Tc lxxvi . uitt . mo lxiii . Tc . xl . bor . mo . L . Sep . vi . 7 ser. vi . car in dnio . Tc int hoës . lx . car . mo . xxx . Silu . ccc . por . lx . ac pti . mo . ii . mol . Tc . iii . sal . mo . ii . Past . ccc . ou . xxii . an . xxx . porc . cc . ou . iiii . uasa apu . Tc ual . xxvi . lib . mo . xxx . 7 . i . marc argent .

H Hund de Rochefort . Berlinga tenet sep . Scs paul' p . i . man . 7 . p ii . hid . 7 . dim . xv . ac . min' . Tc ii . uitt . mo . n . Tc . v . bor . mo . ix . Sep . i . ser . 7 . i . car in dnio . 7 . ii . car hom . Past . xl . ou . ii . runc . ii . an . iiii . por . clx . ou . Tc ual . iiii . lib . 7 . x . sol . mo . vi . lib . In Eadt tenuit . i . lib ho

·CAN·

dnīī hid. 7 xx. ac. t. r. e. m° sēt p. Sēp. i. car. 7 uał. xxx. sot. hanc trā occu
pauer canonici p°q rex uenit in angliā;

VI. TERRA sci petri de Westmonasterio. Hund de bdestapla. .VI.

In Benflet ht̄ Scs Petrus. vii. hid. 7. xxx. ac. que iacebant in eccta scē
marie. t. r. e. Sz rex. W. dedit ecctam cū trā scō petro. de Westmonsterio
In q̄ trā sēp. ii. car. in dnīo. 7. v. car hom; sēp. xv. uitt. Tē. vii. bor. m°
xii. Pastur. cc. ou. m°. dim. mot; ii. ou. in past. Tē uał. iiii. lib. m°. vi. Octauā hid de
ead eccta scē marie. dedit Ingelric scō martino. 7 adhuc ibi ē uo consu
lat tollat sine iussu regis. ¶ In Phantuna. iiii. hid. 7 xxx. ac. Sēp. i.
car in dnīo. Tē. iiii. car. hom. m° ii. Tē. vi. uitt. m°. i. Tē. iiii. ser. Tē. i. bor.
m°. ix. 7 in ead uitt posset adhuc fieri. ii. car in dnīo. xxx. ac silue uastæ.
. ii. runc. xxx. ou. Tē uał. lx. sot. m°. vi. lib. ¶ In Bura ht̄. S. P. l. ac. q̄s
tenet. i. anglic de eo. sēp. i. uitt. 7. uał. l. d.
¶ Phantunā tenuit Alestan stric. t. r. e. p m°. 7. i. hid. Tē. i. car. m°. n̄.
Sēp. i. bor. Tē. 7 p° uał. xx. sot. m°. x. hec trā calūpniata ē ad op9 reg
q̄ p falsū breue uenerit ad ecctam. In dnīo ii. runc. xxx. ou;

VI. Hund de Wicham. In Chelleuedana. t. r. e. v. hid. q̄s tenuit
scs pet. Sēp. ii. car. in dnīo. Tē. viii. car. hom. m°. iiii. Tē. xx. uitt
m°. xviii. Tē. xii. bor. m°. vii. Sēp. iii. ser. Silu. l. porc. 7. xxv. ac p̄ti.
. i. mot. Tē. uał. c. sot. m°. viii. lib. 7 abbas ht̄ inde. xii. lib; In dnīo.
. ii. runc. vi. an. xxxv. por. xxxv. ou.

.ESS.

Hund de Beuentreu. Hame. tenuit Scs Petrus. t.r.e. p. m.
7 .ii. hid. Sep .i. car. Tc .iii. bor. m .v. Silu. viii. por. Tc ual. xx. sol. m
lx. In Letuna tenet Rad baignard. de abbe .i. hid. qua tenuit
Tosti. t.r.e. Tc .i. car. m. dim. m .v. bor. xx. ac. pti. i. mol. Tc. ual.
xxx. sol. m. xl.

Hund de Lexendena. Feringas. tenuit harold. t.r.e. p. m.
.iiii. hid. 7 xxx. ac. m tenet .S. P. Tc. xxxiiii. uilt. m. xxvii.
Tc .x. bor. m. xxiiii. Sep. xi. ser. 7 .iiii. car. in dnio. Tc. xv. car.
hom. m. x. Silu. d. porc. xx. ac. pti. iii. mol. 7 xii. sochemann
q n poterant recedere manentes in duab; hid. 7 dim. pt istam supdicta
tra. Sep sub ipsis. vi. bor. 7 .ii. car. 7 dim. Silu. xx. por. xii. ac. pti.
7 .ii. dom in cole castro. que iacent huic manerio; In dnio. v. runc.
xvi. an. lx. por. lxxxiiii. ou. Tc ual. xxii. lib. 7 .x. sol. m. xxxiiii.
lib. 7 .x. sol. Rog de ramis tenet lxxx. ac. de abbe. 7 reddit uno
qq; anno p suo seruitio ad abbm .x. sol. Malger ho archiepi inuasit
sup rege .i. libm hoem q erat de manerio sci petri. t.r.e. tenentem
dimid uirg. 7 nc e in manu reg; Sep. dim. car. 7 ual. v. sol.

Hund de Angra. Keluendunā tenuit Ailric. t.r.e. p. m.
7 .ii. hid. m. S. P. Sep .iiii. uilt. Tc .v. bor. m. x. Sep .ii. ser. 7 .ii. car in dnio.
7 .i. car. hom. Silu. cc. por. xvi. ac. pti. m .i. mol. Tc. ual. xl. sol.
m. lx. Hic supdictus Ailric abiit in naualē plium contra Willm rege
7 qn rediit. cecidit in infirmitate. tc dedit sco petro istud manerium
sed nulli hominū ex comitatu sciunt hoc n uni. 7 hucusq; tenuit
scs petrus talum hoc man. 7 neq; breuē neq; famulū reg ex parte

·SCS PETR9·

habuerunt post quā rex uenit in istā trā.

In Wochenduna tenet Will camerari9 de abbe .i. hid. 7 .i. car. in dnio.
7 .i. car. hom. iii. uill. Val. xl. sol.

Hund de Cesseuorda. Wochendunā ten harold9. p. m. 7 .ii. hid.
xl. ac. min9. T. r. e. m tenet S. P. Tc. viii. uill. m. vii. Tc. v. bor. m. viii.
Sep. iiii. ser. 7 .ii. car. in dnio. Tc. vi. car. hom. m. iiii. Silu. ccc. por.
.i. runc. vi. an. xxx. por. cx. ou. Tc ual. iiii. lib. m. x. hec tra est
p escangio p9q rex transfretauit.

Wenitunā tenet. sep. S. P. p. m. 7 .ii. hid. 7 dim. Tc. iii. uill. m. ii.
Tc. iii. bor. m. ii. Tc. ii. ser. m. null9. Tc. i. car in dnio. m. dim. Tc. i.
car. hom. m. dim. i. runc. i. uac. iiii. por. lx. ou. Tc. ual. xl. sol. m
lx. VIII lib ho misit in sco petro. dim. hid. s; Rob inuesiat9 ho Rob
grenonis. poccupauit. 7 reddit p annu. xx. d.

Geddesdunā ten. S. P. p. i. hid. Sep. i. uill. 7 .i. bor. Tc. dim. car. m
.i. Sep. ual. xx. sol.

Hund de Celmeresfort. Molesham tenet Sep. scs Petr9.
p. v. hid. xxx. ac. min9. Tc. viii. uill. m. iii. Tc. iiii. bor. m. xxi.
m. ii. ser. Sep. iii. car. in dnio. 7 iii. car. hom. Silu. cccc. por.
xxx. ac. pti. i. mol. i. runc. ii. uac. xxxvi. por. c. ou. Tc. ual.
ix. lib. m. xii.

Hund de Rochefort. Pachesham tenet scs P. p. m. 7 p
.i. hid. 7 dim. Tc. ii. bor. m. xi. Tc. iiii. ser. Tc. ii. car in dnio. m. i.
Sep. i. car hom. past. xx. ou. i. runc. iiii. an. c. ou. Tc. ual.
.iiii. lib. m. vi. hanc trā dedit. i. tegn9. eccle. qn iuit ad bellū i Eurewic
cū haroldo.

·ESS·

·VII· TERRA EPI DUNELMENSIS In Exsessa·

Dimidium Hundret de Walthā· Walham tenuit haroldꝰ T.R.E.
pro uno man̄· 7 xl· hid· Sēp· Lxxx· uitt· 7 xxiiii· bor· 7 tc· vi· ser· m̄ viii·
Tc· vii· car in dnio· m̄· vi· Sēp· xxxvii· car hom· Silū· ii· 7 cc· por·
Lxxx· ac̄ p̄ti· ii· runc· xx· an̄· Lxxx· ou· xii· cap· xl· por· Pastura
ē ibi que uat· xviii· sol· Tc· i· mol· m̄· iii· V· piscinę· 7 tc· xx· censarii
m̄· xxxvi· 7 i· car pot̄ in manerio restaurari· Huic man̄ adiacent
·ii· soc· tenentes· vi· hid· T.R.E. m̄· v· 7 medietatē sextę hid· ht̄ Scā crux
7 alterā partē tulit Will de war· 7 iiii· soc de· ii· hid· 7 dim uirḡ·
7 adhuc ptinebat huic man̄· i· hid· xv· ac̄ minꝰ q̄m inde tulit
idē Witt. Et Ranulf fr̄ ilgeri· xxx· ac̄ t̄re· 7 iiii· p̄ti·
Oms illi soc q̄ ibi m̄ s͞t ht̄ vii· hid· 7 xv· ac̄· 7 habebant· T.R.E. in
corp dnio· iiii· car· m̄· iiii· 7 d'· 7 sēp· i· uitt· Tc· vi· bor· m̄· viii· Tc· ii·
ser· m̄ null· Silū· cLxxx por· xvi· ac̄· 7 dim· p̄ti· 7 iiii· ac̄ pasturę·
De hoc toto 7 de manerio habebat Har· T.R.E. xxxvi· lib· 7 hōc epi
appciant· Lxiii· lib· 7 v· sol 7 iiii· d· m̄ ū ut alii hoēs de hund testant·
uat· c· lib· 7 Londonię· s͞t· xii· domꝰ ptinentes manerio· que redd
xx· sol· 7 una porta q̄m rex dedit suo antecessori· epi· que ad̄ū redd
xx· sol·

·VIII· TERRA CANONICORŪ Scē Crucis de Walham Hundret de
Walthā· Epingam· tenet sēp· Scā crux· p man· 7 ii· hid· 7 xv ac̄· Sēp
·i· car 7 dim in dnio· 7 ii· bor 7 ii· ser· Silū· L· por· iii· ac̄ p̄ti· x· an̄·

·Sc̄a· CRVX·

·i· runc̄· xx· por· xx· ou̅· viii· cap̄· 7 uat· xv· sol.

¶ Matingā sēp tenuit Sc̄a crux· p· v· hid. T̄c· i· car̄ in dnio· m̄· i· 7 dim̄. T̄c· i·
car̄ hom̄· m̄· i· 7 d. Sēp· v· uilt. m̄· ii· bor. T̄c· ii· ser. m̄ null. Silū· L· por·
xiii· ac̄· p̄ti· dim̄ piscī· i· r̄· iiii· an̄· x· por· (·xx· sol·) T̄c· uat· xl· sol m̄ Lx.

¶ Hundret de beuentrey. Wdeforda tenet sēp Sc̄a crux· t· r· e·
·v· hid. Sēp· ii· car̄· in dnio· T̄c· xiii· car̄ hom̄· m̄· vii. Sēp· xiii· uilt· Silua ad· porc̄
T̄c· iiii· bor· m̄· vii· T̄c· iiii· ser· m̄ null. T̄c· i· an̄· m̄· vi· c· ou̅· L· por· xxvi· ac̄ p̄ti· t̄c· i· mot· [illegible]
xl· cap̄. Sēp uat· c· sol.

¶ Lochintuna tenet sēp Sc̄a crux· p m̄· 7· iiii· hid· 7· xx· ac̄. T̄c· ii· car̄
in dnio· m̄· i· Sēp· i· car̄ hom̄· 7· ii· uilt. T̄c· ii· bor· m̄· v· Silū· c· por· v· ac̄· p̄ti·
·i· car̄ pot restaurari· v· an̄· v· ou̅· 7 uat· xl· sol.

¶ Lochintuna tenet Sc̄a cr̄· p m̄· 7· ii· hid· 7· dim̄. Sēp· i· car̄ in dnio·
T̄c· ii· bor· m̄· iiii· Silū· xl· por· iiii· ac̄· p̄ti· ix· an̄· x· por· xx· ou̅· Val· xx· sol.

¶ Hund de Angra. Lassefelda tenet sēp· S· cr̄· p m̄· 7 p· ii· hid· xxx·
ac̄· min. T̄c· vi· uilt· m̄· v· m̄· iiii· bor· T̄c· vii· ser· m̄· iii· T̄c· ii· car̄ in dnio
m̄· iii· T̄c· iii· car̄ hom̄· m̄· ii· Silū· dcc· por· viii· ac̄· p̄ti· T̄c· iii· an̄·
m̄· vi· T̄c· xx· por· m̄· xxx· L· ou̅· T̄c· xvi· cap̄· m̄· xxxvi· m̄· i· runc̄·
Sēp uat· vi· lib.

¶ Aluertuna tenet sēp· S· cr̄· p· m̄· 7· iiii· hid· 7· dim̄· 7· x· ac̄· T̄c· vii·
uilt· m̄· ix· T̄c· ii· bor· m̄· vi· T̄c· v· ser· m̄· iii· Sēp· ii· car̄ in dnio· T̄c
·iii· car̄ hom̄· m̄· ii· Silū· cccc· por· xv· ac̄· p̄ti· ii· an̄· viii· ou̅· x· por
xv· cap̄· Sēp uat· iiii· lib.

¶ Cippedana tenet sēp Sc̄· cr̄· p m̄· 7 iii· hid· 7· xl· ac̄· Sēp· iiii· uilt· 7
vii· bor· T̄c· iiii· ser· m̄ null. T̄c· ii· car̄· in dnio· m̄· i· T̄c· ii· car̄ hom̄· m̄· i·

.ESS.

Silu. ccc. por. vi. ac. pti. ii. an. viii. por. ix. ou. Sep uat. xl. sol. 7 idem lib ho tenuit. xl. ac. que inuasit eccla. postq rex uenit in hanc tra. 7 tenet adhuc. Tc. i. car. m nulla. 7 qn recep dim. iiii. ac. pti. Tc uat vi sol. 7 viii. d. m. v. sol. 7 iiii. d.

H Hund de Cesseforda. Welda tenet sep. sc. Cri. p uno maner. 7 t. r. e. p. ii. hid. m. p. i. 7 dim. Goisfrid de magna uilla hc aliã dim. s; hund nescit qo habeat. 7 G. dicit se habe p escangio. Sep. x. uill. 7 vi. bor. 7 iii. ser. 7 ii. car. in dnio. Tc. vi. car. hom. m. iiii. Silu. cc. por. i. ac. 7 d. pti. m. iii. an. Tc. x. por. m. xxv. Tc. xxv. ou. m. lxv. 7 uat vi. lib. In hoc manerio iacuit. i. soc. q tenuit. i. car. tre. t. r. e. s; m hc Rob gernon. ex dono reg ut ipse dic.

H Upmonstra tenet sc. C. p. ii. hid. 7 dim. 7 xl. ac. Tc. viii. uill. m vi. Tc. ii. bor. m. iiii. Tc. iiii. ser. m. iii. Sep. ii. car. in dnio. 7 iiii. car. hom. Silu. ccc. por. vi. ac. pti. ii. an. Tc. xx. ou. m. l. Tc. xi. por. m. xxx. Sep uat. iiii. lib. huic manerio iacet. i. soc. de. xxx. ac. 7 dim. car. 7 uat. xxx. d.

H Walcfara tenet sep eccla. p. iii. hid. xl. ac. min. Tc. iiii. bor. m. x. Tc. vi. ser. m. iii. Sep. ii. car. in dnio. 7 i. car. hom. Silu. xxx. por. xviii. ac. pti. m. i. runc. Sep. v. an. v. por. xl. ou. ii. uasa apu. Vat. xl. sol.

Sca MARIA de berchinges In ecclesia.
Sca Aldreda de eli.
Scs Edmundus
Scs Martini londonie.
Scs Martini de bello.
Scs Walericus.
Sca Trinitas decadomo.
Scs Stephani decadomo.
Scs Audoenus.
Eps Baiocensis.

ESS

·LX· ~~TERRA SCE MARIE DE BERCHINGIS~~

Hund de berdestapla. Mucinga. tenet Sca maria p. vii. hid. 7 xxx. ac.
inde abstulit Turold de Rouecestra. 7 iacent ad feudu epi baiocensis.
Te. 7 p. 7 e. i. car in dnio m. ii. Sep ix. car uillis. 7 xii. uill. Te. xiiii. bor. m.
xxv. Te iii. ser. m. null. Silu. ccc. por. Pastura. ccc. ou. xl. ac. pti.
m. i. mot. i. piscina. x. an. ii. runc. xviii. por. ccl. ou. Sep uat. x. lib.

Bulgeuen. tenet S. M. p. vii. hid. Te. i. car indnio m. ii. Te. vii. car hom
m. x. Te. x. uill m. xvi. Te. v. bor. m. xvi. iii. ser. Silu. d. porc. viii. an.
xv. por. i. runc. lxxx. ou. Te uat. viii. lib. m. x. De hac tra tulit Rauen
gar. xxiiii. ac. In Fantuna. xl. ac. tre tenet. i. uill. sep. dim. car. 7 uat
xl. d. De Supdicto manerio scilicet de Mucinga. tenet Witt. dim. hid
7 xxx. ac. 7 iii. bor. 7 uat. xviii. sol in supdicto ptio eiusde manerii.
In hoc hund. te. vi. libi hoes tenentes. ii. hid. 7 l. ac. Sep. ii. car. Te. iii.
bor. m. vi. Te. i. ser. m. n. Te silu. c. por. m. lv. xiiii.ma pars unius piscine. Tot
uat. xxx. sol. Isti hoes libe geldauerunt ad berchingu. s; rex m. e. ipsis
pot facere qd sibi placuerit. De silu huius tre ht Rob gernon. l. porc.
Et de supdicta tra tenet Goduin cudhen. iii. uirg. 7 uat. x. sol.

Dimidiu Hund de berlaua. In Perenduna tenet sep. Sca mar. dim
hid. dim. car. i. bor. silu. x. por. v. ac. pti. Vat. x. sol.

Hund de beuentreu. Berchingas tenet sep sca. M. p. xxx. hid.
Te. iiii. car in dnio m. iii. 7 iiii. possent fieri. Te. lxx. car. hom. m. lxviii.
Te. c. uitt. m. cxl. Te. l. bor. m. lxxxx. Te. x. ser. m. vi. Silu. m. porc.
c. ac. pti. ii. mot. i. pisc. ii. runc. xxxiiii. an. cl. por. cxiii. oues.
xviii. cap. x. uasa api. In Londonia. xxviii. dom que reddt. xiii.

· SCA MARIA ·

xiii · sol · 7 · viii · d · 7 dim exclusa que t r e reddebat vi · sol · 7 · viii · d · 7
· m n reddit · Hoc manerium ual t r e · lxxx · lib · 7 m similiter ut dicunt
angli · s franci appretiant · c · lib · Huic manerio pertinebant t r e ·
xxiiii · ac · quas inde tulit Goscelinus loremarius · 7 iiii · milites · tenent · ii · hid · 7 · iii · car · 7
7 · iii · uill · 7 · x · bor · 7 uat · xlv · sol · in eod pretio ·
¶ Hund de wensistreu · Wicghebergam tenuit semper sca maria pro xxi · hid
7 · dim · 7 · xiii · ac · Tc · ii · car · 7 d in dnio · m · ii · Tc · x · car hom · m · ix · Tc
ix · uill · m · x · Tc · xxiiii · bor · m xxxiii · Semper viii · ser · silu · c · por · past
· c · ou · que redd · xvi · d · vi · sol · Tc · xii · an · 7 m similiter · ii · runc · xiiii ·
por · ccxxx · ou · Tc uat · xii · lib · m · x · Huic man · pertinent · iii · dom
in colecastro ·
¶ Hund de Celfforda · Wareleiam tenuit sep sca maria · p · iii · hid
sep · ix · uill · Tc · viii · bor · m · x · Tc · iii · ser · m · v · sep · ii · car · in dnio · Tc
viii · car hom · m · vi · silu · cc · por · past · c · ou · viii · an · xi · por · c · l ·
ou · i · uas ap · sep uat · vii · lib · In Scelfforda ht s · m · xl · ac · Tc · i · uill
m · ii · 7 · ii · bor · i · ac · pti · Tc · i · car · m · dim · 7 uat · iii · sol · Fuerunt etiam
ad hanc terram xxx · ac · quas ht Will de war p escangio ut ipse dicit ·
Sunt adhuc · alie · xxx · ac · 7 · ii · ac · 7 dim pti · 7 uat · iii · sol
¶ Hund de edmeresstorc · Ingam tenuit sep sc · m · p · iii · hid · 7 ·
dim · 7 · x · ac · Sep · ii · uill · Tc · vi · bor · m · vii · sep · i · ser · 7 · i · car in dnio ·
Tc · i · car 7 d · hom · m · i · silu · d · por · 7 · i · soc de · xxx · ac · i · runc · ix ·
an · ix · an · xxx · p · oc · xvi · ou · Tc uat · lxx · sol · m lx ·
¶ Fellinges tenuit sc · m · p · i · uirg · 7 · dim · Tc · iii ·
bor · m · iiii · Tc · i · ser · m nullus · Sep · i · car · silu · cc · por · iiii · an · xxxvii ·
ou · x · cap · Tc uat · viii · sol · m · x ·

·ESS·

H Hund de Rochefort. Hochelea tenet sep S. Pet. p. m. 7 vii. hid.
7 dim. Tc. xxiiii. uill. m° xxvii. sep. xii. bor. Tc. iii. ser. m° null°. Sep
ii. car in dnio. 7 xv. car hom. past. cc. ou. i. mol. ii. runc. viii. an.
cli. ou. xxvi. por. Sep uat. x. lib. De hoc man tenet Will de bursigni
de eccta. iii. uirg. 7 i. car. 7 uat. xxi. sol. in eod. ptio.

H Hund de Turestapla. Tolesbiam tenet sep S. Pet. p. m. 7 viii.
hid. Tc. xi. uill. m° xii. Tc. xiiii. bor. m° xvi. Tc. v. ser. m° vii. Sep. ii.
car in dnio. Tc. viii. car hom. m° vii. silu. d. porc. Past. cccc. ou.
m° i. mol. 7 i. piscina. 7 ii. sal. ii. runc. x. an. xxviii. por. ccc. ou.
Sep. uat. x. lib. Ranulf piperell° tenet i. hid. qm tenuit Siuuard°
de abb. 7 ipse uult facere tale seruitiu q'le suus antecessor fecit. s;
abbatissa non uult. qa erat de uictu eccle. Odo hō suani accepit
x. ac. que fuer de eccta. 7 hund hoc testat. s; inde uocat dnm suu
ad tutore. Sep ualent. xvi. d.

·x· T ~~Terra Sce Adeldrede de eli~~ H Hund de dommuua.
Brocchesheuot tenet sep Sca A. p. m. 7 iii. hid. Sep ii. car i dnio
7 iiii. car hom. xvi. uilli. Tc. i. bor. m° v. v. ser. Silu. ccl. por.
xxx. ac. pti. Tc 7 m° xvi. an. ii. runc. lxx. ou.
ii. uasa apu. Tc uat. x. lib. m° viii. De hoc manerio
ablate sunt xx. ac. tre. ert. Walti. qs tenet Eudo dapifer. 7 adhuc
ii. car tre de dominio quas tenet. Ide Eudo. 7 uat. iiii. lib. huic.

·Scā· Adeldred ·

IN Rodinges tenet sep. scā. A. 7 t.r.e. p iii hid. 7 xlv ac. m̄ p ii hid. 7 xlv ac. 7 tciā hidā de dnio tulit Will de uuarenna. que ibi iacebat t.r.e. Sēp. viii uill. 7 i pbr. ii bor. iiii ser. Tc̄ iii car in dnio. m̄ ii. Sēp iiii car hom. Silu. c porc. xx ac. pti. ii runc. ix an. xxviii porc. xv oū. 7 tres soc adiacent huic manerio. 7 xi bor. 7 iii ser. Tc̄ ualeb. viii lib. m̄ vi.

IN Dunmoduna tenuit Scā A. t.r.e. p i man. 7 p xx hid. m̄ tenet p xvii hid. 7 dim. Sēp xxvi uill. 7 vi bor. Tc̄ vii ser. m̄ vi. Sēp iii car in dnio. 7 xxii car hom. Silu. ccc porc. ix an. xli porc. clx oū. 7 viii. Tc̄ ual. xvii lib. m̄ xx. 7 i hid 7 xxx ac. tenet Siuuard de scā A. m̄ tenet Ranulf piperell de rege. s; hund testat de abbatia. 7 ii hid. 7 xxx ac. q tenuit eddiua 7 leuesun de ea t.r.e. m̄ tenet eudo de abbē. q anteceSSor ei tenuit eā. s; hund testat. qd non poterant uendē eā sine licentia abbis.

IN Dimidium Hund de Fresse Wella Cadenhoy tenet sēp scā A. p i m. 7 ii hid. Tc̄ viii uill. m̄ xii. Tc̄ iiii bor. m̄ xiii. Tc̄ iiii ser. m̄ ii. Sēp ii car in dnio. Tc̄ iii car hom. m̄ iiii. Silu. c porc. vi ac. pti. Tc̄ i mol. m̄ null. i runc. iiii an. xvi porc. xxxvi oues. viii cap. Tc̄ ual. vi lib. m̄ x.

IN Hund de udelesfort Liedbyriā tenet sēp. s. A. p i maner. 7 xxxv hid. Sēp xxxix uill. 7 xix bor. vii ser. Tc̄ v car in dnio. m̄ iiii. Tc̄ xvii car hom. m̄ xv. Silu. clx por. lv ac. pti. Sēp iiii mol. ii runc. xxx porc. lxxx oū. iii uasa apum. Val. xx lib. Et adhuc i berouuita que uocat Strachala quā tenuer ii hōes. Will. Eluui p v hid. 7 n̄ poterant recedē

·ESS·

atira sine licentia abbis. m̄ tenet hugo sub abbe. Tē. vii. uilt. m̄. vi.
Tē. iiii. bor. m̄. vii. Sēp. vi. ser. 7. iii. car. in dnio. Tē. iiii. car. hom. m̄. v.
silū. x. por. xii. ac̄. pti. i. mol. Tē. uat. vii. lib. m̄. viii. In dnio. vii. an̄. c. ou̅.
xxii. porc̄. ii. uasa apū.
Est adhuc. i. bereuuita que uocatr̄. haindena quā Eluui⁹ p̄ dī. hid. 7
xv. ac̄. Tē. ii. car. in dnio. m̄. i. Tē. iiii. ser. m̄ null⁹. Tē. l. v. oū. 7 m̄.
Tē. ual. lx. sol. m̄. xxx. De hoc maner accepit Witt cardon: hō. G. [:inde]
de magna uilt. xxviii. ac̄. silue. q̄n Suan⁹ erat uicecomes. ut hundret
Testatur

·xi· Terra Sc̄i Edmundi. Hund. de Witham.
Braddinchou tenet Witt fili⁹ grosse de abbe. p. i. hid. 7 xv. ac̄. Tē. ii.
car. in dnio. m̄. i. Sēp. i. car. hom. iii. uilt. iii. bor. m̄. i. mol. Silū. l. por.
xx. ac̄. pti. ii. runc. vi. an. xvi. por. v. cap. Val. l. sol.
Dimidiū Hund. de Herlaua. Herlauā tenet sēp. sc̄s. E. p. i.
man. 7 p. i. hid. 7 d. Sēp. ii. car. in dnio. 7. vi. car. hom. 7 xii. uilt. xv. bor.
7. iiii. ser. Silū. ol. por. xxx. ac̄. pti. i. molin. iiii. runc. xxv. an.
iii. pulli. l. porc. lx. ou. v. uasa apū. Huic manerio addite sunt
iii. hid. 7 xxx. ac̄. q̄s tenebant. v. libi hoēs. t. r. e. In q̄b; st sēp. vi. car.
in dnio. viii. bor. iiii. ser. Silū. c. por. xiiii. ac̄. pti. Sēp. uat. maner.
v. lib. 7. iii. hid. ualent. lxx. sol. m̄. iiii. lib.
Laceuuniā tenet sc̄s. E. p. man. 7 p. iii. hid. 7 d. q̄d tenuit Turgot
i. lib hō. t. r. e. Sēp. ii. car. in dnio. 7. i. car. hom. iiii. uilt. Tē. iii

.S. Edmund⁹.

bor. m̄o v. sēp. iiii. ser. silu. cc. por. xxxv. ac̄. p̄ti. iiii. an̄. L. por. xxc. ou. xxv
cap̄. Sēp. ual. vi. lib.

¶ Hund. de hidinghefort. In Alfelmestuna tenet. S. e. dim̄. hid. i. car
in dnio. tc̄. i. ser. m̄o. iii. bor. ii. ac̄. p̄ti. tc̄. ual. x. sol. m̄. xx.

¶ Hund. de Laxefelda In Colū tenet. S. e. xxxvi. ac̄. tc̄. iii. bor
m̄. iiii. Sēp. dim̄. car. silu. xl. por. ii. ac̄. p̄ti. Val. xx. sol.

¶ Hund. de Angra. Scaplefort tenet sēp. S. E. p. iii. hid. 7. dim̄.
7. vi. ac̄. 7. dim̄. tc̄. viii. uill. m̄. ix. Sēp. v. bor. 7. ii. ser. 7. i. car. in
dnio. tc̄. iiii. car. hom̄. m̄o. iii. Silu. ccl. por. xii. ac̄. p̄ti. xx. an̄. i. r.
xlviii. oues. asin. por. iii. pull. 7. ii. libi hōes in socamanerii. de
xxxvi. ac̄. 7. dim̄. i. car. silu. xl. por. iii. ac̄. p̄ti. tc̄ ual. xlv. sol. m̄o. L.

¶ Hund. de Colmereffort. Walchem tenet Albc⁹ de abbe. qd
tenuit Stanhard⁹. t. r. e. p. i. man. 7. ii. hid. xv. ac̄. min⁹. 7 scs. e. de
dono regis. Sēp. i. uill. 7. vii. bor. 7. ii. ser. 7. ii. car. in dnio. 7. i. car
hom̄. Silu. xxx. por. vii. ac̄. p̄ti. i. an̄. L. oū. ii. por. x. cap̄. Tc̄ ual. xl. sol.
m̄o. lx.

¶ Hund. de Wandringa Wrabenesā tenet sēp. scs. e. p. i. man. 7.
v. hid. Sēp. vi. uill. viii. bor. vi. ser. tc̄. iii. car. in dnio. m̄o. ii. tc̄. vi. car
hom̄. m̄o. v. 7. dim̄. i. ac̄. p̄ti. m̄o. i. mol. 7. i. sal. ii. pull. xxx. porc̄.
cc. oū. v. uasa ap̄. Val. vi. lib.

·ESS·

F ·xii· Terra Sci martini Londonie. Estrã tenuit Alsmarus i. teinnus regis e. & consul Eustachius dedit sco martino p. i. m. & iiii. hid. & L. ac. Tc. iii. car. in dnio m. ii. Sep. viii. car. hom. viii. uill. Tc. xvi bor. m. xxi. Tc. viii. ser. m. iii. Silu. lx. por. xx. ac. pti. m. i. mol. Tc. ual. viii. lib. m. x. Huic manerio adiacebat i. bereuuita de dim. hid. & xx. ac. t. r. e. s; consul. e. eã sibi retinuit. & iacet in hund de colnecestre.

F ·xiii· Terra Sci Martini de bello. Hund de berdestapla. Acabor tenuit Godrĩus lib hõ. t. r. e. p. i. man. & iii. hid. xx. ac. min. Sep. ii. car. in dnio. & iii. car. hom. Tc. i. uill. m. ii. Tc. x. bor. m. xv. iiii. ser. Silu. cc. porc. Tc. i. pisc. m. n. Tc. ii. runc. m. iii. Tc. iiii. an. m. xxix. c. ou. Tc. lx. porc. m. c. viii. min. iiii. uasa apũ. & iii. soc. de i. hid. & xxx. ac. sep. i. car. & xv. ac. libe tre. Tc. ual. c. sol. m. vi. lib. & ille xv. ac. ual. xxx. d.

Hund de hidingforda. Hersã tenuit Orgarus lib hõ. t. r. e. p. m. & p. i. hid. Sep. ii. car. in dnio. & i. car. hom. Tc. & p. v. uill. m. iii. Tc. i. bor. m. iii. Tc. iii. ser. m. ii. xiii. ac. pti. viii. an. x. por. Tc. xxv (iii) ou. m. xxv. iii. uasa apũ. Val. xl. sol.

F ·xiiii· Terra Sci Walerici. Hund de herlava. Metcingã tenuit Godricus i. lib hõ. t. r. e. p. xl. ac. Tc. i. car. m. nulla. Val. x. sol. & viii. d.

Nindesolã tenuit Horolfus i. lib hõ. t. r. e. p. i. m. & p. i. hid.

S. WALERIC'

m° Sc̃s Wal. Sẽp. ii. car̃ in dñio. 7. iii. car̃ hom̃. Tc̃. viii. uill. m°. ix. Tc̃. iiii. bor. m°. xv. Tc̃. iiii. ser. m° null. Silũ. L. por. vi. ac̃. p̃ti. iiii. an. xl. por. xxviii. ou. v. uasa apũ. Tc̃. 7 p̃ uat. c. sol. m°. vi. lib.

Hund de Vdelesfort. Tacheleiã tenet Sc̃s Wal. qã ten uit Turchill' lib hõ. t. r. e. p. dim. hid. Sẽp. ii. car in dñio. 7. iii. car̃ hom̃. viii. uill. Tc̃. 7 p̃. iii. bor. m°. v. Sẽp. ii. ser. Tc̃. 7 p̃ silũ. cl. por. m°. c. xxiiii. ac̃. p̃ti. Tc̃ 7 p̃. i. mol. m° nð. iii. runc. iiii. an. xxx. por. xxviii. ou. l. cap. v. uas apũ. Tc̃. 7 p̃ uat. vi. lib. m°. vii.

Ĩ Bdickangrã tenuit .I. lib hõ Turchill. p. ii. hid. 7. p. i. man. Tc̃. 7 p̃. ii. car in dñio. m°. i. Sẽp. ii. car̃ hom̃. i. uill. v. bor. Tc̃. ii. ser. Tc̃ silũ. c. por. m°. l. vi. ac̃. p̃ti. i. mol. ii. runc. vi. an. xxviii. por. xxxvi. cap. Tc̃. 7 p̃. uat. lx. sol. m°. l.

Ĩ Widitunã tenuit .I. lib hõ Turchill'. p. m. 7. iiii. hid. 7. d. Tc̃. 7 p̃. iiii. car̃. in dñio. m°. ii. Sẽp. vi. car̃ hom̃. Tc̃. 7 p̃. viii. uill. m°. xi. xx. ou. vi. ser. silũ. x. por. xii. ac̃. p̃ti. v. an. xxiiii. por. l. ou. Sẽp. uat. viii. lib. Huic t'rę iacent. ii. hid. qs sẽp. tenent. iiii. soc. 7. uat. xxx. sol.

Hund de Wiðbrictesherna. Effecestrã tenuit Turchill'. lib hõ. t. r. e. p. i. hid. 7. dim. 7. xx. ac̃. Tc̃. ii. bor. m°. iii. Sẽp. ii. ser. 7. i. car̃. past. ccc. ou. i. pisc. iii. an. xx. porc. cc. xvi. ou. Tc̃ uat. xl. sol. m°. lxx. In eað. iii. libi hões. de. i. hid. 7. d. i. car̃. Val. xx. sol.

Ĩ Danegerã ten̄ .I. lib hõ. p. ii. hid. 7 d. iiii. uill. Tc̃. i. bor. m°. viii. Sẽp. iiii. ser. ii. car̃ in dñio. 7. ii. car̃ hom̃. past. cc. ou. Tc̃. iiii. lib. m°. c. sol. In Eodẽ tenent · iiii · lib hoēs · L ac̄ 7 uat · v · sol ·

f xlvi · Terra scē trinitatis de Cadomo. Hund de hidingforð

Phenstedā tenuit · Comes Algar · t · r · e · p · v · hid · m̄ tenet scā trin · p · iiii · hid · Sēp · iii · car in dnio · 7 · xvi · car hom · Tc · xxii · uitt · Post 7 m̄ · xx · Tc 7 p xxiii · bor · m̄ · xxxiiii · sēp · xv · ser · Silu · dc · porc · xxxvi · ac · pti · ii · mol · xxi · an · cc · porc · lviii · ou · xxx · cap · i · runc · huic manerio iacebant · t · r · e · lv · ac · q̄s tenebant · iii · soc · m̄ · iiii · tc · ii · car · m̄ · iii · m̄ · ii · bor · Silu · xxx · por · xii · ac · pti · Tc uat · xx · lib · Post · xxx · m̄ · xxxii · Quinta hida n̄ē huic manerio · rex enī Witt dedit Rogō dī saluat dnas · iii · uirg · 7 Gisleberto filio Salomonis · iiii · tā ·

Hund de Celmeresforda · Baduuen · tenuit Comes · Algar p · i · man · 7 p · viii · hid · m̄ · Scā · trin · p tantundē · Sēp · xvi · uitt · Tc viii · bor · m̄ · xxv · sēp · vi · ser · 7 · iii · car in dnio · Tc · viii · car hom · m̄ · xii · Silu · cccc · porc · xlv · ac · pti · i · mol · i · runc · 7 · i · pull · 7 xiiii · an · c · porc · iiii · min · xxxviii · ou · xiii · cap · 7 · iii · soch · q̄ n̄ potant recedē · de · i · uirg · 7 xxx · ac · 7 dī · Tc reddidit · viii · noct ·

.S. STEPHAN'

de firma. m̄ .xvii. lib.

Terra Sci Stephani de cadomo. Hund' de bidinghefort. .xvi. f
Penfeldā tenuit .i. lib'a femi' t.r.e. p .i. hid' 7 .iii. uirg' t.r.e. Tc
.iiii. car' in dnio. m̄ .iii. Tc .ii. car' hom' qn recep nulla. m̄ dimid'.
Tc .iiii. uitt. m̄ null'. Sep .viii. bor. Tc .viii. ser' m̄ .vii. Silu' cc. por.
xii. ac' pti. ii. runc' xii. an' clxv. ou' xxxvii. porc'. Tc uat .x. lib.
Post .c. sot. m̄ .x. lib.

Tra sci Audoeni. Hund' de Wensistreu. Meresaiam tenuit .xvii. f
Scs audoen' t.r.e. p .xx. hid'. Tc .iiii. car' in dnio. m̄ .vi. Sep .xvi. car'
hom'. xxxvi. uitt. lxii. bor. Tc .x. ser' m̄ .iiii. xi. runc' 7 .ii. pulli. xvi.
an' xxxiiii. porc'. ccc. ou'. Huic manerio adiacet dim' hid' q sep tenet
.i. pbr 7 uat .x. sot. Silu' cc. por. past' ccc. ou'. Tc .i. pisc'. Tc uat
xxvi. lib. m̄ .xxii. Est etiā in Colecestra .i. dom' que ptinuit huic m̄.
s; Walerann' eā abstulit; Et in hund' de Wensistreu .viii. soch'
regis tenentes .cvii. ac' 7 ualet .x. sot. de his ht scs Audoen' .ii. partes.
Et .ii. soc' tenet Ingelric' de dim' hid' 7 .xxx. ac'. m̄ ht eos comes .E.
Et .ii. soc' q fuert additi ad Legrā maneriū regis in alio hund'. & de tota
hac soca ht scs audoen' duas partes 7 rex tciā. Et sep .ii. partes
de forisfacturis de hundret

·ESS̃·

·xviii· TERRE EPI BAIOCENSIS IN Excessa Hundret de Berdestapla. Phenge tenet· fili⁹ turoldi de ep̃o qđ tenuer̃·ii·libi hões p̱·v·hid·7·dim̃. Sẽp·ii·car̃ indñio 7·iiii·car̃ hom̃·vi·uillt̃ ix·bor·i·ser̃· dimidia hid silue· past̃· ccc·oũ· i·piscina· m̃·i·mol· ·ii·runc̃·x·añ·iiii·porc̃. Tc̃·lxviii·oũ·m̃·cclxx. De hac t̃ra tenebat ·i·lib hõ·xxx·ac̃· que·T̃·r·Willi addite st̃ ad p̃dictã t̃rã· 7 nescit q̃m̃. Tc̃ ual· c·sol· m̃· viii·lib.

Burghestedã tenet· Ep̃c indñio qđ tenuit Ingar⁹ tenn⁹·T·r·E·p̱ ·i·man̄·7·x·hid. Sẽp·iii·car̃ indñio. Tc̃·xii·car̃ hom̃· m̃·xi· Tc̃·xx· uillt̃· m̃·xxii· Tc̃·v·bor· m̃·x· Dim̃ hid· silue past̃· cl·oũ·ii·runc̃· xi·añ· c·v·porc̃· ccxviii·oũ. Val·xx·lib. Huic manerio addite sunt·T̃·r·Willi· xxviii·libi hões tenentes·xxviii·hid·7·v·ac̃· in quib; erant·Tc̃·xvi·car̃· m̃·xiii· v·hid· silue·xxii·ac̃·p̃ti· Pastura ·ccl·oũ· liii·bor·iiii·ser̃· hoc additamentũ ual·Tc̃·xx·lib· m̃·xvi·

Dantunã tenet ep̃c indñio qđ tenuit·i·pbr lib hõ·T̃·r·E·p̱·vii· hid·7·xl·ac̃. Tc̃·iiii·car̃·indñio m̃·ii· Sẽp·iii·car̃ hom̃. Tc̃·vii·uillt̃ m̃·ii·7·vi·bor Tc̃·v· ser̃·m̃·ii· ii·runc̃·ii·an̄·xv·por·xxxiiii·oũ· Tc̃ ual·xii·lib· m̃·vii.

Berdestapla tenet fili⁹ turoldi de ep̃o· qđ tenuit·i·lib hõ·p̱·v·hid· 7·dim̃·7·xxx·ac̃· 7·xxx·ac̃ silue·past̃·c·oũ· Sẽp·iii·car̃· indñio·7·ii· hom̃·vi·uillt̃·xi·bor· Tc̃ ual·iiii·lib· m̃·c·sol. Tc̃ indñio·ii·runc̃·v·anim̃·xviii·porc̃·cccvi·oũ· 7 m̃·i·runc̃·ix·an̄·xxiiii·porc̃· lxxx·oũ;

Inga tenet fili⁹ turoldi de ep̃o· qđ tenuit·i·lib hõ·T̃·r·E·p̱·ii·hid. Sẽp·i·car̃ indñio·7·i·car̃ hom̃·i·uillt̃·Tc̃·i·bor m̃·v·iii·ser̃·i·hid· 7 dim̃ silue

·EPS· BAIOC·

·iii· runc· viii· an· T.E. xxx· por· m· lviii· T.E. cl· ou· m· lxxvi· T.E.
xxxii· cap· m· xiiii· T.E. ual· lx· sol· m· lxx· huic manerio additi
st vii· libi hoes· de· iii· hid· t.r. willi· Sep· v· car· i· hid· 7· d· silug·
xi· bor· mead· pr· T.E. ual· iii· lib· m· xl· sol
¶ Ramesdania tenent· ii· milit· de epo· qd tenuer· ii· libi hoes· p· iii·
hid· Et sic angli dicunt Rauengar abstulit· tra ab uno illor
7 Rob filius wimarc aliam tra ab alio· m u nesciunt qm uenerit
ad epm· T.E. habuer· ii· car· m ibi nulla e· T.E. v· bor· m· vii· dim
hid silug· Pastura· c· ou· T.E. ual· iii· lib· m· iiii·
¶ In Wardleia· 7· in Wincefort· tenent· Ronnel· 7 Osbn· ii· hid· quas
tenuer· ii· libi hoes· t.r.e. T.E. ii· car· m· i· iiii· bor· i· hid· silug· xxv·
ac· pr· past· xl· ou· T.E. ual· xl· sol m· xxx· Et ista tra abstulit eis
Rauengar· 7 m nesciunt angli qm uenerit in manu epi
¶ Wicfort ten& filius turoldi· de epo· qd tenuer· v· libi hoes· t.r.e.
p· ii· hid· 7· xlviii· ac· sep ii· car· v· bor· ii· ser· Silu· xxx· porc· Val
xl· sol· ¶ Wicfort ten& Teher de epo· qd tenuit· Godric· i· lib ho
t.r.e. p· i· hid· Sep· i· car· T.E. i bor· m ii· Silu· xxx· por· viii· ac·
pr· Val· xx· sol· ¶
¶ Hasinghebroc ten& filius turoldi· qd tenuer· xvi· libi· hoes· t.r.e.
p· xii· hid· 7· xiii· ac· 7· dim· T.E. xvi· car· m· vii· m· xiiii· bor
xx· soc· Silu· cc· por· xvi· ac· pr· Past· cccc· ou· Val· x· lib·
¶ Celdewella ten&· Ide de epo qd tenuit Eduuolt prepositus regis· e· p
·i· hid· 7· dim· Sep· i· car· 7· d· indnio· dim· car hom· T.E. vi· bor· m· viii·
T.E. ii· ser· m· i· ista soc· de· xxx· ac· Silu· lxxx· por· Past· c· ou·

·ESS·

Tc̄·i·pisc̄· m̄ n̄ s; pot̄ fieri· De hac t̄ra· fuer̄ t·r·e· xxx·ac̄· ad aliã t̄rã

Tc̄ ual·xl·sol· m̄ tm̄i simul ·xxx· sol· ¶ In Torinduna hr̄ epc̄·xx·

ac̄· q̃s ten̄ i·lib hō·t·r·e· Val·xxx·d·

¶ Hund de Witham· In hasfelda·xv·ac̄· q̃s tenuit·i·soc̄· Tc̄ ual

·iii·sol· m̄·iiii·

¶ Hund de Rochefort· Scanbruge ten& Suen̄ de epō· q̃m ten̄

Osuuard̄·t·r·e· p·iii·hid̄·7·dim̄·7·xxx·ac̄· Tc̄·vii·uill· m̄ null̄· Tc̄·v·

bor· m̄·x· Tc̄·iii·ser̄· m̄ null̄· Sēp·ii·car̄·in dnīo· Tc̄·iii·car̄ homin̄·

m̄·iiii· Past̄·ccc·ou̇·i·mol· M̄·i·runc̄· Tc̄·iiii·an̄· m̄·ii· Tc̄ xxx·

por· m̄·xxv· Tc̄·c·ou̇· m̄ lviii· Sēp ual·vi·lib·

¶ Bachenetã ten̄ Rauengar̄· m̄ epc̄· in dnīo· p·dim̄·hid̄· Tc̄·i·ser̄· m̄

·i·bor· Sēp·i·car̄ in dnīo· Pastur̄·xxx·ou̇· Tc̄ ual·xx·sol· m̄·xxx·

In p̃tio de his·xxx·sol· ẽ ad huc·xxx·ac̄·7·i·bor·7·dim̄·car̄·

¶ Berlingã ten& epc̄ in dnīo q̃d tenuit·i·lib hō·p·dim̄·hid̄· Sēp·i·

bor· Tc̄·i·car̄· m̄ nulla· sed pot̄ fieri· Val·x·sol·

¶ Sobiam ten& epc̄ in dnīo· q̃d tenuit·i·lib hō p·i·hid̄·7·xxx·ac̄· Sēp

·ii·uill· Tc̄·ii·bor· m̄·iii· Tc̄·i·car̄·in dnīo· m̄·ii·bou̇· Sēp·i·car̄ hom̄·

Past̄·xl·ou̇· Tc̄ ual·xl sol· m̄·lv·

¶ Hund de Wit bricteshterna· Crichefordã ten& Suen̄ de epō

q̃d tenuit Edric lib hō·t·r·e· p·i·m̄·7·p·i·hid̄· Tc̄·ii·bor· m̄·iii·

Sēp·ii·ser̄·7·i·car̄·in dnīo· Silu̇·xx·porc̄· Past̄·xx·ou̇· Tc̄·iiii·an̄· m̄ ioũ 7

simil· Tc̄ 7 p̃ ual·xl·sol· m̄·xxx·

¶ Crichefeldam ten& Pointel de epō· q̃d tenuit Leuric̄·t·r·e· p·d·

hid̄· Tc̄·dim̄·car̄· m̄·n̄· Tc̄ ual·x·sol· m̄·v·

·EPS· BAIOC·

¶ Hund de Wensistreu. Samanaunā ten& Rad fili' turoldi de epo. qd tenuer. ii. libi hoes. p. dim. hid. 7 xxv. ac. Sep. dim. car. m. ii. bor. Tc uat. xvi. sol. m. xv.

¶ Hund de Hidingforr. Nepsteda ten& Uxor albrici de epo qd tenuer. viii. libi hoes. t.r.e. p. xxii. ac. 7 d. Sep. i. car. silu. xx. porc. vi. ac. pti. Sep. uat. xxx. sol. ¶ In hoc hundret ten& Tihell' de herion xxii. libos hoes. de. ii. hid. 7 xiii. ac. 7 dim. sep. v. car. Tc 7 p. i. bor. m. ix. sep. i. ser. silu. iiii. porc. xxvi. ac. pti. Tc 7 p uat. lx. sol. m. iii. lib.

¶ Hund de Witbrictesherna. Danesiā ten& i. mil' episcopi. qd tenuit Siuuard t.r.e. p. ii. hid. 7 dim. Sep. ii. uill. m. vi. bor. Sep. iii. ser. 7 ii. car. in dnio. 7 i. car. hom. Past. clx. ou. Tc uat. iiii. lib. m. c. sol. In dnio. cl. ou. i. runc. xiii. por. Ad hoc manerium erant t.r.e. ii. libi homines. de xlvii. ac. qs occupau Ido de oilei epi. Sep. uat. iiii. sol. ¶ Haefler ten& i. mil epi. qd tenuit Aluuard' lib ho. p. ii. hid. 7 xxx. ac. Tc. iiii. bor. m. x. Sep. i. car. Past. cc7lx. ou. i. pisc. Eccla ten& xl. ac. Tc uat. lx. sol. m. iiii. lib. 7 xx. sol. In hac uilla erat i. lib ho. de xxv. ac. 7 uadlagau m. hoes sueni acceperunt tra 7 adhuc tenent.

¶ Hund de Lassendene. Aldeham tenuit Leuuin p. i. hid. 7 v. ac. min. t.r.e. m. ten& Uxor albrici de epo. Tc. i. uill. m. null. Sep. iiii. ser. 7 ii. car. in dnio. Silu. xii. por. iii. ac. pti. i. runc. vi. an. Tc 7 post uat. xxx. sol. m. lx.

¶ Hund de Angra. Kelendunā ten& nepos herbti de epo qd tenuit Algar' lib ho. p. dim. hid. 7 xv. ac. Sep. iiii. bor. 7 i. car. Silu. lx. por

·ESS·

vii·ac̄·7·dim̄ p̄ti·i·añ·v·porc̄·xlvii·oū. Vat·xx·sol.

¶ Hund̄ de Cessefordā. Vpmunstrā ten̄ Odger̄ de ep̄o q̄d tenuit Vluuin̄
p̄·i·hid̄·7 dim̄. T̄c·ii·bor·7 m̄ similit̄. Sēp̄·i·car̄. T̄c uat·xx·sol·m̄·xxx.

¶ Aluuineleam ten̄ ide Odger̄ q̄d tenuit Eduuard̄ un̄ lib homo·p̄·i·hid̄·xxx·ac̄.
Sēp̄·vi·bor·7·i·car̄ in d̄nio·7·i·car̄ hominū. T̄c uat·xx·sol·m̄·xxx.

¶ Turocham ten̄ hugo de ep̄o q̄d tenuit Aluuard̄ lib hō p̄·i·hid̄·7·xl·ac̄. Sēp̄
·ii·bor. T̄c·ii·car̄·m̄·i. Silu·x·porc̄·viii·ac̄ p̄ti. Pastur̄·l·oū. T̄c·uat·xxx·sol.
m̄·xl. T̄c·i·runc̄. T̄c·i·añ·m̄·ii. T̄c·xxv·porc·m̄·xx. T̄c·l·oū·m̄·xlviii.

¶ Turochā ten̄ Anschetill̄ de ep̄o·q̄d tenuit Mannic̄ lib hō·t̄·r̄·ē·p̄·ii·hid̄
·7 dim̄·7·xl·ac̄. m̄·ii·uilt. T̄c·iii·bor·m̄·viii. T̄c·vi·ser̄·m̄ null̄. Sēp̄·i·car̄ in d̄nio
·7·i·car̄ hominū·viii·ac̄ p̄ti. T̄c uat·iii·lib·m̄·iiii.

¶ Beneham ten̄ hugo de ep̄o·q̄d tenuit Alsi lib hō p̄·man̄·7 p̄·iiii·hid̄
t̄·r̄·ē. Sēp̄·viii·uilt. T̄c·iii·bor·m̄·v. T̄c·iiii·ser̄·m̄ null̄. T̄c·iii·car̄ in d̄nio
7·q̄n recep̄·ii·m̄ nulla. T̄c 7 p̄·iii·car̄ hom̄·m̄·ii. T̄c·7 p̄ uat
vi·lib·m̄·xl·sol. In Turoc tenuit Vluuine dimid̄·hid̄. m̄·hugo
de ep̄o T̄c·i·car̄·m̄ n̄. Silū·v·por·viii·ac̄ p̄ti. Past̄·l·oū. Vat·xx·sol.

¶ Estinfort tenuit Aluric̄ lib hō p̄·i·hid̄·7·xxx·ac̄·m̄
ten̄ ide hugo·sēp̄·i·bor·7·i·car̄·v·ac̄ p̄ti. Vat·xxx·sol.
De hac t̄ra ·xv·ac̄ in Soca Willi piperelli·de turoc·sicut
comitat̄ testat̄. Ad eccliā hui̅ manerii iacent·xxx·ac̄ q̄s uicini de
der̄ in elemosina.

¶ Crauhy·ten̄ hugo de ep̄o q̄d tenuit Aluuin̄ lib hō p̄·m̄·7 p̄·i·hid̄·7 d̄.
Sēp̄·i·uilt·7·i·bor. T̄c·i·car̄·m̄·dim̄. Silu̇·c·porc̄·i·ac̄·7 dim̄·p̄ti. T̄c
7 post uat·l·sol·m̄·xx. In Estinfort·tenuit Gislebt̄ hō ep̄i·h·uoc̄.

·EPS B·

ii. hid. 7 dim. q tenet filius turoldi de epo. Sep. iii. uill. 7 iiii. bor. 7 ii. car in dnio. Val. xxx. sol. hoc testatur hund qd hoc huius iacuit t.r.e. in Cirroc manerio Willi piperelli. excepto. xx. ac.

¶ Limpwellã tenet hugo de ... epo qd tenuit Edric lib ho. p. i. man. 7 dim. hid. Te. i. bor. m. ii. Te. i. car. m. dim. Silua. xx. porc. Pastura. xxx. ou. Te ual. x. sol. m. xx.

¶ Hund de Celmeresfort. Hanighefeldã tenuit Eniebol p. i. man. 7 p. ix. hid. t.r.e. m tenet Rad filius turoldi de epo. Sep. iii. uill. Te. ii. bor. m. v. Te. iiii. ser. m. viii. Te. ii. car in dnio m. iii. Sep. ii. car. hom. Silu. lx. por. iii. runc. xvi. an. xxvii. por. Te. cxvii. ou. m. dcccx. Te ual. c. sol. m. vii. lib. In eade tenuer. xxiii. libi hoes. xxiii. hid. q potant recede sine licentia dni quos modo hos tenet Epo. & comitat nescit q m eos habuerit. Sep. i. uill. 7 xviii. bor. 7 viii. ser. Te. xi. car. m. x. Silu. cl. por. Te ual. viii. lib. m. vii. lib. 7 ii. sol. has hid. preoccupauit turold de Rouecestra 7 abbatia de eli calumpniat. ii. hid. 7 iii. uirg quas tenebant ii. hoes. 7 hund testat. qd ipsi tenebant libe trã suã. 7 tam n erant commendati abbi de eli.

¶ Berewic tenuit Ordric lib ho t.r.e. m Turold de epo. p. vi. hid. 7 dim. 7 xxxv. ac. Te. iiii. uill. m. vi. Te. iii. bor. m. vi. Te. iii. ser. m. v. Sep. iii. car in dnio 7 ii. car. hom. Silu. c. porc. iii. ac. pti. Te. ii. runc. m. v. Te. iii. an. xx. pulli m. xxviii. Te. xxii. porc. m. lx. Te. lx. ou. m. cxxvi. Te ual. iiii. lib. m. vi.

¶ Laghenham tenuit Turchill p. i. man. t.r.e. p. ii. hid. 7 dim. 7 vi. ac. m Rog. tenet de epo. Te. ii. uill. m. i. Sep. v. bor. 7 ii. ser. 7 i. car in dnio. 7 ii. car. hom. Silu. c. porc. xvii. ac. pti. Te. iii. runc. m. i. Te. v. an. m. ix. Te. xxx. porc. m. xl. Te. xlv. ou. m. cx. Te 7 p. ual. xl. sol. m. lx.

L

.ESS.

Walfarã tenuit Anund dac' t.r.e. p. m. 7 p. i. hid. 7 dim. m. R. de epo. Sep. ii. bor. 7 i. ser. 7 i. car. Silu. lx porc. xxvi ac. pti. i. runc. Tc. v. an. m. iiii. Tc. xv. ou. m. l. Tc. xi. por. m. xvii. i. cap. Tc. ual. xx. sol. m. xxx.

Lacingas tenuit Segar' p. m. 7 p. ii. hid. 7 xxx ac. t.r.e. m. R. de epo. Tc. i. uilt. m. iii. Sep. iiii. bor. 7 i. ser. 7 i. car. in dnio. 7 i. car. hom. Silu. xv. porc. viii. ac. pti. i. mol. Tc. iii. runc. m. iiii. Tc. ii. an. m. iiii. Tc. xi. ou. m. xxiii. Val. xl. sol. M

Meldeham tenuit Godric' p. m. 7 p. ii. hid. 7 dim. 7 xxx ac. m. R. de epo. Tc. i. uilt. m. ii. Tc. i. bor. m. vi. Tc. iiii. ser. m. iii. Sep. ii. car. in dnio. Tc. i. car. 7 dim. hom. m. i. Silu. lx. porc. x. ac. pti. Sep. i. mol. Tc. iii. runc. 7 i. pull. m. ii. runc. 7 iii. pull. Tc. ix. an. m. xxvii. Tc. xlvi. ou. m. cxl. Tc. ual. l. sol. m. iiii. lib.

Aliã Meldeham tenuit Vlmar' lib ho. p. m. 7 p. i. hid. 7 xl. ac. m. R. de epo. Tc. i. bor. Sep. ii. ser. 7 i. car. Silu. xl. porc. x. ac. pti. Val. xx. sol.

Hund. de Tendringe. Torindunã tenuit Adstan' p. uno maner. 7 p. iiii. hid. m. Rad. de epo p tantunde. hanc trã inuasit Turoldus de runcestra. Sep. iii. uilt. 7 ix. bor. 7 v. ser. Tc. ii. car. in dnio. m. i. 7 d. s; tcia potest esse. Tc. iii. hom. car. 7 dim. m. i. 7 dim. Silu. c. porc. i. ac. pti. Past. c. ou. m. i. mol. i. sal. Sep. ual. iiii. lib.

Quidam lib homo tenuit in Estorda dim. hidã. quã inuasit Torold' cũ aliã trã. 7 qñ recepit dim. car. m. nulla. s; pot esse. 7 hund nescit quõ hẽ hanc trã. Iste neq; legat' neq; ali' hõ uenit ex parte sua q deratiocinasset hanc trã. ideo ẽ in manu regis cũ alia. Tc 7 p' ual. x. sol. m. v. 7 iiii. d.

Hund. de Turestapla. Colesburnã tenuit Oslac lib hõ p. i. hid. m. epo

·Eps·B·

q tenuit inde. Tc ·ii· bou. m̄ ·iii· m̄ ·i· ser. Tc ·i· car. m̄ dim. Silu. ·xxx· porc.
past. ·lx· ou. Tc uat ·xx· sol. Post 7 m̄ ·xxx·

Terra Epi herefordensis. In Writela tenet Eps ·ii· hid. 7 ·xx· ac. q̄rū XXX F
una fuit in eccła T.R.E. 7 alia feudo haroldi. Sep ·iii· uilł. 7 ·i· pbr. Tc ·ii· bor.
m̄ ·viii· Tc ·ii· ser. m̄ null. Sep ·i· car in dnio. 7 ·ii· car hom. Silu ·c· porc. ·viii·
ac. pti. Val. ·l· sol.

~~Terra Comitis Eustachii In Exsessa.~~ Hund de berdestapla ·XX·
Phobinge tenuit Brietmar. un. teinn. regis Eaduuardi p ·v· hid. 7 p uno man.
m̄ tenet comes. E. in dnio. Sep ·iiii· car in dnio. 7 ·v· carruc. hominū. Tc ·viii· uilł
m̄ ·iii· Tc ·viii· bor. m̄ ·xxii· Tc ·xii· ser. m̄ ·vi· Silu. dcc. porc. Past. dcc. ouib; dim.
piscina. ·xxxi· porc. dcc. ou. 7 ·xvii·. Ex hac tra aufer Turold ·xxx· ac. quę fu.
ad feudū epi baiocensis. Pt hoc addidit Ingelric huic manerio ·xxii· liberos hoēs
tenentes ·xv· hid. 7 dimid. 7 ·xv· ac. 7 dim. In q̄ tra. fr sep ·xii· car. 7 ·xx· bord.
7 ·iii· ser. Silu ·l· porc. ·x· ac. pti. Past. cccc. ou. Tcia pars uni piscinę. 7 post
addi ·iii· car. 7 dim. Tc uat. maneriū ·xx· lib. 7 tra. sochemanor ·xii· lib. m̄
int totū ·xxxvi· lib.
Hormeduna ten& Garner de comite qd tenuit Vlunc lib ho. p uno
manerio. 7 p ·ii· hid. 7 ·l· ac. Sep ·ii· car in dnio. Tc ·ii· uilł. m̄ null. Tc ·viii·

ESS.

bord. m° xii. Tc̄. ii. ser. m° iii. xii. ac̄. p̄ti. Past. lx. ou. ii. uac. x. por. cx. ou.
De hoc xv. ac̄. ad elemosinā eccl̄e. Tc̄ uat. lx. sol. m° L.

Senefeldā tenet Rog. de comite qd̄ tenuit Bodd. i. lib ho. t. r. e. p. i. man. 7
p. ii. hid. Tc̄ iii. carr. in dnio. m° i. m° dim. car. hom. Tc̄ i. bor. m° vi. Tc̄ ii. ser.
m° null. Silu. xl. porc. ii. animalia. xx. porc. xv. cap. Val. lx. sol.

Dunfeldā tenet Comes qd̄ tenuit Eps londoniensis. t. r. e. p. i. hid. quā tenebat Ingelric de eccl̄a. Sēp ii. car. in dnio. 7 ii. pbr. hnt ibi. i. car. Val. xx. sol.
hec hid ñ iacet ad suos. c. man.

Grauesandā Tenuit harold 7 Ingelric de eo. p. man. 7 p. i. hid. Sēp. i. car.
Tc̄. i. uill. m° ii. Tc̄ uat. x. sol. m° xx. 7 hec hid ñ adiacet suis. c. maneriis.

Hund. de Witham. Nutleam Tenuit Aluric camp. p. uno manerio.
de comite qd̄ tenuit harold. t. r. e. Tc̄ 7 post. iii. car. in dnio. m° ii.
Tc̄ 7 post v. car. hom. m° iii. Tc̄ 7 post. x. uill. m° vi. Tc̄ iii. bor. Post
7 m° xvi. Tc̄ ix. ser. m° iiii. Tc̄ silu. cc. por. m° c. xxx. ac̄. p̄ti. past. c. ou.
m° ii. mol. v. uacas. xiiii. porc. c. ou. vii. cap. iii. eqs. De hoc manerio
abstulit Rad. de marci. xxx. ac̄. 7. iacent in feudo filii. hamonis. Sēp uat.
x. lib.

Coghesalā tenet Comes in dnio qd̄ tenuit Colo. lib ho. t. r. e. p uno
manerio. 7 p. iii. hid. 7 dim. 7 xxxii. ac̄. Sēp iii. car. in dnio. 7 qn̄ eam
recepit. i. carr. Tc̄ xvi. car. hominū. post 7 m° xiiii. Tc̄ xi. uill. Post
7 m° ix. Tc̄ xxii. bor. m° xxxi. m° iiii. ser. Tc̄ silu. dc. porc. m° d.
xxxviii. ac̄. p̄ti. Tantū pasture que uat. x. d. Sēp. i. mol. i. runc.
xv. porc. iiii. cap. iiii. uasa apū. huic manerio ptinent. xi. sochem.
7. v. pbr. 7 i. porcari. 7 i. mercennari. huic t̄re additi sunt. xxxviii.
ac̄.

·EVSTACHIVS·

q̄ .i. lib hō tenet de rege. Tc̄ ual hoc manerium .x. lib. m̄ .xiiii.
& tam̄ reddit .xx. lib. 7 Sufficheg .xxxvi. ac̄. ual .x. sol.

¶ Ruenhalā tenet Comes in dnio q̄d tenuit Edena regina t.r.e.
p. uno manerio 7 p. ii. hid. 7 dim̄. Tc̄ .iii. car̄ in dnio. m̄ .ii. Tc̄ .viii.
car̄ hom̄. m̄ .vi. Tc̄ .xii. uilt. m̄ .xiii. Tc̄ .viii. bor. m̄ .xiiii. Sēp .vi. ser.
Tc̄ silu. cccc. porc̄. m̄ .ccc. 7 dim̄. xxx. ac̄ pti. Pastura de q̄a accipi
unt .iii. sol. Tc̄ .i. mol. m̄ dim̄. i. soc̄ de .xv. ac̄. i. burgensis de cole
castro. 7 medietatē molini abstulit Ricard de Sacheuilla. i. runc̄.
vi. an. xl. porc̄. viii. cap. ii. uasa apū. Tc̄ ual .lx. lib. m̄ .xii. & tam̄
reddit .xx. lib.

Ruenhalā tenet comes in dnio. q̄d tenuit harold p. i. maner. 7 p. i.
hid. 7 xv. ac̄. Tc̄ .ii. car̄ in dnio. m̄ .i. Sēp .i. car̄ hom̄. Tc̄ .ii. uilt. m̄ .v.
Tc̄ .i. bor. m̄ .ii. Tc̄ .v. ser. m̄ .iiii. & xxi. ac̄ 7 d. pti. Past. de .vi. d.
x porc̄. xxvii. ou. Tc̄ ual .lx. sol. m̄ .xxx.

¶ Blundeshalā tenet Comes in dnio. q̄d tenuit .i. libā femina. t.r.e.
p. i. man. 7 dim̄ hid. Sēp .i. car̄ in dnio. 7 i. bor. vi. ac̄ pti. Tc̄ ual
xx. sol. m̄ .x.

¶ Witham tenet Ricard de comite q̄d tenuit harold p. li. ac̄. Sēp .i. car̄.
7 .i. bord. ii. ac̄ 7 dim̄ pti. Val .xv. sol.

¶ Hund de herlaua. Perenduna tenet Iunain de comite q̄d tenuit
Vlf teinn regis t.r.e. p. uno manerio. 7 p. iii. hid. 7 dim̄. Sēp .ii. car̄
in dnio. 7 ii. car̄ hom̄. Tc̄ .iiii. uilt. m̄ .iii. Tc̄ .iiii. bor. m̄ .v. Sēp .ii.
ser. Silu. cc. porc̄. xiiii. ac̄ pti. Val .iiii. lib.

¶ Latuna tenet Adelolf de comite q̄d tenuit Ermulf lib hō. t.r.e.

·ESS·

p uno manerio. 7 p. i. hid. 7 dim. 7 xxxv. ac. ii. car in dnio. tc. m. i. Sep. i. uillanus. 7 ii. bor. Tc. iii. ser. m. ii. Silu. ccc. porc. xxxv. ac. pti. 7 i. pbr q tenet dim. hida ad una ecctiam. Tc uat. L. sot. m. lx.

Herlaua tenet Goisfrid de comite qd tenuit Brictmar lib ho. t. r. e. p dim hid. Sep. dim. car. Silu. xl. porc. iii. ac. pti. Vat. xi. sot.

Hund. de dommauua. Dommauua tenet Adelolf de merc de comite qd tenuit Edmar. i. lib ho. t. r. e. p uno manerio. 7 p. ii. hid. 7 xxx. ac. Tc. iii. car in dnio. m. ii. Tc. i. car. hom. m. iii. Tc. iii. uitt. m. xiii. m. ix. bor. Tc. x. ser. m. iiii. Silu. ccc. porc. xxxvi. ac. pti. 7 una car pot restaurari. xii. an. L. por. c. ou. i. runc. iiii. uasa api. Vat. viii. lib.

Hund de Wdbriccesherna. Elmeaa tenet Comes in dnio. qd tenuit Ingelric. t. r. e. p uno manerio. 7 p. ii. hid. Tc. i. ser. m. ii. bor. Sep. i. car in dnio. Pastur. L. ou. Vat. xxx. sot.

Purlai tenuit Edeua t. r. e. p. uno man. 7 p. i. hid. 7 xxx. ac. s; non fuit de feudo Ingelrici. 7 nc ht Eustachi. Tc. uat. xvi. sot. 7 viii. d. m. xxiii. sot. Tc. i. bi. manser. ii. hoes. m. i. pbr.

Hund de dommauua. Plesinchou tenet Bernard de comite. qd tenuit. i. lib ho. t. r. e. p. dim. hid. Sep. dim. car. Tc. ii. bor. m. i. ser. Silu. xx. porc. v. ac. pti. Vat. x. sot.

Hund de Wensistreu. Langhou tenuit Ingelric. t. r. e. p uno manerio. 7 p. vii. hid. Od tenet Comes in dnio. Tc. v. car in dnio. Post. iiii. m. iii. Tc 7 p. i. car. 7 dim. hominu. m. ii. Tc v. uitt. m. ix. Sep. vii. bor. Tc. xii. ser. m. viii. Silu. cc. por.

· Eustachii ·

.i. ac̄ p̄ti. Pastura. d. ou. i. mol. i. sal. ii. an. ccc. ou. xiii. porc. 7 iii. runc.
Huic manerio addidit Ingelric̄ t. r. Willi. ii. hid. q̄s tenuit. i. lib homo
t. r. e. 7. dim hid quā tenuer̄. iii. libi hōēs t. r. e. In his hid. 7 dim. st sep. ii.
car. m̄. iiii bor. Past. c. ou. Tc̄ totū simul. ual. xvii. lib. 7 m̄. xvii. 7. v. sol
7. qn̄ recep̄ similit̄.

Eadburghetunā tenet Rad de marci. q̄d tenuit Siuuard. lib hō. t. r. e.
p uno manerio. 7. p. i. hid. 7. dim. 7. i. uirḡ. Sep. i. car in dn̄io. Tc̄. dim. car.
hom. 7 m̄ similit̄. Tc̄. iiii. bor. m̄. iii. Tc̄. i. ser. m̄ null. silu. c. porc. iiii. ac̄
p̄ti. iiii. an. c. ou. xxx. porc. ii. runc. Val. lx. sol.

Legrā tenuit. i. lib hō. Alric. t. r. e. p. ii. hid. 7. dim. 7. i. uirḡ. Tc̄. i. car. 7 d.
in dn̄io. m̄. ii. Tc̄. i. bor. m̄. iii. Tc̄. ii. ser. m̄. i. Silu. xl. porc. m̄. i. mol. Tc̄.
i. runc. m̄. ii. Tc̄. iii. an. m̄. v. Tc̄ xxxviii. ou. m̄. cxlvi. vi. uasa apū. Tc̄
ual. iiii. lib. m̄. iii.

Hund de Udelesforda. Sorcegrauā tenuit. i. lib hō. t. r. e. m̄ tenet
Adelolf de cominio. p uno man. 7. p. i. hid. 7 xxx. ac̄. Tc̄. 7 p. i. car. in dn̄io.
m̄. ii. Tc̄. 7 p. i. uilt. m̄ null. Tc̄. 7 p. i. bor. m̄. iii. Tc̄. i. ser. m̄ n̄. ix. ac̄ p̄ti. iii.
an. ii. runc. xi. por. lxxx. ou. Val. xl. sol. Hanc trā occupauit Ingelric̄
tempore regis Willi.

Hund de Hidingforda. Bedeuuellā tenuit. t. r. e. i. lib hō. noē Godu
in. p. uno man. 7. p. ii. hid. 7. iii. uirḡ. Tc̄. v. car. in dn̄io. post 7 m̄. iiii.
xviii. uilti. xiiii. ser. iii. bord. Silu. lxx. por. xxxvi. ac̄. p̄ti. xxvi. ac̄
xliiii. porc. cii. ou. xxx. cap. 7. ii. runc. Huic manerio adiacent sep. xiiii.
soc. de lxvii. ac̄. 7. dim. hntq. i. car. 7 dim. vi. ac̄ p̄ti. Tc̄ totū ual. xviii.
lib. Post 7 m̄. xxiiii. hoc tenet Comes in dn̄io.

·ESS·

Sorregraua tenet Adelolf de comite qd tenuit .i. lib hō. t.r.e. p uno
man. 7 p .i. hid. 7 .xxx. ac. Tc̄ .i. car in dnio. m̄ nulla. Sēp .i. uill. 7 .i. bor.
7 .i. ac. p̄ti. Tc̄ 7 p' ual .xxx. sol. m̄ .xxiii.

Clare tenuit Ledmar .i. lib hō. t.r.e. p .i. hid. 7 dim. 7 .xxxv. ac.
Tc̄ .v. car in dnio. p' 7 m̄ .iii. Sēp .ii. car hominū. Tc̄ .vii. uill. post 7 m̄
.iiii. Post 7 m̄ .xii. bord. Tc̄ .x. ser. post 7 m̄ .iiii. .xxvii. ac. p̄ti. .i. mol.
.iii. runc. .viii. an. .xl. porc. c .xxxviii. oues. Huic manerio adiacet sēper
.i. bereuuita que uocat geldeham de .ii. hid. 7 .xviii. ac. Tc̄ .iii. car
in dnio. Post 7 m̄ .ii. Sēp .ii. car hom. Tc̄ .viii. uill. Post 7 m̄ .vi. Post
7 m̄ .viii. bor. .viii. ser. tc̄. Post 7 m̄ .vi. .xviii. ac. p̄ti. Adhuc adiacent
huic manerio. 7 .vii. soc. de .xxxv. ac. tre. hnt .i. car. Tc̄ ual .xviii.
lib hoc maner. Post 7 m̄ .xxii. Huic etiā manerio addidit Ingelric
.i. liberum hōem .t.r. Willi. 7 habebat .xv. ac. 7 .i. car. 7 ual .x. sol. hoc
maneriū tenet Comes in dnio.

Belcham tenuit Ledmar .lib hō. t.r.e. p .i. hid. 7 .xlv. ac. m̄ tenet
Vlmar de comite. Sēp .ii. car in dnio. 7 .ii. car hominum. 7 .iiii. uill.
Tc̄ 7 p' .iiii. bor. m̄ .v. Tc̄ 7 p' .iiii. ser. m̄ .ii. Silu .xx. porc. .viii. ac. p̄ti.
Huic manerio iacent .v. sochem. quos .ii. occupauit Ingelric tēpore
regis Willi. q tc̄ erant libi hōes. 7 hnt .xxxv. ac. tre. In dnio .ix.
anim. .ii. runc. .xx. porc. c. ou. Tc̄ ual .xl. sol. Post 7 m̄ .iiii. lib.

Dummesdedā tenet Adelolf de merc de comite. qd tenuit .i. lib
hō. t.r.e. p. .oo. 7 p. dim. hid. Tc̄ .iii. car in dnio. Post 7 m̄ .ii.
Sēp .ii. car hom. .vii. uill. 7 .xi. bord. .iiii. ser. .xv. ac. p̄ti. .i. runc.
huic manerio addidit Ingelric .i. liberum hom .iii. ac. 7 dim.
.iii. anim. Tc̄ ual .iiii. lib. Post 7 m̄ .c. sol.

·EXSE·

Belcham tenet Bernard⁹ de comite qd ~~tenuit~~ qd tenuit Ernoď lib hō
t·r·e· p· dim̄ hid·7·x·ac̄· Sēp·1·car̄· indn̄io· m̄·11·bor·11·ser̄·111·ac̄· p̄ti·
·1·sochem̄ de·xxx·ac̄·1·runč·1111·añ· Tē·xiiii·porc̄· m̄ null⁹. Sēp·L·ou̅·
Val·xxx·sol.

¶ Uuestunā ~~tenet~~ tenet Radolf de comite qd tenuit·1·lib hō· t·r·e· p·
xxx·ac̄· Sēp·1·car̄·7·111·ac̄ p̄ti· Tē·ual·xx·sol· m̄·xxv.

¶ Phincingefeldā tenet Wido de comite qd tenuit Normann⁹ t·r·e·
p· man̄·7·p·dim̄ hid·7·x·ac̄· Sēp·1·car̄ indn̄io·7·1·bor·7·1·ser̄· Silua
xx·porc̄·1x·ac̄·p̄ti·111·añ·xx·1·min⁹. Tē ual·xx·sol· m̄·xl.

¶ Phincinghefeldā tenuit Vluric lib ho·t·r·e· m̄· idē Wido de
comite p·xxxvii·ac̄· Sēp·1·car̄· Tē·1·ser̄· m̄·11·bor· Tē·silū·xx·porc̄.
m̄·v·1111·ac̄·p̄ti·1·mol· Val·xvi·sol·

¶ Smedetunā tenet Ranulf⁹ de comite qd tenuit·1·libā femina t·r·e·
p uno manerio·7·p·111·hid· Tē·1111·car̄·indn̄io Post·7 m̄·11· Tē·7 p⁹
·1·car̄·7·dim̄·hom̄· m̄·1· Tē·7 p̄·1111·uill· m̄·1x· Sēp·xiiii·bor·7
·11·ser̄· Silū·xx porc̄·xx·ac̄·p̄ti· Tē ual·vii·lib· m̄·viii· hec
maneria tenuit Ingelric.

¶ Copeffeldā tenet Bernard⁹ de comite qd tenuit·1·lib hō·p·xv·ac̄.
t·r·e· Sēp·1·car̄ indn̄io·7·1·uill·7·1·bor· Tē·1·ser̄· m̄ null⁹. Silua·
·x·porc̄·vi·ac̄·p̄ti· Val·xx·sol.

¶ Hund̄ de Wibrictesherna· Meldunā tenet Scs Martin⁹
Londonie de comite· qd tenuit·1·lib·hō·t·r·e· p·1·hid·7 dim̄·7 xxx ac̄.
postea tenuit Ingelric· Sēp·vi·bor·7·11·ser̄·7·11·car̄· Silū·cccc·porc̄.
Pastura·c·ou̅· ~~Tē [illegible] sol.~~ In dn̄io·11·uac̄·xiiii·
·porc̄.

·ESS·

·c· ou. Tc̄ ual. iiii. lib. m̄. c. sol. In eadē. i. lib hō tenuit. xxx. ac̄. t. r. e. quē occupauit Ingelricꝰ. m̄ tenet Scs̄ Martinꝰ de comite. 7 aliū libum hominē de. xxx. ac̄. Istos hoēs posuit Ingelricꝰ ad suā hallā. In dn̄io eoꝝ ē sep̄. i. car. 7 ual. xx. sol.

Vlcham tenet Rob. de comite qđ tenuit. i. lib hō. t. r. e. Post Ingelricꝰ. p. i. hid. Tc̄. ual. viii. sol. 7. iiii. đ. m̄. xiiii. sol.

Hund de Lassendena. Teiam tenuit. i. lib homo. t. r. e. p. iii. hid 7. dim̄. m̄ comes. E. Tc̄. vi. uilli. m̄. ii. Tc̄. xvi. bor. m̄. xxxv. Tc̄. ix. ser. m̄. x. Tc̄. iiii. car in dnio. m̄. ii. Tc̄. int hoēs. vi. car. m̄. iiii. Silu. clx. porc. xx. ac̄. pti. iii. runc. vii. an̄. lxviii. porc. lxxx. oū. xxxiiii. cap. huic manerio iacet una biuuita. de. i. hid. 7. dim̄. 7 x. ac̄. ... Sep̄. i. bor. 7. ii. ser. Tc̄. ii. car. in dnio. m̄. i. Silu. xxiiii. porc. 7. xvii. soc. tenentes. ii. hid. 7. v. ac̄. in isto manerio. m̄ tenent illā trā. xvi. soc. Sep̄. sub ipsis vi. bor. Tc̄. ii. ser. m̄ nullꝰ. Tc̄. int eos. vi. car. m̄. iiii. Silu. xxx. porc. xii. ac̄. pti. Sep̄. i. mol. 7. isti soc. n̄ poterant recedere ab hoc manerio. 7. ad huc iacet huic manerio. i. domꝰ in colecestra. Tc̄ ual hoc maneriū. xvi. lib. 7 qn̄ recep̄ similit̄. m̄ ual. xxii. lib. candidas.

In eadē tenuer̄. v. libi hōes lx. ac̄. 7. xxviii. ac̄. q̄ū erant de isto man̄. q̄s m̄ hēt comes. q̄a antecessor suus saisitꝰ fuit. 7 p̄cium istiꝰ trē ē in sup̄dicto p̄cio.

Bocchesteda tenuit Aluricꝰ. p. iiii. hid. 7. dim̄. m̄. Comes in dnio. Sep̄. v. uilli. 7. xxviii. bor. Tc̄. ii. ser. m̄ nullꝰ. Tc̄. ii. car. in dnio. m̄ similit̄. Sep̄. vi. car. hom̄. Silu. ccc. porc. viii. ac̄. pti. Tc̄. i. mol. m̄ nullꝰ. 7. i. soc. q̄n poterat recedere. tenens dim̄. hid. Tc̄. dim̄. car. m̄ nulla. ii. ac̄. pti. xiii. an̄. xxxv. porc. 7. cxl. oū. xxxv. cap. 7. iii. runc.

.EVST.

Tc̄. 7 p' ualt. viii. lib. m̄. xii. bland.

ꝑ Dunilanda tenuit Edric p man. 7 p. i. hid. 7 dim. m̄. tenet Comes in dnio. Sēp. x. bor. Tc̄. iiii. ser. m̄. i. Tc̄. ii. car. in dnio. m̄. i. Tc̄. ii. car. hom. m̄. i. Silū. c. porc. vi. ac. pti. Pastura. c. oū. Tc̄ 7 p' ualt. xl. sol. m̄. iii. lib. In dnio lxxx. oues. In eād tenuit. i. lib hō dim̄ hid. quā m̄ tenet Comes sed Ingelric eam habuit. 7 hund nescit q̄m̄ eam habuerit. Val. v. sol.

ꝑ Briceā tenet hugo de comite q̄d tenuit Edric. p uno manerio. 7 p. iii. hid. 7 post tenuit Ingelric. Tc̄. xiii. uillt m̄. vi. Tc̄. v. bor. m̄. xvii. Tc̄. vi. ser. m̄. iiii. Tc̄. iii. car. in dnio. m̄. ii. 7 d. Tc̄. viii. car hōū m̄. vi. Silū. c. por. xvi. ac. pti. 7. ii. dom' in colecastro. que iacent huic manerio. 7. i. soc. q̄ n̄ poterat recede de. xiii. ac. Sēp ht. dim. car. In dnio. Tc̄. i. runc. m̄. iii. Tc̄. xx. an. m̄. x. Tc̄. xxxv. por. m̄. xxxiii. Tc̄. cxl. oū. m̄. cxx. Tc̄. xl. cap. m̄. xx. Tc̄. 7 p' ualt. vi. lib. m̄. c. sol.

ꝑ Estorp tenet Idē de comite. q̄d tenuit. Edric lib hō. t. r. e. p. ō. 7. p. i. hid. 7 xxv. ac. Tc̄. ii. bor. m̄. viii. Tc̄. iiii. ser. m̄. ii. Tc̄. ii. car. in dnio. m̄. i. Tc̄. int' hōs. i. car. m̄. iii. Silū. xxx. por. vi. ac. pti. Tc̄. i. runc. 7. xvi. an. 7. xv. porc. 7. xxx. oū. M̄. x. por. 7. i. runc. Tc̄ ualt. xl. sol. m̄. xxx.

ꝑ Colū tenet. Rob de comite q̄d tenuit Aluric biga p. i. uirḡ. 7. xv. ac. t. r. e. Tc̄. i. bor. m̄. iii. Sēp. ii. car. in dnio. m̄. int' hōs. i. car. Tc̄. v. ser. m̄. iii. xiii. ac. pti. silū. xl. porc. Tc̄. ualt. xxx. sol. m̄. xl. hunc Aluric libe tenuit istā trā. sed Ingelric. habuit eā p'q rex uenit. 7 hund nescit q̄m̄.

Dunilandā tenet Idē q̄d tenuit Godric de colecastro. p. xxv. ac. Val. xii. d.

·ESS·

Hund' de Angra. Stanfort tenuit Leuuin' t.r.e. 7 post Ingelric'
p uno manerio. 7 p ix. hid. M° tenet Comes in dnio. p tantundē. Sep.
xxiiii. uitt. Tc. ii. bor. m° xvii. Tc. xxii. ser. m° xvi. Tc. x. car. in dnio.
7 qn recep. vii. & m° v. Sep. xv. car. hom. Silu. cccc. porc. l. ac. pti.
sep. i. mol. iiii. runc. xl. an. xi. porc. ccxxxii. ou. Tc uat. xxiiii. lib
7 qn recep. similit. m° xl. lib. blancas.
In eadē tenuit quidā lib ho. xl. ac. s; Ingelric' accep eā adiungens istā trę.
Sep. ibi ē dim. car. silua. xx. porc. Sep. ~~v. sol.~~ uat. v. sol. Et brictuuin' tenuit
xx. ac. qs Ingelric' adiunxit suę trę. 7 adpciatū ē in supdictis lib.
Paruā Stanfort ten. s lat' Aluric'. t.r.e. p uno manerio. 7 p i. hid. 7
lxxx. ac. M° tenet Comes. E. p tantū de feudo ingelrici. Tc. iii. uitt. 7 qn
recep. 7 m° similit. Sep. iii. ser. Tc. ii. car. in dnio. m° nult. Sep. i. car. hom.
Silu. c. porc. vi. ac. pti. vi. an. ccxiii. ou. Vat. xl. sol.
De hoc manerio tenet Aluric' dim hid. de comite. 7 uat. x. sol. in eod ptio.
Lagafarā tenuit Leuuin' t.r.e. p i. hid. 7 xl. ac. 7 Aluuin' tenuit aliā
partē illi' manerii. p i. hid. 7 xl. ac. p man. s; Ingelric' adiunxit suo man.
m° tenet Comes. E. in dnio. Sep. vii. uitt. 7 x. bor. 7 xv. ser. 7 v. car.
7 dim. in dnio. 7 v. car. hom. Silu. cc. por. xxxvii. ac. 7 dim. pti. ii. an.
xi. porc. lxxx. ou. iii. runc. Tc 7 p uat. xvi. lib. m° xx. candidas.
De hoc manerio tenet Rad' lxxx. ac. 7 i. uitt. 7 iii. bor. 7 i. car. 7 uat
xx. sol. in eod. ptio.
In eadē tenuit quidā lib ho. xl. ac. qs adiunx Ingelric' istę trę. m°
tenet Rad' de comite. 7 ē in eod ptio. 7 uat. x. sol.
Angrā tenuit Adelida p i. hid. 7 p uno man. m° comes in dnio. Sep

·ESSE·

vii· uitt· 7· viii· bor· 7· iii· ser· 7· ii· car· in dnio· 7 iii· car· hominum
Silu· cc· porc· xxviii· ac· pti· ii· runc· x· an· xxxvi· porc· cxii· ou·
Tc ual· c· sol· m· viii· lib·
In ead· tenuit· i· lib ho· dim· hid· que iacet de hoc manerio· m tenet
Rad baignard·

Laghefara tenet Ricard de comite· qd tenuit brictmar p· xl·
ac· 7· p uno maner· Sep· i· ser· 7· i· car· vi· ac· pti· Val· xx· sol·

Lamburnā tenet Dauid de Comite qd tenuit Lefsi p uno man·
7 p· ii· hid· 7· lxxx· ac· Sep· i· uitt· Tc· x· bor· m· xii· Sep· i· ser· 7· ii·
car· in dnio· 7· i· car hom· Silu· c· porc· xx· ac· pti· Tc ual xl· sol· m· lx·
In dnio· lx· an· 7· lxxx· ou·

Eisthida· tenet Ricard· de comite qd tenuit Brictmar p· xl· ac· T· R· E·
7 p uno maner· Sep· iii· ser· 7· i· car· in dnio· Silu· xxiiii· porc· xx· ac·
pti· Tc ual· x· sol· m· xx· Willms· xx· ac· q̃s ing· inuasit· sep· iii· ser· silu· xxiiii· por·
iiii· ac· pti· Tc ual· v· sol· m· x·

Eisthidā tenet Iunan de comite qd tenuit Aluuin· T· R· E· p· uno· m·
7· p· lxxx· ac· Sep· i· uitt· Tc· iiii· bor· m· vi· Sep· ii· ser· 7· i· car· in dnio·
7· i· car· hom· Silu· L· porc· x· ac· pti· Tc ual· xxx· sol· m· xl·

Hund de Celmeresfort· Heuuelandā tenet Malger de com·
qd tenuit harold· T· R· E· p uno man· 7· p· iii· hid· Sep· xv· uitt·
7· vii· bor· 7· ii· ser· 7· ii· car· in dnio· ii· car· hom· Silu· c· porc· xx·
ac· pti· Tc· ual· c· sol· m· vii· lib· In eod· iac· hoc m· i· hida· q iacebat
T in Writelā T· R· E· 7 m· iacet cum· e·

Baduuen tenuit Leuuin p· v· hid· T· R· E· m tenet Lanbt de com·
p tantund· hanc eciā trā inuasit Ingelric· post q rex aduenit·
Tc 7 p· iii· uitt· m nulli· Tc 7 p· iiii· bor· m· viii· Tc 7 p· iii· ser· m· ii·

·ESS·

Sēp. III. car̄. in dn̄io. Tē. 7 p̄. I. car̄ hom̄. m̄. null. Silū. c. porc̄. XXIIII. ac̄. p̄ti. I. runc̄. XV. an̄. L. porc̄. CXXXV. oū. Tē. 7 p̄ uat. c. sol. m̄. VI. lib.

Runewellā tenet Idē Lābt̄ de comite. q̄d tenuit Lefstan̄. t. r. e. p. o. 7. p. I. hid. 7 hoc inuasit Ingelric̄. Tē. II. bor. m̄. III. Sēp. I. car̄. Silū. L. porc̄. II. ac̄. p̄ti. XIII. an̄. XX. porc̄. XXXVI. oū. Vat. XX. sol.

Runeuuellā tenet Adelolf̄ de comite q̄d tenuit Edeua. t. r. e. p. uno man̄. 7. p. IIII. hid. 7 hoc inuasit Ingelric̄. Tē. IIII. bor. m̄. V. Tē. II. ser̄. m̄. I. Tē. 7. p̄. dim̄. car̄ in dn̄io. m̄. II. 7. dim̄. Sēp. dim̄. car̄ hominū. Silū. LXXX. porc̄. Tē. 7 p̄. uat. c. sol. m̄. VI. lib.

Walcham tenet Lābt̄ de comite q̄ tenuit Lefstan̄. t. r. e. p. uno. m̄. 7. p. II. hid. 7. I. uirḡ. 7 hanc inuasit. ingelric̄. Tē. 7 p̄. IIII. bor. m̄. VII. Tē. II. ser̄. m̄. I. Tē. 7 p̄. II. car̄. in dn̄io. m̄. I. 7 d. Sēp. dim̄. car̄. hom̄. Silū. X. porc̄. XII. ac̄. p̄ti. I. runc̄. VIII. an̄. c. oū. Tē. 7 p̄ uat. L. sol m̄. LX.

Borham tenet Idē Lambt̄ de comite. q̄d tenuer̄. XIIII. libi hoēs p. VIII. hid. 7. XXIII. ac̄. 7 hoc inuasit Ingelric̄ post q̄ rex uenit in hanc t̄rā. Tē. sub ipsis. IIII. bor. m̄. VIII. Sēp. II. ser̄. 7. II. car̄. in dn̄io. Tē. int̄ hoēs. XIII. car̄. q̄n recep̄. 7 m̄. II. Silū. X. porc̄. LIIII. ac̄. p̄ti. m̄. I. mol. I. runc̄. XV. an̄. CXXXII. oū. Tē. uat. XII. lib. 7. q̄n rec̄. VI. lib. m̄. VIII.

In eād tenet. I. lib hō. V. ac̄. 7 uat. X. d.

Ranulf̄ piperell̄ calumpniat̄ dim̄. hid. 7. XVIII. ac̄. que iacent ad ecctiam hui⁹ manerii 7 dim̄ ecctiam. 7 Ingelric̄ n̄ fuit saisit̄. s; comes. E. dedit eidā suo militi unde reuocat eū ad defensorē.

· EXSE ·

l. xxx. ac. que reddebant p annu xii. d. antecessori Ranulfi piperelli.
u hund' test at'.

¶ Hund' de Turestapla. Colesthunta tenet Adelolf' de comite. q'd tenuit Torbn' p uno manerio. 7 p viii. hid. 7. d. Te. v. uill. m. iii. Te. xvi. bor. m. xiiii. Te. viii. ser. m. iiii. Te. iii. car. in dnio. m. ii. Te. iiii. car hom. m. ii. Silu. lx. porc. Past. ccc. ou. Te. xii. saling. m. v. ii. runc. xvi. an. xl. porc. cccc. ou. Te. 7 p' ual. x. lib. m. c. sol.

In ead. tenuer. iii. libi hoes. dim. hid. 7. i. ac. 7 ual. x. sol.

¶ Goldhangram tenet Ide Adelolf' de comite. q'd tenuit Elric. p. i. hid. 7. xv. ac. m. iii. bor. Te. ii. ser. m null. Sep. i. car. in dnio. m dim. car. hom. Silu. xl. por. iii. ac. 7 dim. pti. Past. l. ou. Te ual. xx. sol m. xxx.

¶ Colesthunta ten. comes in dnio. q'd tenuit Almar p. ii. hid. 7. v. ac. Te. iii. bor. m. v. Sep. ii. ser. 7 i. car. in dnio. 7. i. car. hom. Silu. c. porc. past. clx. ou. l. ou. Te. ual. xl. sol. 7 q'n recep. xv. sol. m. xxx.

¶ Colesthunta ten. Scs martin' de comite q'd tenuit Vluric. lib ho. p uno manerio. 7. p. i. hid. 7 xxxv. ac. Sep. ii. bor. 7. i. car. Silu. xxx porc. i. animal. Vat. xxx. sol.

¶ In Blacham tenuer. iiii. libi hoes. dim. hid. 7 poterant ea uendere. m tenet Comes. E. Sep. i. car. Vat. x. sol. 7. q'n rec. x. sol. m. vii. sol.

¶ Colesthuna tenet Almfrid de comite q'd tenuit Gudmund' lib lib ho. p uno manerio. 7. p. iii. hid. tr. e. 7 hoc e de feudo ingelrici. Te. iiii. bor. m. iii. Te. iiii. ser. m. ii. Te. in dnio. iii. car. m. ii. Sep. dim. car hom. Past. c. ou. i. sal. Te ual. iiii. lib. 7 p' m. iii.

·ESS·

Sēp. iii. car. in dnio. Tē. 7 p̄. i. car. hom. m̄. null. Silū. c. porc. xxiiii. ac. p̄ti.
·i. runc. xv. an. l. porc. cxxxv. oū. Tē 7 p̄ ual. c. sol. m̄. vi. lib.

¶ Runewellā tenet idē Lābt̄ de comite. qͣ tenuit Lefstan̄ t̄. r̄. ē. p̄ mā.
7 p̄. i. hid. 7 hoc inuasit Ingelric̄. Tē. ii. bor. m̄. iii. Sēp. i. car. Silū. l.
porc. ii. ac. p̄ti. xiii. an. xx. porc. xxxvi. oū. Vat. xx. sol.

¶ Runeuuellā tenet Adelolf de comite. qͣ tenuit Edeua t̄. r̄. ē.
p̄ uno man̄. 7 p̄. iiii. hid. 7 hoc inuasit Ingelric̄. Tē. iiii. bor. m̄. v.
Tē. ii. ser. m̄. i. Tē. 7 p̄. dim̄. car. in dnio. m̄. ii. 7 dim̄. Sēp. dim̄. car.
hominū. Silū. lxxx. porc. Tē 7 p̄. ual. c. sol. m̄. vi. lib.

¶ Walcham tenet Lābt̄ de comite qͣ tenuit Lefstan̄ t̄. r̄. ē. p̄. uno. m̄.
7 p̄. ii. hid. 7 i. uirḡ. 7 hanc inuasit. Ingelric̄. Tē. 7 p̄. iiii. bor. m̄. vii.
Tē. ii. ser. m̄. i. Tē. 7 p̄. ii. car. in dnio. m̄. i. 7 d. Sēp. dim̄. car. hom̄.
Silū. x. porc. xii. ac. p̄ti. i. runc. viii. an. c. oū. Tē 7 p̄ ual. l. sol.
m̄. lx.

¶ Borham tenet idē Lambt̄ de comite. qͣ tenuer̄. xiiii. libi hoēs
p̄. viii. hid. 7 xxiii. ac. 7 hoc inuasit Ingelric̄ post q̄ rex uenit in
hanc t̄rā. Tē. sub ipsis. iiii. bor. m̄. viii. Sēp. iii. ser. 7. ii. car. in dnio.
Tē. int̄ hoēs. xiii. car. q̄n recep. 7 m̄. ii. Silū. x. porc. liiii. ac. p̄ti.
m̄. i. mol. i. runc. xv. an. cxxxii. oū. Tē. ual. xii. lib. 7 q̄n rec.
vi. lib. m̄. viii.

In eād tenet. i. lib hō. v. ac. 7 ual. x. d.

Ranulf piperell calumpniat̄ dim̄. hid. 7. xviii. ac. que iacent
ad ecctiam hui maneri 7 dim̄ ecctiam. 7 Ingelric̄ n̄ fuit saisit̄.
s; comes. E. dedit cuidā suo militi unde reuocat eū ad defensorē.

· ESSE ·

.lxxx. ac. que reddebant p annu .xii. d. antecessori Ranulfi piperelli.
ii hund. testat.

¶ Hund. de Turestapla. Coleshuntã tenet Adelolf' de comite. qd tenuit Torbn' p uno manerio. 7 p. viii. hid. 7 .d. Tc. v. uilt. m. iii. Tc. xvi. bor. m. xiiii. Tc. viii. ser. m. iiii. Tc. iii. car. in dnio. m. iii. Tc. iiii. car. hom. m. ii. Silu. lx. porc. past. ccc. ou. Tc. xii. saling. m. v. ii. runc. xvi. an. xl. porc. cccc. ou. Tc. 7 p' uat. x. lib. m. c. sol.

In ead. tenuer. iii. libi hoes. dim. hid. 7 .i. ac. 7 uat. x. sol.

¶ Goldhangram tenet Idẽ Adelolf' de comite. qd tenuit Elric. p. i. hid. 7 .xv. ac. m. iiii. bor. Tc. ii. ser. m. null. Sep. i. car. in dnio. m. dim. car. hom. Silu. xl. por. iii. ac. 7 dim. pti. past. l. ou. Tc. uat. xx. sol. m. xxx.

¶ Coleshunta. ten. comes in dnio. qd tenuit Almar' p. ii. hid. 7 .v. ac. Tc. iii. bor. m. v. Sep. ii. ser. 7 .i. car. in dnio. 7 .i. car. hom. Silu. c. porc. past. clx. ou. l. ou. Tc. uat. xl. sol. 7 qn recep. xv. sol. m. xx.

¶ Coleshuntã tenet Scs martin' de comite qd tenuit Vluric'. lib. ho. p uno manerio. 7 .p. i. hid. 7 .xxxv. ac. Sep. ii. bor. 7 .i. car. Silu. xxx. porc. i. animal. Vat. xxx. sol.

¶ In Blacham tenuer. iiii. libi hoes. dim. hid. 7 poterãt cu terra recede. m. tenet Comes. E. Sep. i. car. Vat. x. sol. 7 qn rec. x. sol. m. vii. sol.

¶ Colesbiã tenet Almfrid' de comite qd tenuit Godmund' lib. lib. ho. p uno manerio. 7 .p. iii. hid. t. r. e. 7 hoc e de feudo ingelrici. Tc. iiii. bor. m. iii. Tc. iiii. ser. m. ii. Tc. in dnio. iii. car. m. ii. Sep. dim. car. hom. past. c. ou. i. sat. Tc. uat. iiii. lib. 7 m. m.

·ESS·

H Hund' de Tenderinga. Cicā tenet Comes in dnio. qd ten
Eduuard9 p uno man. 7. p. iii. hid. 7 xxx ac. t.r.e. Post Ingelric. Tc.
ix uill. Post 7 m. vii. m. ii. bor. Tc. viii. ser. P9 7 m. ii. Tc. in dnio. i. car.
7. qn recep. nichil. m. i. Tc. vi. car hominu. Post 7 m. iii. Silu. cccc.
porc. vi. ac. pti. i. uac. xxi. ou. Tc. ual. xii. lib. 7. qn recep. xl. sol.
m. x. lib. Huic manerio iacet. i. bereuuita que uocat. Fratinga.
de. xl. ac. m. dim. car. appciatu e sup. 7 ad burna. xxx. ac. q ut
Tc. i. car. m. dim. Val. xx. sol. In Frorunica. L. ac. 7 Sep. iii. bor.
7. i. ser. 7. i. ac. 7 d. pti. m. i. car. Silu. xii. porc. Val. x. sol.

Tenderinga tenuit Freuuin9 t.r.e. p. i. uno maner. 7. p. d. hid. m
tenet Comes in dnio p tanuide. Sep. i. uill. 7 ii. bor. 7 ii. ser. Tc. ii.
car. in dnio. Post 7 m. i. Sep. i. car. hom. Silu. xxx. porc. ii. ac. pti.
Tc. ii. runc. m. iiii. Tc. iii. an. m. vii. Sep. xx porc. Tc. xl. ou. m. c.
Tc. xxiii. cap. m. xx. Tc. ual. xl. sol. m. lx.

Elesfordam tenet Haco de comite qd tenuit Eduuard9 p uno
manerio. 7 p. ii. hid. 7 L ac. Tc. iiii. bor. m. vii. Tc. iii. ser. m. ii. Tc. in dnio
ii. car. 7 qn recep. null. m. dim. Tc. i. car. hominu m. dim. Silu. c. porc.
iii. ac. pti. Past. xxx. ou. Val. Lx. sol.

Frietuna tenet Rad. de marci de comite qd tenuit harold9 p. i.
maner. 7 p. iii. hid. t.r.e. post tenuit Ingelric9. Tc. vi. uill. m. iiii.
Tc. ii. bor. m. null9. Tc. ii. ser. m. i. Sep. i. car. in dnio. Tc. ii. car. hom.
m. dim. Past. Lx. ou. ii. an. vii. por. xx. ou. Tc. ual. lx. sol. m. iiii.
lib. 7. x. sol.

Brichou tenet Rad. de comite. qd tenuit Ingelric9 de scō Paulo

londonię. p uno manerio 7 p. iiii. hid. Tc. vi. bor. m̃ viii. Tc. ii. ser. m̃ .i.
Tc in dnio. ii. car. m̃ nulla. Tc. int hoes. i. car. m̃ .ii. Silū. x. por. Past.
.c. oū. Tc. ii. runc. m̃ null. Tc. viii. an. m̃ nulla. Tc. xiii. oū. m̃ null.
Tc. vi. porc. m̃ null. Tc uat. lx. sol. m̃ .iiii. lib. 7. vii. sol.

¶ Hoilandam tenet Adelolf de comite qd tenuit Lefsun p uno
manerio. 7. p. iii. hid. t. r. e. post ea tenuit Ingelric. Tc. xi. uill. m̃.
viii. Sep. v. bor. Tc. ii. ser. m̃ .i. Tc. ii. car. in dnio. m̃ .i. Tc. int hoes. vi.
car. m̃ .ii. Silū. l. porc. Past. c. ouib;. xiii. porc. xiiii. oū. Tc uat. vi.
lib. m̃ .iiii.

¶ Lelesforda tenet Ide de comite. qd tenuit Aluric lib hō. t. r. e. Post
Ingelric. p. oī. 7. p. ii. hid. Tc. iiii. uill. m̃ .i. Tc. vii. bor. m̃ .x. Tc. iii.
ser. m̃ .i. Tc. in dnio. ii. car. m̃ .i. Tc. int homines. iii. car. m̃ .ii.
Silū. x. por. vi. ac. p̃ti. Past. cc. oū. iiii. animat. lxxx. oū. i. r̃
viii. porc. Sep. uat. x. lib. In eadē tenuer. ii. soc. dim. hid. 7.
xxx. ac. qs inuasit Ingelric. 7. m̃ tenet eos comes. E. 7. Ide ade
lolf de eo. Tc int eos. ii. car. m̃ .i. ii. ac. p̃ti. Val. xx. sol.

¶ Tendringe tenet Tnard de comite qd tenuit. Ætnod p oūn.
7. p. i. hid. xv. ac. min. 7 hoc ē de feudo Ingelrici. Tc. viii. uill.
m̃ .vi. m̃ .vi. bor. Tc. vi. ser. m̃ .i. Sep. ii. car. in dnio. 7. iii. car
hominū. Silū. cc. porc. ii. ac. p̃ti. Sep. uat. iiii. lib.

¶ Hund. de Udelesfort. Cristeshalā tenuit Inguar. p
uno manerio. 7. p. vi. hid. t. r. e. m̃ tenet comes. E. in dnio
de feudo Ingelrici. Sep. xxxii. uill. Tc. vi. bor. m̃ .xiii.

·ESS·

H Hund de Tenderinga. Cicā tenet. Comes in dnio. qd ten Eduuard p uno man. 7. p. iii. hid. 7 xl. ac. T.R.E. Post Ingelric. Tc. lx. uitt. Post 7 m. vii. M. ii. bor. Tc. viii. ser. P 7 m. ii. Tc. in dnio. i. car. 7. qn recep. nichil. m. i. Tc. vi. car hominū. Post 7 m. iii. Silu. cccc. porc. vi. ac. pti. i. uac. xl. ou. Tc. ual. xxii. lib. 7. qn recep. xl. sol. m. x. lib. Huic manerio iacet. i. berewita que uocat. fratinga. de. xl. ac. m. dim. car. appciatu ē sup. 7 Ad burnā. xxx. ac. q ... tc. i. car. m. dim. Val. xx. sol. In Frorunica. l. ac. 7 Sep. iii. bor. 7. i. ser. 7. i. ac. 7 d. pti. m. i. car. Silu. xii. porc. Val. x. sol.

Tendringā tenuit Freuuin. T.R.E. p. uno maner. 7. p. d. hid. m tenet Comes in dnio p tannude. Sep. i. uitt. 7. ii. bor. 7. ii. ser. Tc. ii. car. in dnio. Post 7 m. i. Sep. i. car. houm. Silu. xxx. porc. ii. ac. pti. Tc. ii. runc. m. iiii. Tc. iiii. an. m. vii. Sep. xx. porc. Tc. xl. ou. m. c. Tc. xxiii. cap. m. xx. Tc. ual. xl. sol. m. lx.

Elesforda tenet Haco de comite qd tenuit Eduuard p uno manerio. 7. p. ii. hid. 7. l. ac. Tc. iiii. bor. m. vii. Tc. iii. ser. m. ii. Tc. in dnio. ii. car. 7. qn recep. null. m. dim. Tc. i. car. hominū. m. dim. Silu. c. porc. iii. ac. pti. Past. xx. ou. Val. lx. sol.

Frietunā tenet Rad de marci de comite. qd tenuit harold p. i. maner. 7. p. iii. hid. T.R.E. post tenuit Ingelric. Tc. vi. uitt. m. iii. Tc. ii. bor. m. null. Tc. ii. ser. m. i. Sep. i. car. in dnio. Tc. ii. car. hom. m. dim. Past. lx. ou. ii. an. vii. por. xx. ou. Tc. ual. lx. sol. m. iiii. lib. 7. x. sol.

Brichou tenet Rad de comite. qd tenuit Ingelric de sco Paulo

·EVST·

londonię. p uno manerio 7 p. ii. hid. Tc. vi. bor. m° viii. Tc. ii. ser. m° i.
Tc. indnio. ii. car. m° nulla. Tc. int hoes. i. car. m° ii. Silu. x. por. past.
c. oii. Tc. ii. runc. m° null. Tc. viii. an. m° nulla. Tc. xiii. oii. m° null.
Tc. vi. porc. m° null. Tc. uat. lx. sol. m° iiii. lib. 7. vii. sol.

¶ Holandam tenet Adelolf de comite qd tenuit Lestan p uno
manerio. 7 p. iii. hid. t. r. e. post ea tenuit Ingelric. Tc. xi. uill. m°
viii. Sep. v. bor. Tc. ii. ser. m° i. Tc. ii. car. indnio. m° i. Tc. int hoq. vi.
car. m° ii. Silu. l. porc. past. c. ouib. xii. porc. xiiii. oii. Tc. uat. vi.
lib. m° iiii.

¶ Lelefordā tenet Ide de comite. qd tenuit Aluric lib ho. t. r. e. post
Ingelric. p. on. 7 p. ii. hid. Tc. iii. uill. m° i. Tc. vii. bor. m° v. Tc. iii.
ser. m° i. Tc. indnio. ii. car. m° i. Tc. int hominq. iiii. car. m° ii.
Silu. x. por. vi. ac. pti. past. cc. oii. iiii. animal. lxxx. oii. i. r
viii. porc. Sep. uat. x. lib. In eadē tenuer. iii. soc. dim. hid. 7.
xxx. ac. qs inuasit Ingelric. 7. m° tenet eos comes. E. 7. Ide ade
lolf de eo. Tc. int eos ii. car. m° i. ii. ac. pti. Vat. xx. sol.

¶ Tendringe tenet Bnard de comite qd tenuit. Godmod p. oun.
7. p. i. hid. xv. ac. min. 7 hoc ē de feudo Ingelrici. Tc. viii. uill.
m° vi. m° vi. bor. Tc. vi. ser. m° i. Sep. ii. car. indnio. 7. iii. car
hominū. Silu. cc. porc. iiii. ac. pti. Sep. uat. iiii. lib.

¶ Hund. de Vdelesfort. Cristeshalā tenuit Inguar. p
uno manerio. 7. p. vi. hid. t. r. e. m° tenet comes. E. indnio
de feudo Ingelrici. Sep. xxxii. uill. Tc. vi. bor. m° xiii.

·ESS·

Sep. vi. ser. 7. iii. car. in dnio. 7. xvi. car. hominu. Silu. cc. por. 7 viii ac. pti. i. runc. xl. porc. cl. ou. xxiiii. cap. iii. uasa. apu. Sep uat. xv. lib. Huic manerio ptinent. ii. soc. de. viii. ac. 7. i. soc. de. viii. ac. que occupau Ingelric. t. r. W. Willi. In istis. viii. ac. st. iii. bor. 7 uat. xvi. d. Huic manerio attinebat. i. soc. de. iii. uirg. t. r. e. que m. tenet Will cardun ad feudu. G. de magna uilla. 7. reddebat. p. annu. ii. d.

Cishella tenet Wido de comite. qd tenuit Siuuard red lib ho. t. r. e. p. m. 7. p. vi. hid. 7. xxx. ac. Tc. v. uill. m. vi. Tc. iii. bor. m. v. Sep. vi. ser. 7. iii. car. .... in dnio. 7. v. car. hom. 7. viii. ac. pti. xxiiii porc. ccl. ou. Tc. 7 p. uat. c. sol. 7. m. vi. lib.

Cishella tenuit. Godric lib ho. t. r. e. m. tenet. Ide Wido de comite p. uno manerio. 7. p. ii. hid. 7. dim. Vat. lx. sol. In eade tenuit. i. lib ho. dim hid. qua occupauit Ingelric. t. r. Willi. 7 m tenet Enselm de comite. In illa tra st sep. ii. bor. 7. i. car. 7. ii. ac. pti Vat. x. sol.

Eliduna tenet Rog de Sumeri de comite. qd tenuit. Alman lib ho. t. r. e. 7 Ingelric occupau hoc maneriu t. r. Willi. Sep ibi st. xiiii. hid. 7. xxvi. uill. 7. xv. bor. Tc. xii. ser. m null. Tc. vi. car. in dnio. 7. qn recep. nimi. iiii. Sep. x. car. hominu. Silu. ccl. porc. vii. ac. pti. xx. porc. cc. ou. 7. lxxxviii. ou. Tc uat xvi. lib. 7 qn recep. m. xx. lib.

Leam tenuit. Brictulf. lib ho. t. r. e. p. manerio. 7. p. ii. hid

·EXSE·

7 dim̄. Postea tenuit Ingelric᷒. m̄. Idē Rog̃ de comite. Sēp.
v. uill. Tc̄. i. bor. P᷒ 7 m̄. viii. Tc̄. iiii. ser. m̄ null᷒. Tc̄. iii. car. in
dnīo. P᷒ 7 m̄. ii. Tc̄. iiii. car. hom. 7. qn̄ rec. iii. 7. m̄ similit᷒. Silu.
L. porc. Tc̄. 7. p᷒ ual. iiii. lib. m̄. c. sol.

Crauuelaeam. tenet. Idē de comite. qd tenuit Lefsi᷒ lib hō. t. r. e. p. xxx. ac.
7 Ingelric᷒. occupauit. t. r. Willi. Sēp. ii. bor. Tc̄. i. ser. Sēp. i. car. ii. ac.
pti. Val. x. sol.

Hund de Frossceuuella. dimidiū. Benedisc. tenuit Ledmar᷒
pbr. t. r. e. p. ω. 7. p. iii. hid. 7. dim̄. Post tenuit Ingelric᷒. m̄. tenet
comes in dnīo. Sēp. viii. uill. 7. iii. bor. 7. viii. ser. 7. iiii. car. in
dnīo. Tc̄. int hoēs. iiii. car. Post 7 m̄. iii. Silu. c. por. viii. ac. pti.
xxviii. por. c. 7 xii. oū. 7 i. soc. tenuit. i. ac. 7. i. perc. quē in
uasit Ingelric᷒. m̄ tenet comes. Tc̄ ual. tantū. xi. lib. m̄. xii.

Neuuham tenuit. Alsi᷒. p. i. hid. t. r. e. Post ten. Ingelric᷒. m̄. tenet
comes in dnio. Tc̄. vi. uill. m̄. ix. Tc̄. ii. bor. P᷒ 7. m̄. vii. Sēp. vi.
ser. 7. iii. car. in dnio. Tc̄. iiii. car. hominū. P᷒ 7 m̄. iii. Silu. xx.
porc. v. ac. pti. xiiii. porc. lvi. ou. i. runc. Huic manerio iacent.
v. soc. tenentes. dim̄. hid. 7. xxxv. ac. remanentes. cū soca. Tc̄.
iii. car. P᷒ 7. m̄. ii. v. ac. pti. Tc̄. ual. xi. lib. m̄. xii.

Birdefeldā. tenet Adolf᷒. de comite. qd tenuit Normann᷒. t. r. e.
p. ii. hid. 7. i. uirg. post ea tenuit Ingelric᷒. 7 inuasit eā. Sēp
vi. uill. Tc̄ 7 p᷒. i. bor. m̄. xii. Sēp. iiii. ser. 7. iii. car. in dnio. 7 ii.
car. hom. Silu. cc. porc. xlix. ac. pti. v. an. xxv. porc. ii. [illegible].

xxx. cap. i. runc. Sēp. i. mol. m̄. i. piscina. Tc̄. ual. viii. lib. m̄
x. lib.

H. Hund. de Rochefort. Scopelandā tenuit. i. lib hō. t. r. e.
p. v. hid. Post tenuit Ingelric. m̄. comes ē. in dnīo. Sēp. v. uill. 7
ii. soc. 7. dns eor habebat socā 7 sacā. Sēp. ix. bord. 7. ii. car. in dnīo.
7. v. car. hom. Silu. xl. porc. past. cccc. ou. ii. an. liiii. ou. xiii.
porc. xiii. cap. iii. runc. Tc̄. ual. vi. lib. m̄. x. In eadē tenuit. i. lib hō
dim. hid. 7 xxx. ac. qd occupauit Ingelric. Sēp. i. car. 7. iii. bor. 7 hoc est
appciatū in x. lib.

TERRA COMITIS ALANI. xxi

Hund de herlaua. Eppingam tenuit Wisgarus lib homo tẽpore regis. e. p uno maner. 7 p. i. hid. 7. dim. 7 dim uirg. Semp. i. car in dnio. 7. dim. car hom. 7. ii. uilt. 7. ii. bor. Silu. c. porc. viii. ac. pti. Tc uat. xx. sol. m. xxx. hoc .m. ten& Olbn̄ de comite.

Hund de dommauua. Vlinghehalam ten& heruei de comite qd tenuit Edeua t. r. e. p uno m. 7 p. i. hid. 7 i. uirg. 7. dim. Sep. iii. car in dnio. 7. i. car. 7. dim homin. 7. iiii. uilt. 7. viii. bord. 7. iiii. ser. Silu. ccl. porc. xii. ac. pti. Tc uat Lx. sol. m. c.

Canefeldã ten& albic de uer de comite qd tenuit Edeua. t. r. e. p. i. hid. 7. xxx. ac. Sep. i. car. in dnio. 7. i. car. hom. Tc. iii. uilt. m. i. Tc. v. bord. m. x. Silu. c. porc. xlviii. ac. pti. int pã 7 maresc. Sep uat. Lx. sol.

Hund de hidinghafort. Phincingefeldam ten& heruei de comite qd ten. iii. libi hoi. t. r. e. p. ii. hid. 7. dim. sub edeua. Sep. v. car. in dnio. 7 vii. car. hou 7. iiii. uilt. 7. l. bord. v. ser. Silu. clx. porc. xvi. ac. pti. Tc uat. c. sol. m. viii. lib.

In Bumesteda ten& i. mil. vii. ac. 7. dim. qd tenuit .i. soc. sub edeua. t. r. e. 7. i. ac. 7. dim. pti. Tc uat. ii. sol. m. iii. In Gerham. xlii. ac. qs tenuit. i. lib hõ. t. r. e.

·ESS·

S' sep̄. i. car̄. 7 iii. bor. t̄c. ii. ser̄. m̄. i. Silū. xv. porc̄. v. ac̄. p̄ti. m̄. i. mot. t̄c uat. xxx. sol. m̄. xxv.

In Phincingefelda. ten& Comes in dnio. xxxviii. ac̄. 7 dim̄. q̄s tenuer̄. ii. soc̄. 7. i. lib hō. t̄. r. e. Sep̄. dim̄. car̄. 7. ii. bord. ii. ac̄. p̄ti. Val. v. sol.

Hund de Angra. Ronges ten& Albic̄ de uer de com̄. q̄d tenuit Leuuin̄ 7 Ecsi p. ii. m̄. t̄. r. e. 7. p. i. hid̄. 7. dim̄. Sep̄. ii. uill. 7 xiii. bord. 7. iii. car̄. in dnio. 7. i. car̄ hominū. Silū. cc. porc̄. L. ac̄. p̄ti. t̄c uat. iiii. lib. t̄ m̄. c. sol.

Hund de Tendringa. Beneclea ten& heruei de Ispania de comite q̄d tenuit Eluuin̄ p. xlii. ac̄. 7. dim̄. lib̄e. hanc t̄rā tenuit comes. R. Sep̄. iii. uill. 7. dim̄. car̄. 7. i. ac̄. p̄ti. Silū. vi. porc̄. Val. iii. sol. Ite Idē tenuit dim̄ hid̄. Sep̄. iiii. uill. 7. i. car̄. Silū. vi. porc̄. dim̄. ac̄. p̄ti. Val. x. sol.

Hund de Udelesforda. Monchalā ten& Idē. h. de com̄. q̄d ten̄ Siuuard. p. i. hid̄. Sep̄. ii. uill. t̄c. i. ser̄. m̄. null̄. m̄. i. bord. Sep̄. dim̄. car̄. vii. ac̄. p̄ti. 7. ii. part mot. Val. xx. sol.

Dim̄ Hund de Frossennella. In Rodā ten& Idē. xxx. ac̄. q̄d tenuit Edeua. Sep̄. dim̄. car̄. Silū. viii. porc̄. ii. ac̄. 7 dim̄. p̄ti. t̄c. uat. v. sol. m̄. x. In Stauntuna tenuit Edeua v. ac̄. q̄d ten& herueus. Val. ii. sol

~~Terra Willi de Warenna in~~ Exsessa. Hund de bdestapla. XXII.

Upham tenuit Edeua quedã femina t.r.e. p dim hid. xxxx. ac. m̃ tenet Witt indnio. Vat. x. sol.

Wdbiam tenet Ranulf de Witto qd tenuit Suetingus lib hõ. t.r.e. p. xxx. ac. sep. i. bor. past. xl. ovi. i. ac. pti. Tc. uat. vii. sol. m. xiiii.

Dim Hund de herlaua Uuesham tenet Ricard. de. W. qd tenuit holefest. lib hõ. t.r.e. p uno manerio. 7. p. i. hid. 7 iii. uirg. Tc. ii. car indnio. m. i. Tc. iii. car. 7. dim hoim. m. v. Tc. vi. uilt. m. x. Sep. iii. bor. Tc. iii. ser. m. i. Silu. L. porc. x. ac. pti. Qn̄ recepit. v. anim. 7. i. runc. 7. xl. porc. xl. ou. M. vi. an. 7. l. porc. xc. ou. iii. uasa apu. Huic manerio addita. i. uirg. t.r. Witti quã tenuit Ulwinus lib hõ. t.r.e. Tc. dim. car. m. nulla. Sep. i. bor. Silu. x. porc. ii. ac. pti. Tc. uat. iiii. sol. m. vi. 7 maneriũ ual. tc. vi. lib. m. vii.

Canefeld tenet idẽ Ricard de Witto. qd tenuit Aluuin. gudtuna. t.r.e. p iii. hid. Sep. ii. car. indnio. Tc. iii. car. 7. dim. hominũ. m. iii. Tc. vii. uilt. m. vi. m. vi. bord. Tc. v. ser. m. ii. xx. ac. pti. Sep. i. mol. Tc. xlvii. ou. m. lii. 7. ii. pulli. Vat. C. sol.

Hund de donmauua. Estanes tenuit duua. lib femina t.r.e. p. man. 7. p. ii. hid. m. Witt indnio. Sep. ii. car. indnio. Tc. iiii. car. hominũ. m. ii. Sep. iii. uilt. Tc. iii. bor. m. viii. Tc iii. ser. m. ii. Silua tc. ad. cc. porc. m. cl. lx. ac. pti. Tc. i. r. 7. vii. an. 7. lx. porc. 7. lx. ou. M. i. r. xx. iii. an. xx. por. lxx. ou. iiii. uasa apũ. Vat. c. sol.

.ESS.

Canefeldã tenuerunt .ii. libi hoes. t.r.e. p .ii. hid. viii. ac. min. m. Witt in dnio. Tc. iiii. car. in dnio m .ii. tc. viii. car. hom m .vi. Tc. i. pbr. 7. viii. uitt. m. i. pbr. 7. vii. uitt. Tc. iii. bor. m. xvii. Sep .ii. ser. m .i. mol. Tc. silu. clx. porc. m .cxx. lxx. ac. pti. Tc. i. runc. 7. viii. an. 7. c. porc. 7. cc. ou. m .i. runc. xv. an. l. porc. lxx. ou. ix. cap. Tc uat. viii. lib. m. ix.

Rodinges ten& W. de uuarenn. de Witto. qd tenuit abbas de eli. t.r.e. p uno manerio. 7. p .ii. hid. 7. dim. Sep .iii. car. in dnio. 7. iii. car. hom. & .i. pbr. 7. viii. uitt. Tc. xii. bor. m. xi. Sep. vii. ser. Silu. ccc. porc. xlii. ac. pti. Sep. iii. runc. viii. an. 7. cxx. ou. m. vii. porc. Tc uat. x. lib. 7. qn rec. xii. m. xviii.

Rodinges ten& Galti de Witto. qd tenuit liba femina. t.r.e. p uno maner. 7. p .ii. hid. 7. dim. 7 m p .iii. hid. 7. dim. Tc. iii. car in dnio. m .ii. 7 qn rec. iii. Sep .i. car. hom. Tc. iii. uitt. m. i. pbr. 7. iiii. uitt. Tc. iiii. bor. m. xiii. Tc. iiii. ser. m .ii. Silu. l. por. xxx. ac. pti. m. iiii. an. 7 xl. porc. lxxx. ou. 7. iii. 7 i. uas. ap. Vat. viii. lib. Et illa hid. que huic manerio addita ē. adiacebat. t.r.e. abbatie de eli. ut hund. testat.

Dommauuã ten& Guibt de W. qd tenuit comes algar. t.r.e. p. dim. hid. Sep. dim. car. in dnio. m .iii. bor. tc. iii. ser. m null. Silu. xl. porc. vii. ac. pti. Tc. x. porc. xxx. ou. m. ix. an. xxx. porc. lxxx. ou. xii. cap. viii. uasa. ap. Tc uat. xx. sol. 7 qndo rec. xxx. sol. m uat. xxxv. sol.

W.

Dim hund de Claudinga. Pachenhou tenet Simond' de Witto qd ten. i. lib ho. p. m. 7 p. i. hid. 7 xxx. ac. t. r. e. Sep. i. car in dnio 7 i. car hom. Te 7 p. iii. uill. m. ii. Te 7 p. iii. bor. m. vii. vii. ac. pti. i. runc. te. 7 xx. por. m. i. runc. ix. por. xl. ou. Te uat xx. sol. m. xxv.

Hund de Hidingforda. In halstedda tenet Witt de gar. ii. hid. iii. ac. min. q's tenuer. xxx. lib hoes t. r. e. Inq tra fe sep. x. car in dnio 7 iii. car. hom. 7 viii. uill. 7 xxiii. bor. 7 vi. ser. Silu. cxl. porc. xlvi. ac. pti. ii. mol. Te vi. an. xl. ou. xii. porc. m. xiii. an. xxxvi. ou. xx. porc. ii. runc. ii. uasa. ap. Te 7 p. uat. xx. lib. m. xiii. lib. 7 xviii. sol. 7 iiii. d. De hac tra tenet Ricard' xxxiiii. ac. 7 uat. x. sol. in eod p'cio.

In Bumesteda tenet Gilbt. iii. hid. 7 xiiii. ac. q's tenuer xii. lib. hoes t. r. e. In illa tra fe sep. ix. car. 7 iii. uill. xxiiii. bord. 7 v. ser. Silu. xx. porc. xl. ac. pti. Te i. runc. xl. ou. xxx. porc. m. i. runc. xvi. an. c. porc. c. ou. iiii. uasa. ap. Te 7 p uat xx. lib. m. xii.

In Polhera tenet Witt. iii. hid. 7 dim 7 xiii. ac. Ex hac tra tenet Ricard' xxv. ac. 7 Gladuin iii. uirg. Tota hanc tra tenuer xxiii. hoes t. r. e. Te habebant. x. car. Post 7 m. fe ibi viii. car. m. vi. bor. te. vii. ser. m. null'. v. m. i. mol. Te silu. lx. porc. m. xl. xxx. ac. pti. viii. an. xx. porc. xx. ou. m. xii. an. xxx. porc. lx. ou. ii. uasa ap. Te uat x. lib. m. xiiii. lib

·ESS·

7 xxvii. sol. Istas t'ras reclamat Witt p escangio.

Hund de Cesfeurda. Keluitunā tenuer' iii. lib'i hões p. iii. hid. t.r.e. m° ten& Witt p tantundē p escangio. ut dicit. 7 Wlbt' de illo. Tc. i. uitt. m° vii. m° i. bor. Tc. iii. ser. m° ii. Tc. int' totū. iii. car. m° i. 7 dim. Silu. c. porc. viii. ac. p'ti. Tc. ii. an. 7 xxv. porc. xxx. ou. m° ii. an. xv. por. L. ou. Tc. ual. lx. sol. 7 qn rec. xxx. m° c. sol. in sol min'. Hc etiam. Randulf' dim. hid. quam tenuit Vluuin' lib hō. t.r.e. Tc. i. car. m° dim. Val. vi. sol.

Hund de celmeresfort. Hanningefeldā tenuer' iii. lib'i hões. p iii. man. 7 p. iiii. hid. 7 xxvii. ac. m° Witt p tantundē p suo escangio. 7 Wlbt' de eo. Sēp. iii. bor. 7 ii. ser. Tc. iii. car. in d'nio. m° iii. Silū. xl. por. ii. ac. p'ti. Past' c. ou. Tc. ii. runc. 7 xii. an. lxxiii. ou. xl. por. m° ii. runc. xxx. an. c. ou. xv. porc. Tc. ual. lx. sol. m° iiii. lib.

Hanningefeldā ten& Randulf' de uuitto. q'd tenuit Godric' lib'ho t.r.e. p uno manerio. 7 p. ii. hid. xxx. ac. min'. Tc. ii. ser. m° null'. Sēp. i. car. iii. ac. p'ti. Tc. ual. xxx. sol. m° xl.

Berham ten& Witt in d'nio. q'd tenuit Alsi lib' ho p. m. 7 p dim. hid. Sēp. i. bor. Tc. i. ser. m° null'. Tc. i. car. m° dim. v. ac. p'ti. Silua xx. por. Val. x. sol.

Bdestedam ten& Ricard' de Witto. q'd tenuit Godric' pomc p. m. 7 p. i. hid. 7 x. ac. min'. Tc. ii. ser. m° i. Tc. ii. car. in d'nio. m° i. vi. ac. p'ti. Silu. xx. porc. Val. xl. sol.

.W.

Hund. de Udelesfort. Wendenam tenet Ricard. de Willo. qd ten. Ulmar p. m. 7. p. i. hid. 7 dim. 7. xxx. ac. 7 hoc ẽ p escangio. Sep. ii. uill. 7. vii. bor. Tc. 7 p. i. car. in dnio. m. i. 7 dim. Sep. i. car. 7. dim. houm xvi. ac. pq. Tc. xvii. por. m. null. Sep. l. ou. Tc. ual. xl. sol. m. lx.

In Enesuurdam ten. idẽ R. qd tenuit Ulmar. p. m. 7. p. ii. hid. 7. dim. Tc. iiii. uill. m. iii. Tc. bor. m. viii. Tc. ii. ser. Tc. i. car. 7. dim. in dnio 7 qn rec. nich. m. i. car. 7. dim. Sep. i. car. 7. dim. hominu. x. ac. pq. Tc. nichil recep. m. xxxii. porc. lii. ou. ii. an. iii. uas. ap. Tc. ual. xl. sol. m. lx. In Cisheilla tenuer. viii. libi hoes. i. hid. 7. xlv. ac. m. hz Will de uuar. p escangio. 7 idẽ R. de eo. Tc. iii. car. m. ii. 7 qn recep. nichil. ii. ac. pti. Val. xxx. sol.

Hund. de Rochefort. In Lachesham ten. Will de gar. i. hid. in dnio. qd tenuit. i. lib. ho. t. r. e. Sep. i. car. in dnio. Tc. iiii. ser. m. iii. Past. c. ou. Val. xx. sol.

In Clacingha ten. Ranulf. de W. xxx. ac. qd ten. i. lib. ho. t. r. e. Tc. dim. car. m. i. Tc. v. sol. m. x. has t̃ras reclamat pro escangio de normannia.

Hund. de Lexendena. In Feoham tenuit. i. libe. xxv. ac. libe. m. Will. p eod. escangio. Sep. dim. car. 7. ac. 7. dim. pq. Tc. ual. x. sol. m. vi. sol. 7. viii. d. hec t̃ra ẽ de socna regis.

.ESS.

.XXIII. TERRA Ricardi filii comitis Gislebti. Hundret de herlaua. Willa tenet Ricard' in dnio. qd tenuit Toci' .i. lib ho. t.r.e. p. uno maner. 7 p. i. hid. Tc. ii. car. in dnio. m. i. Sep. i. car. hom. Tc. ii. bor. m. vi. Tc. ii. ser. m. null. Silu. c. porc. xxiiii. ac. pti. Tc. ual. xxx. sol. m. xl.

Hund. de Dommauua. Lachestedam tenuit Wisgar' t.r.e. m. R. in dnio. p. uno manerio. 7 p. ix. hid. 7 dim. Tc. viii. car. in dnio. m. vii. Tc. xxxiiii. car. hom. m. xviii. Tc. lv. uill. m. lii. Sep. xxxiiii. bor. 7 xxvi. ser. Tc silu. ∞. porc. m. dccc. cxx. ac. pti. Tc. i. mol. m. ii. Adhuc possent restaurari. xvi. car. Sep. iiii. runc. 7 xxxvi. an. ccxviii. porc. Tc. cc. ou. m. cccx. Tc. x. uasa. ap. m. xvi. Tc. ual. xxx. lib. 7 qn recep. similit. m. ual. l. lib. ut dicit franci. 7 anglici. S; Ricard' dedit cuidam anglico ad censu. p. lx. lib. s; unoqq; anno deficiunt illi ad min. x. lib. Huic manerio adiacent sep. iii. soc. de ii. hid. 7 xv. ac. qs tenet Garner' de R. Tc. iiii. car. m. iii. 7 dim. Tc. x. uill. m. ii. Tc. ii. bor. m. x. Tc. iiii. ser. m. null. Silu. l. porc. xxxiiii. ac. pti. Val. vi. lib. 7 de hac tra tenuit .i. soc. regis. t.r.e. viii. ac. 7 dim. que se addite huic manerio t.r. Will. 7 n reddidaunt consuetudine regis.

Dommauua tenuit Wisgar' t.r.e. p uno manerio 7 p ii. hid. 7 xxx. ac. Sep. ii. car. in dnio. 7 ii. car. hom. 7 v. uill. Tc. iiii. bord. m. vii. Sep. iiii. ser. Tc silu. d. porc. m. ccc. xv. ac. pti. Sep. i. mol. Tc. 7 p. ual. lx. sol. m. c. Istam tram calupniat. uicat. i. miles. quia ea

·RICARDVS·

ualuit. modo .iiii. lib. hoc .T.R.E. In isto manerio tenet sep .i. pbr. dim.
hid. in elemosina. 7 sep. dim. car. 7 .ii. bor. Hoc et. tenet Ernald.

Hund. de hidincforda. Ghestingetorp tenet .W. peccatu
de .R. qd tenuit Ledmar pbr. T.R.E. p dim. hid. Sep .iii. car. in dnio.
7 .iii. car. hom. 7 .viii. uill. m .ix. bor. Sep .vi. ser. Silu. xx. porc. xxx. ac.
pti. Tc .i. mol. m null. Huic tre sep iacet .i. soc. de .xxv. ac. 7 hab. dim.
car. 7 .ii. bor. 7 .i. ac. pti. Tc ual. c. sol. m .vii. lib.

Phincinghefelda tenuer .ii. soc. T.R.E. p .xlviii. ac. m tenet Elinant
de .R. Sep .i. car. 7 dim. Tc 7 p .iiii. bor. m .vii. Silu. vi. porc. 7
vi. ac. 7 dim. pti. Tc .i. runc. 7 m null. Tc .x. an. m .viii. Tc .xx.
por. m .xxvi. Tc .c. ou. m .cxxvii. Tc ual. x. sol. m .xxx.

Penfelda tenet Rob. de .R. qd tenuit Wisgar T.R.E. p uno man.
7 p .i. hid. 7 dim. 7 .xxx. ac. Tc .iiii. car. in dnio. post 7 m .ii.
Sep .v. car. hominu. Tc 7 p .x. uill. m .viii. Tc 7 p .viii. bord.
m .xv. Tc 7 p .viii. ser. m .vii. Silu. cxx. porc. xiii. ac. pti.
7 .ii. car. posse restaurari. Tc 7 p ual. viii. lib. m .x.

In Geldham tenet Garsmer .i. hid. 7 .v. ac. qd tenuer .viii.
soc. T.R.E. sub uuisgaro. Sep .iii. car. 7 dim. in dnio. 7 dim. car.
hom. Tc 7 p .v. bor. m .viii. Tc 7 p .v. ser. m .ii. Silu. xx. porc.
xxiii. ac. pti. Tc .i. mol. Tc 7 p ual. lx. sol. m .c. sol.

In Wicam tenet Ernald dim. hid. 7 .x. ac. de .R. qd tenuer
.ii. soc. sub wisgaro. T.R.E. Sep .ii. car. in dnio. Tc 7 p .v. bor. m
x. Tc 7 p .i. ser. m null. Tc silu. xl. porc. m .xxx. x. ac. pti.

ESS.

Tc. 7 p. uat. xxx. sol. m. xl. In Fincinghefelda tenet idē Ernald xxxviii. ac. q̃s tenuer. ii. soc. sub Wisgaro. t. r. e. Sēp. i. car. m. iii. bor. 7. i. ser. 7. iiii. ac. 7 dim. pti. Vat. x. sol.

In Bineslea tenet Widard. i. hid. q̃m tenuit. i. soc. sub Wisgaro. Sēp. i. car. in dnio. 7 dim. car. hom. 7. ii. uill. Tc. 7. p. xvi. bor. m. vii. Tc. ii. ser. m. null. Silu. xx. porc. iiii. ac. pti. Tc. ual. xx. sol. 7 m. xl. In Alresforda tenent. ii. milit. xxxvi. ac. q̃s tenuer. iii. soc. sub Wisg. Sēp. ii. car. 7. iiii. bor. Silu. xii. porc. ac. pti. xxx. ol. Tc. ual. xl. sol. Post 7. m. lx.

Ad Acre tenet Ricard in dnio. dim. hid. 7. xl. ac. q̃s tenuer. ii. soc. t. r. e. sub Wisgaro. Sēp. i. car. Tc 7. p. ii. bor. m. vi. ix. ac. pti. m. i. mol. Tc. ual. xx. sol. P 7 m. xxxv.

Ad Fincingefelda tenent. ii. milit de R. xxxvi. ac. q̃s tenuer. iii. soc. sub Wisg. t. r. e. Sēp. ii. car. 7 mi bor. Tc. iii. ser. P 7 m. ii. Silu. x. porc. vii. ac. pti. Tc 7 p ual. xl. sol. m. lxv.

In Bulenemera tenet Walterd. dim. hid. 7 xxx. ac. q̃s tenuit. i. soc. sub Wisg. Sēp. ii. car. iiii. bor. Silu. v. porc. ii. ac. pti. 7 ual. xxxii. sol. 7. ii. d.

Ad Wenninchou tenet Gernuind. xxxii. ac. 7 dim. q̃s tenuer. iii. soc. sub Wisg. Sēp. ii. car. 7. v. bor. 7. iii. ser. Silu. xxx. porc. viii. ac. pti. Tc. v. an. m. viii. m. iiii. pac. Tc. xx. ol. m. lxxx. 7. iii. m. xxxii. cap. Tc 7 p Vat. xxx. sol. m. l.

In buro. ht. R. in dnio. xiii. soc. de xxxv. ac. Sēp. iiii. car.

·RIC̃·

T̃c. ix. bor. m̃. xxvi. T̃c. i. ser. m̃. null. Silu. xx. porc. xi. ac. p̃ti.

In Forsearde. xix. soc. de. i. hid. 7 dim. 7 xv. ac. Sẽp. v. car. 7.
x. bor. 7. i. ser. xxii. ac. p̃ti. ¶ In Pebenhers. xviii. soc. de dim. hid.
7. xii. ac. Sẽp. iii. car. 7 iii. bord. 7. iii. ac. p̃ti.

In Alfelmestuna. i. hid. xv. ac. min. tenent sẽp. xv. soc. 7. hnt. ii. car.
7. iii. bord. Silu. v. porc. iii. ac. p̃ti.

In Mildetuna. xiii. soc. de. i. hid. 7. dim. 7 xxx. ac. Sẽp. iii. car. 7 viii.
bor. Silu. viii. porc. xiii. ac. p̃ti.

In Bumesteda. iii. soc. q̃ tenent sẽp. xxv. ac. Sẽp. i. car. 7. ii. bor.
7. vi. ac. p̃ti. In Phinanghefelda. xi. soc. de dim. ·hid.· Sẽp. i. car. 7 iii. ac. p̃ti.

In Celuestuna. v. soc. de dim. hid. v. ac. min. sẽp. i. car. ii. ac. p̃ti.

In Tumesteda. xviii. soc. de dim. hid. 7 xv. ac. sẽp. ii. car. 7. vii. bor.
Silu. viii. porc. iii. ac. p̃ti. In Chenebolttuna. xv. soc. dim. hid. 7 v.
ac. Sẽp. i. car. 7 dim. iii. bord. iiii. ac. p̃ti.

In Halsteda tenent. xxii. soc. dim. hid. 7. xi. ac. Sẽp. v. car. 7 i.
uill. xv. bor. ii. ser. Silu. l. porc. xix. ac. p̃ti. i. mol.

In Sudbia. v. burgenses. tenentes ii. ac. Isti cũ omnib; sup̃dictis.
reddt. xv. lib. 7. vi. sol. 7. vi. d. ¶ totũ ẽ indnio Ricardi.

¶ In Boituna tenuit Colsege lib hõ. t.r.e. dim. hid. 7 x. ac. Sẽp. ii.
car. indnio. T̃c. iii. car. hom. P9 7 m̃. ii. Sẽp. i. uill. T̃c. vii. bor. P9 7 m̃. viii.
T̃c 7 p9. iiii. ser. m̃. ii. Silu. xxx. porc. viii. ac. p̃ti. T̃c 7 ual. xl.
sol. P9 7 m̃. iiii. lib. Huic manerio addite st̃ t.r. willi. xlv. ac. quę
iacebant ad uuestrefeldã. maneriũ regis. T̃c. dim. car. m̃ nulla.

·ESS̃·

Tc̃ 7 p̃. i. bor. m̃. ii. Silu̅. xx. porc̃. ii. ac̃ p̃ti. Val. viii. sol.

In Bura tenuit Loueua. lib̃a femina. xl. ac̃. Sẽp. i. car̃. 7 dim̃. hom̃. 7. i. uill. Tc̃. 7 p̃. ii. bor. m̃. iii. Sẽp. ii. ser̃. Silu̅. xxx. porc̃. v. ac̃. p̃ti. Val. xxx. sol. hanc t̃rã sẽt bozzunã. 7 buro. hẽ Ricard' p escangio ut dicũt sui hões.

In Roinges tenuit Coleman' t. r. e. p. iii. uirg̃. m̃. R. p tantundẽ in d̃nio. 7. iste fuit ita lib̃. qđ poss& ire q uell& cũ soca. 7 saca. s; tm̃ fuit homo. Wisgari antecessoris Ricardi. Sẽp. i. uill. 7. ii. bor. tc̃. iii. ser̃. m̃. i. Sẽp. i. car̃. in d̃nio. 7. dim̃. car̃. hom̃. Silu̅. cc. porc̃. xx. ac̃. p̃ti. Tc̃. ual. lx. sol. Post. xl. m̃. iiii. lib̃.

Hund̃ de tendringe. Menetleam tenuit Wisgar' p. i. hid. 7 p. i. man̄. m̃ ten& Rog̃ de Ricardo. Sẽp. iii. uill. 7. iiii. bord. Tc̃. i. ser̃. m̃ null'. Sẽp. i. car̃. in d̃nio. 7. i. car̃. hom̃. Silu̅. c. porc̃. iii. ac̃. p̃ti. Tc̃ ual. xl. sol. m̃. L.

In Brumleã tenuit Aluuin' lib̃e. p uno man̄. 7 p. dim̃. hid. 7 erat cõmdat' Wisgaro potens t̃rã suã uendere. m̃ ten& R. sub Ricardo. Sẽp. i. uill. m̃. ii. bor. Tc̃. in d̃nio. i. car̃. m̃ null. Silu̅. c. porc̃. ii. ac̃. p̃ti. m̃. xxi. oues. Val. xl. sol.

In Alesfordã ten̄. Algar'. p. xxxvii. ac̃. t. r. e. m̃ ten& idẽ sub. R. 7 hoc ẽ de socha regis. de alesforda. ut hund̃ testat̃. Tc̃. i. car̃. m̃. nulla. past'. xl. ou. Tc̃. ual. xx. sol. m̃. vi.

Hund̃ de Laxedana. In tẽp̃r reg̃ Eduuardi fuer̃. v. soc̃. q̃s tenuit Wisgar'. Vluuin' 7. ii. sorores ei' in colun tenentes.

·RIC̄·

tenentes lxiiii. ac̄. 7 Leuric' tenens .xxx. ac̄. in ead' uilla. 7 isti n̄
potuerunt recede a soca Wisgari. Sēp. sub ipsis .ii. bor. 7 .i. car. Silu. xii.
sēp .i. mol
porc. ix. ac̄. p̄ti. Val. xx. sol. In Berdehā tenuit Vlmar sub Wisgaro .xl. ac̄.
7 Et tenent sub R. 7 n̄ potat recede de soca. tē .iii. bor. m̄ .vi. dim̄ car. silu. x. por. iii. ac̄ p̄ti. val. x. sol.
In Boolta tenuit Lefolds. xxxxi. ac̄. 7 dim̄. m̄ tenet Goding sub R.
tē .ii. bor. m̄ .vi. m̄ .i. ser. Sēp. dim̄. car. Silu. xvi. porc. iii. ac̄. p̄ti.
tē .i. mol. m̄ null'. Val. x. sol.
In Wittesmunda tenuit Algar sub Wisgaro .xii. ac̄. 7 dim̄. qui
n̄ potat recede de soca. m̄ .i. bor. 7 .i. ac̄. p̄ti. Val. iii. sol.
Langaham tenet Walt' diacone de R. qd tenuit Ethmund p .ii. hid.
7 dim̄. 7 p uno manerio. Tē. xxxii. uill. m̄ .xvii. tē .ix. bor. m̄ xxvii.
tē .iiii. ser. m̄ null'. Sēp. i. car. in dnīo. tē .xi. car. hominū. m̄ .vii.
Silu. cc. porc. xl. ac̄. p̄ti. tē .i. mol. m̄ .ii. tē .vi. runc. m̄ null'.
Sēp. xxii. an̄. tē .xlvi. porc. m̄ lxxx. tē .liiii. ou̇. m̄ .cc. tē .lx.
cap. m̄ .lxxx. tē .iii. uasa ap. m̄ .ii. Tē uat. xii. lib. m̄ .xv.
Dim. Hund de Frossewella. Birdesfeldā tenuit Wisgar p
uno man. 7 p .iiii. hid. m̄ tenet Ricard' in dnīo. Tē .xxiiii. uill.
m̄ .xx. tē 7 p' .vii. bor. m̄ .xxii. Sēp. viii. ser. Sēp. iii. car. in dnīo.
tē 7 p' .xxi. car. m̄ .ix. Silu. dccc. porc. xxxii. ac̄. p̄ti. Sēp. ii.
mol. tē .iiii. runc. m̄ .v. tē .xxviii. an̄. m̄ .xli. tē .lx. porc.
m̄ .cvii. tē .c. ou̇. m̄ .cc. Sēp. uat. xxvi. lib.
Sanfordā tenuit Wisgar p uno man. 7 p .v. hid. m̄ tenet
Ricard' in dnīo. tē .xxiii. uill. m̄ .xiiii. tē .ii. bor. m̄ .xviii.
tē .vi. ser. m̄ .iiii. Sēp. iii. car. in dnīo. tē .xvi. car. hom. m̄ .x.

·ESS·

Silu· lx· porc· xxii· ac· pti· Tc· i· mol· m̃ null. Tc uat· xii· lib· m̃ xvii·
Q'n Ricard recep hoc m· tc inuenit ibi· iii· runc· m̃· ii· Tc· xix· an· m̃
ix· Tc· l· porc· m̃· xxx· tc· c· ou· m̃· lxxx· 7 viii· Tc· iii· uasa ap· m̃· i·
De hac manerio 7 de supdictis· v· hid· tenent· ii· franci· i· hid· 7 dimidia·
7· ix· bord· 7· ii· car· 7· xvi· ac· pti· Appciatu e supi.

Hamsteda tenuit Wulg· p· i· m· 7· p· iiii· hid· xxx· ac· min· t· r· e· m̃·
Rob de uuateuill de· R· Sep· xxii· uill· tc· vi· bor· m̃ x· Tc· viii· ser· m̃ vii·
Tc· in dnio· iiii· car· m̃ iii· Tc· xiii· car· m̃· x· Silu· cc· porc· xv· ac· pti· Tc
uat· xii· lib· m̃· xvi·

In bdefelda ten Wielard· i· hid· qm tenuer ii· seruientes Wisgari 7
tc n reddebant consuetudine· t geld regi· nec potant abire sine iussu
dni· sui· sic hund testat· Sep· i· car· in dnio· Val· xx· sol·

Hund de Rochesfort· Berreuuera tenuit Phin dac· i· hid· 7· dim·
m̃· R· in dnio· Sep· iii· bord· 7 iii· ser· 7 ii· car· Silu· xxx· porc· Tc uat
xl· sol· m̃· iiii· lib·

TERRA SVENI De Exsessa. Hund de berdestapla .XXIIII.

Þ Torninduna(m) tenuit Aluuin(us) teinn(us) reg. e. t. r. e. 7 Rex Will
dedit Robto. m(odo) ten& Suen(us). 7 Siric(us) de illo. p uno manerio. 7 p .v. hid.
7 .xxv. ac. Sep .ii. car in d(omi)nio. 7 .iii. car hom. 7 .iii. uill. Tc .vii. bor. m(odo)
.x. Tc .iiii. ser. m(odo) .i. .ii. hid. silue. 7 .ii. soc. de .l. ac. hntes sep dim. car.
In hoc manerio recep. Suen(us) .i. runc. .xviii. an. .xx. por. lx. ou. m(odo) .iiii.
an. .xii. porc. l. ou. Val. c. sol.

Þ Langenduna(m) ten&. Walt de Sueno. q(uam) tenuit Alric(us) teinn(us) regie.
p. on. 7 p .v. hid. Sep .ii. car in d(omi)nio. 7 .iii. car. hom. 7 .v. uill. Tc .iiii. ser.
m(odo) .iiii. 7 .i. hid. silue. past. c. ou. Tc .v. an. 7 .x. porc. lx. ou. m(odo) .x. porc.
xlii. ou. Tc ual. c. sol. m(odo) .vi. lib.

Þ Tilibiam tenent .ii. franci de Sueno. scilicet Osbn(us). 7. Radt. q(uam) tenuit
Aluric(us) pbr lib ho t. r. e. p uno manerio. 7 pro .ii. hid. Sep .ii. car
in d(omi)nio. 7. .iiii. car hominum. 7 .i. uill. 7 .xi. bor. 7 .ii. ser. 7 .iiii.
hid silue. past. ccc. ou. 7 .i. pisc. Tc .i. runc. 7 lx. ou. m(odo) .i. runc.
7 .xii. pulli. 7 .xxxi. an. .ix. porc. 7. cclx. ou. Tc ual. .viii. lib. m(odo) c. sol.

Þ Tilredic. ten& Osbn(us) de .S. q(uam) tenuit Aluuen lib(er)a femina t. r. e.
7 nescit(ur) q(uo)m(odo) uenerit ad Robtum filium Wimarc. Sep .i. bl'e .i. hid.
7 .xl. ac. Sep .i. car. in d(omi)nio. Tc dim. car. hom. m(odo) nich. Tc .i. uill.
m(odo) null. Tc .i. bord. m(odo) .iiii. Tc .ii. ser. m(odo) .i. Silu. c. porc. past. c. ou.
Tc .i. animal. m(odo) .x. an. Val. xl. sol.

Þ Horninduna(m) tenuit Aluric(us) pbr lib ho. t. r. e. p uno man. 7 p
.ii. hid. 7 .xxx. ac. Sep .i. car. in d(omi)nio. 7 dim. car hom. 7 .xi. bor

.ESS.

7. iii. ser. De hac tra dedit Aluric pbr cuidā eccle dim. hid. 7. xxx. ac.
sed Suen9 abstulit de eccliā Sep. i. runc. 7. ii. an. Val. xxx. sol. hoc
maneri tenet Pagan9 de Sueno.

Hasingebroc ten& Turold9 de. S. qd tenuit Lestan9 lib ho. t. r. e.
p. i. hid. 7. xxx. ac. Sep. i. car. in dnio. tc. ii. bor. m. iii. tc. ii. ser. m
null. vi. ac. pti. tc. x. ou. m. xiii. 7. v. porc. Val. xx. sol.

Belesdunam ten& idē Turold9 de. S. qd tenuit idē Lestan9. t. r. e.
p. i. hid. 7. p. i. v. 7. xv. ac. Sep. i. car. Tc. iii. bor. m. i. Sep. ii. ser. Past.
. c. ou. tc. ii. runc. 7. vii. porc. 7. xv. ou. m. i. runc. 7. i. uac. 7. i. por.
7 lxxxxv. ou. tc. ual. xx. sol. m. xxv.

Berlesduna ten&. W. qd tenuit Godæ qdā lib ho. t. r. e. p. iii. 7 p.
. iii. hid. tc. iii. car. in dnio. m. ii. 7. dim. tc. i. car. hom. m. i. 7. dim.
tc. ii. uill. m. i. tc. iiii. bord. m. iii. tc. iiii. ser. m null9. Silua
xl. porc. Past. c. ou. tc. i. runc. 7. xvii. ou. m. v. an. 7. xvi. porc.
7. xxxix. ou. Val. lx. sol.

Wicfort tenet Turchill9 qd tenuit Lestan9 libe. p. i. v. 7. p. dim. hid.
7. xxxv. ac. Sep. i. car. 7. i. bord. tc. i. ser. m null. xxx. ac. silue.
iii. ac. pti. tc. ii. runc. 7. xvi. an. 7. iii. porc. 7. c. ou. m. iii. runc.
7 viii. an. 7. xi. porc. 7. lx. ou. Et hanc trā tenuit brictiua liba
femina dim. hid. 7. xv. ac. qm Suen9 addidit pdicte tre. in q erat
tc. i. car. m. n. Sep. ii. bord. 7. i. uill. xx. ac. silue. Addidit etiam
. iii. libos hoes. de xlv. ac. in qb9 erat. tc. i. car. m. dim. Addidit
etiam. i. libm hom. de. ix. ac. Tc ual totū t. r. e. lx. sol. m. l.

Wicfort ten& Suen9 in dnio. qd tenuit Godum9 tenus reg.

.Suen.

p uno man. 7. p. x. hid. Sep. ii. car. in dnio. Tc. vi. car. hom. m. iiii.
Sep. vii. uill. Tc. ii. bor. m. xii. Tc. vi. ser. m. null. Tc. xii. hid. silue
m. vi. ac. Tc. i. runc. 7. xii. an. 7. xvii. cap. 7. ii. uasa ap. m. i. uac. 7
xx. ou. 7. ii. pull. 7. iii. uasa ap. Tc ual. xvi. lib. m. ix.

¶ Wicfort tenet Will. filius odonis qd tenuit doc lib ho. t. r. e. p. m. 7. d.
hid. 7. xlv. ac. Sep. i. car. in dnio. 7. i. bor. Silu. x. porc. Val. x. sol.

¶ Wicfort tenet Mainard. qd tenuit. t. r. e. Godric. p. xxx. ac. Val.
.v. sol.

¶ Benflet tenet Suen. in dnio qd tenuit Aluuin. lib ho. t. r. e. p
m. 7. p. ii. hid. Tc. iii. car. in dnio. m. i. 7. i. car. posset restaurari.
m. v. bord. 7. ii. ser. Past. ccl. ou. Val. xl. sol.

¶ Wardeam tenet Galt. de Sueno. qd tenuit Edric. t. r. e. p. m. 7
p. dim. hid. Sep. i. car. m. i. bord. 7. xv. ac. pastur. Val. x. sol.

¶ Wardeam tenet Suen. in dnio. qd tenuit Leuecilt. t. r. e. tegn. reg.
p. i. man. 7. p. v. hid. Tc. ii. car. 7. i. car. hom. 7. m. simil. Tc. i. uill. m.
null. Tc. x. bor. m. xi. Dim. hid. silue uastat. Past. c. ou. Tc. i. pisc.
m. ii. Tc. iii. runc. 7. v. an. 7. xx. porc. 7. c. ou. m. i. runc. 7. i. pull.
7. vii. an. 7. lxx. ou. Tc ual. lx. sol. m. iiii. lib.

¶ Thunreslea tenet S. in dnio. qd tenuit Godric tegn. reg. t. r. e.
p uno man. 7. p. v. hid. 7. xv. ac. Sep. ii. car. in dnio. 7. ii. car. hom.
7. v. uill. 7. v. bord. Tc. iiii. ser. m. ii. Past. cc. ou. Silu. l. porc.
Tc. ii. runc. 7. vii. an. 7. xvi. porc. 7. cc. ou. 7. ii. uasa ap. m. iii.
runc. 7. i. runc. xiiii. an. xxxvi. porc. cc. ou. ii. uasa ap. Tc ual.
.cii. sol. m. c. sol.

·ESS·

Hund de Rochefort. Ragheneiā tenet Suen' in dñio p uno man̄ 7 p. v. hid. Tc̄. ii. car in dñio m̄. iii. Sēp. x. car hom̄. Tc̄. xxi. uill. m̄. vi. Tc̄. vi. bord. m̄. xv. Sēp. ii. ser. x. ac̄. p̄ti. Silu. xl. porc. m̄ .i. parc. 7 vi. arpenni uineę. 7 reddit. xx. modios uini si bene procedit. Tc̄. iiii. runc. 7 xiii. an. xxv. porc. c. v. ou. m̄. v. runc. 7 ii. pulli. 7 xx. an. 7 xi. porc. 7 lxxx. ou. 7 xxi. cap. Tc̄ ual. x. lib. m̄ p̄t uinum tantundē. 7 in hoc manerio fecit Suen' suū castellū. De hoc manerio tenent. iii. franci. ii. hid. 7 iiii. car. 7 iiii. bord. 7 ual. lx. sol in eod p̄cio.

Ragheleiam tenet. S. in dñio qđ tenuit .i. lib hō. t. r. e. p. man̄. 7 p. .ii. hid. 7 dim̄. Sēp. ii. car in dñio. Tc̄. iii. uill. m̄. ii. Tc̄. v. bor. m̄. vi. hnat tc̄. ii. car 7 dim. m̄ dim̄ tantū. Tc̄. i. runc. 7. ii. an. 7. xv. ou. m̄. ii. runc. ix. an. ix. por. xx. ou. Tc̄ 7 p̄ ual. xxx. sol. m̄. xl.

Hocheleiam tenent. ii. franci de Sueno. Godebold. i. hid. 7 Odo .xxx. ac̄. Hoc man̄ tenuit .i. lib hō. t. r. e. Sēp. ii. car. 7 dim̄ in dñio. Tc̄. iii. bord. m̄. v. Tc̄. v. ser. m̄. iii. past. c. ou. Sēp. i. mol. Tc̄. v. an. 7. x. porc. 7. c. ou. 7. vii. cap. M̄. i. runc. 7 xiii. an. 7 xxii. porc. 7. c. ou. 7. iii. uasa ap̄. Tc̄ ual. xxx. sol. P̄ 7 m̄. xl.

Estuuda tenet Suen' in dñio. qđ tenuit Lefsius. t. r. e. p uno man̄. 7 p. viii. hid 7. dim̄. Sēp. iii. uill. 7. ii. car. in dñio. Tc̄. viii. car hom̄. m̄. v. Tc̄. xxi. bor. m̄. xxx. Sēp. ii. ser. iiii. ac̄. p̄ti. Tc̄ silū .L. porc. m̄. xxx. m̄. i. mol. Past. ccc. ou. Tc̄. ii. runc. 7. vi. an. .xxx. porc. ccc. ou. m̄. ii. runc. 7. ii. pull. 7. xxxiii. an. xl. porc. cxxxvi. ou. Tc̄ ual. vi. lib. m̄. x. De hoc manerio

·SVEN'·

tenet Goisfrid. dim. hid. 7 .i. bor. 7 .i. car. 7 uat. xx. sol. in eod. pcio.

⸿ Wachelingam tenet .S. in dnio p .i. man. 7 p .v. hid. 7 dim. Sep. .ii. uill. 7 .xviii. bord. 7 .ii. car. in dnio. 7 tcia posset fieri. Tc .iii. .car. hom. m. v. Silu. ad. porc. past. ccc. ou. Tc .iiii. runc. ix. an. xxxviii. porc. cxv. ou. M. iiii. runc. ii. an. cx. ou. xxvii. porc. Tc uat. ix. lib. m. x. De hoc man. tenent Garner. 7 .W. i. hidam. 7 .ii. car. 7 uat. xxx. sol. in eod. pcio.

⸿ Prittéuuella. tenet .S. in dnio. p .vii. hid. 7 dim. Tc .vii. uill. m. iiii. Tc .xiiii. bord. m. xxiii. Tc .ii. car. in dnio m. iii. Tc .vii. car. hom. m. ix. Past. xii. porc. past. cc. ou. Tc .ii. runc. viii. an. xxx. porc. .c. ou. M. i. runc. iii. pull. xiii. an. lxv. porc. cc. ou. iiii. min'. .lxvi. cap. ix. uasa ap. / De hac tra tenet .i. lib. ho. i. mag. qua poterat uendere. s; soca iacuit in hoc manerio. 7 ad ecctiam huj' manerii apposuit .ii. hoes. xxx. ac. de alia tra. Sep uat. xii. lib. De hoc man. tenet Grapinel dim. hidā. 7 .ii. bord. 7 .i. car. 7 uat. x. sol. in eod. pcio.

⸿ Essobiam tenuit .R. fili' uuimarc. post mort. reg. e. m. Suen' in dnio. p uno man. 7 p .v. hid. Sep. ix. uill. Tc .iiii. bor. m. vi. Sep. ii. car. in dnio. 7 .viii. car. hom. iii. ac. pti. Silu. xx. porc. Tc .ii. runc. iiii. an. xii. porc. c. ou. m. ii. runc. xvi. porc. lxiiii. ou. Tc 7 p uat. vi. lib. m. x.

⸿ Carenduna tenet .S. in dnio. p .vi. hid. 7 dim. 7 .xxx. ac. Tc .xxii. uill. m. xvi. Tc .ii. bord. m. viii. Tc .iii. ser. m. i. Tc .ii. car. i dnio m. iii. 7 qrta pot fieri. Tc .x. car. hom. m. vi. Past. dc. ou. Tc .iiii. runc. x. an. xxiiii. porc. cccxxxvi. ou. M. iii. runc. 7 .v. an.

·ESS·

·xx· porc. ccc·xlii· ou. Tc. uat. xii. lib. m. xiii. In hoc manerio ht hugo de monteforti. i. hid. 7. uat. xx. sol. De hoc man. tenent ·ii. franci. Girold. i. hid. 7. i. hom. xxx. ac. 7. iii. bord. 7. i. car. 7 uat. xl. sol. meod pro. ht & iā S. i. hid. 7. iiii. bord. 7. i. car. q̃d tenuit. i. lib hō t. r. e. cū soca. Vat. xx. sol.

¶ Torpeam tenet Odo de. S. q̃d tenuit Godric. tegn reg. e. 7. Rob fili' uuimarce habuit p' mort reg. e. p uno man. 7. p. i. hid. 7. xxx. ac. Tc. i. uill. m. ii. Tc. iiii. bor. m. vi. Tc. iiii. ser. m. i. Sep. ii. car in dnio. 7. i. car. hom. Past. c. ou. Tc. i. runc. 7. vii. an. xviii. porc. Lxviii. ou. m. vi. an. xxxiiii. porc. clx. ou. ii. uasa ap. Tc. uat. xl. sol. P' 7 m. Lx.

¶ Rochefort tenet Alured' de S. q̃d ten. i. lib hō t. r. e. p. on. 7 p. ·ii. hid. 7. dim. Sep. v. uill. Tc. iiii. bor. m. xii. Tc. ii. ser. m. iii. Tc. ii. car in dnio. m. iii. Tc. iii. car. hom. m. iiii. 7. i. lib hō tenet. xxx. ac. 7 adhuc iacent huic man. ii. ac pti. Silu. xx. porc. i. mol. Tc. i. runc. 7. viii. porc. 7. xi. ou. m. iii. runc. 7 ·ii. pull. 7. x. an. 7. xxxi. porc. 7. clx. ou. 7. xxiii. ou. Tc ualuit ·c. sol. m. vii. lib.

¶ Stanbruge tenet Wiard' de. S. q̃d tenuit. i. lib hō. t. r. e. p. uno man. 7. p. i. hid. 7. dim. 7. vii. ac. 7. dim. Sep. ii. bord. 7. ·i. ser. 7. dim. car. Tc. m. i. Past. c. ou. Tc uat. x. sol. m. xxv.

¶ Estobiam. tenet Gate de. S. q̃d tenuit. i. lib hō. t. r. e. p. i. man. 7. p. iiii. hid. Sep. iiii. uill. Tc. vi. bor. m. viii. Tc. ·ii. ser. m. null'. Tc. ii. car. in dnio. m. iii. Sep. ii. car hominū. Silu. xii. porc. Quartā hidā ext tenet. i. lib hō. Past. c. ou.

Suen9

Tc. i. runc. 7 ii. an. 7 xl. ou. m. i. runc. 7 vi. an. i. porc. cxv. ou.
Tc. 7 p9 ual. vi. lib. m. viii.

Wacheringa tenet S. qam tenuit. i. lib ho. t.r.e. p. man. 7 p. ii. hid. 7 hoc tenuit Rob. fili9 wimarc9 p9 morte reg Eduuardi. Tc. i. bor. 7 xxv. ser. m. x. bor. Sep. ii. car. in dnio. 7 i. car. hom. Past. ccc. ou. Tc. ii. an. 7 c. ou. m. i. runc. 7 ii. an. cxv. ou. i. uas ap. Tc. ual. iii. lib. 7 m. iiii. De hoc cot man. tenet Rob. i. hid. 7 Godric9 dim. 7 ual. xl. sol. in eod. ptio.

Suttuna tenet Ascelin9 de S. qam tenuer. ii. libi. hoes. t.r.e. p. m. 7 p. i. hid. 7 dim. 7 xxx. ac. m. viii. bord. tc. iiii. ser. m. null9. Sep. ii. car. indnio 7 dim. car. hom. Past. ccc. ou. Tc. ii. runc. x. l. porc. cc. ou. m. vii. an. clx. ou. Tc. 7 p9 ual. lx. sol. m. iiii. lib.

Pluntbga tenet ide. A. de S. qam tenuit Rob. fili9 wimarc9. p. m. 7 p. i. hid. Tc. i. bord. 7 i. ser. m. viii. bor. Tc. i. car. 7 dim. indnio. m. i. dim. car. hom. Silu. xxx. porc. Past. c. ou. m. i. mol. Tc. i. runc. vii. an. xxx. porc. c. ou. xl. cap. m. ii. runc. 7 i. pull. iii. an. xx. porc. c. ou. xxiii. cap. Tc. ual. xx. sol. m. xl.

Puteslaam tenet ide. Asc. de S. qam tenuit. i. lib ho. t.r.e. p. m. 7 lii. ac. 7 dim. Sep. ii. bor. 7 i. car. Past. xxx. ou. m. i. mol. Tc. i. runc. 7 i. pull. 7 i. an. 7 iii. porc. 7 lxxx. ou. m. similit.
Tc. 7 p9 ual. xx. sol. m. xxx.

Hacheleia tenet Ragan9 de S. p. i. m. 7 p. i. hid. Sep. xii. bord. 7 i. car. indnio. Tc. ii. car. hom. m. i. Silu. xxx. porc. Past. cc. ou. m. i. mol. Tc. ii. runc. 7 ii. an. 7 xiii. porc. 7 clx. ou. 7 xxx. cap. m. iiii. runc. x. an. xxxiiii. porc. ccc. ou. liii. cap.

·ESS·

vi· acr̃ ap̃. Tc̃ ual̃ iii. lib̃. m̃ iiii.

¶ Puteseam tenet· Iohs de· S· qđ tenuit· i· lib̃ hõ· T· R· E· p m̃· 7· p· i· hid̃
7 dim̃ · 7· xxx· ac̃. Sep̃ viii· bor. Past̃ · l· ou̇. Tc̃· i· runc̃ · 7· viii· porc̃.
7· xxv· ou̇. m̃ · xi· porc̃. lxxxvi· ou̇. Val̃· xl· sol̃.

¶ Suttunã tenet Aluuin quidã angl̃ de· S· qđ tenuit Rob̃ fili' uuim̃.
p' morte reg̃· e· p uno man̄· 7· p· i· hid̃· 7· xv· ac̃. Sep̃ iii· bord̃. Tc̃ ii ser̃.
m̃ null'. Sep̃ · i· car̃ in dnio. Tc̃ · ii· runc̃ · 7 x· an̄· 7 xx· porc̃ 7 c· ou̇.
m̃ · x· an̄· x· porc̃. lxiii· ou̇. Val̃· xxx· sol̃.

¶ Putesham tenet Almar' de S· qđ ten̄ · i· soc̃ Rob̃ti p· m̃· 7· p dim̃.
hid̃· 7· xv· ac̃. Sep̃ iii· bord̃ · 7· i· car̃ in dnio. Past̃ l· ou̇. Tc̃· i· runc̃.
7· viii· porc̃ · 7 xxv· ou̇. m̃· xi· porc̃ · 7· lxxxvi· ou̇. Val̃· xxx· sol̃.

¶ Puteseiam tenet hugo de· S· qđ tenuit· i· lib̃· hõ· T· R· E· 7· Rob̃ habebat
socã. p· m̃. 7· xxxviii· ac̃. Tc̃· i· uill̃· m̃· ii. Sep̃ dim̃ car̃. Past̃ xxx· ou̇.
Tc̃ · i· runc̃ · 7· ii· an̄· 7· x· porc̃. lxxv· ou̇ · m̃· i· runc̃ · 7· i· uac̃· 7
·c· xiiii· ou̇. Val̃ · x· sol̃.

¶ In Hesenduna tenet Rog̃ dim̃ hid̃. de· S· qđ tenuit· Rob̃. Sep̃ · i· bor.
Past̃ xl· ou̇. Tc̃ · i· car̃· m̃ · dim̃ · 7 tota pot̃ fieri. Val̃ x· sol̃.

¶ In Suttuna tenet· Rog̃· dimid̃ hid̃. qđ tenuit· Rob̃. T· R· E· Sep̃ · i·
car̃. Past̃· xl· ou̇. Val̃· xx· sol̃.

¶ In Hacheuuella tenet Godefrid' xv· ac̃· 7· dim̃. car̃· 7· i· bord̃. Val̃
x· sol̃.

¶ In Hesenduna tenet Rob̃· xxx· ac̃· de· S· 7· v· bord̃. Tc̃· dim̃· car̃ m̃
·i·. Tc̃ ual̃ x sol̃. m̃ xx. ¶ In hoc p̄dicto hund̃ hr̃ Suen' de placitis
·c· sol̃.

Hund̃ de Wittbrictesherna. Altenai tenet Radulf' de Sueno·

SVEN

qd tenuit Lefstan' lib ho p man. 7. p dim hid. 7. xl. ac. Sep. 1.
uill. 7. 1. bord. Tc. ii. ser. m. 1. Sep. 1. car in dnio. 7. dim. car hom.
Past. L. ou. Tc. v. anim. 7 xl. ou. m. v. an. 7. lx. ou. 7. xxvi. porc.
7. ii. runc. Tc 7 p uat. xx. sol. m. xxvi.

¶ Hamctunā ten& Garner' de S. qd tenuit Godric' lib ho T. R. E.
p m. 7 p dim. hid. 7. xxxvii. ac. Tc iii. bor. m. ii. Sep. 1. car.
v. ac. pti. Tc. nichil. m. iiii. an. iiii. porc. xxi. cap. Val. xx. sol.
hoc m. habuit R. fili' uuimarc. p' aduentū reg. Witti.

¶ Hund de Wicham. Runuuenhalā ten& Clarenbald' de S.
qd tenuit Lefstan' lib ho. p. xxx. ac. T. R. E. Sep. 1. car in dnio. 7. d
car. hom. Tc. v. bord. m. vi. Sep. ii. ser. x. ac. pti. Past. de. iiii. sol.
7 1. soc. de. v. ac. Tc. ii. an. 7. ii. runc. 7. xv. ou. m. ii. an. ii. runc.
.c. ou. vi. porc. viii. cap. ii. uasa ap. Tc. ual. xl. sol. m. xxx.

¶ Hutchleam ten& Godebold' dim. hid. 7. xxx. ac. qd tenuit
Adri' lib ho. T. R. E. p uno man. Tc. ii. car. in dnio. m. 1. Tc. ii.
car. hom. m. 1. Tc. iiii. uill. m. ii. Tc. iiii. bord. m. v. Tc. ii. ser.
m. null. Tc silu. xl. porc. m. xxx. x. ac. pti. Tc. 1. runc. 7. ii. uac.
m. ii. runc. 7 viii. an. xxx. porc. xx. ou. x. uasa ap. Tc ual. xl. sol.
m. lx.

¶ Hund de Herlaua. Halingeham ten& Gale. de S. qd ten
Godric' lib ho. p uno man. 7. p. ii. hid. 7. dim. Sep. ii. car. in dnio.
Tc. iii. car. hom. m. iiii. Tc. viii. uill. m. x. m. xvii. bord. Sep.
iiii. ser. Tc silu. cl. porc. m. c. xxx. ac. pti. m. dim. mol.
Tc. ii. runc. 7. vi. an. 7. xxiiii. porc. xxx. ou. xxx. cap. m. ii.
pull. 7. vii. an. 7. xiii porc. l. ou. xxxii. cap. vii. uasa. apu.

·ESS·

Tc̃ ual· c sol· m̃· vi lib.

¶ Hund de Dommaua. Willingehalam ten& Garner' de
·Sueno q̃d tenuit ·i· lib hō· t·r·e· p· xxx· ac. Tc̃· ual· iiii· sol· m̃ viii.

¶ Dommauiā ten& Edmar' de· S. q̃d tenuit ·i· lib hō· t·r·e· p
xxxvii· ac· 7 ille· vii· ac· Ś addidit p' aduentū reg̃ Willi· que
fuer̃ cuidā ali' libi hōis. Tc̃· dim· car· m̃· i. Tc̃· ii· bor· m̃· iii. Sep
·i· ser. Silu· xxx· porc. v· ac· p̄ti· m̃· i· mol. Tc̃· iiii· an· ix· porc.
xx· ou· v· cap. m̃· v· an. viii· porc. xiii· oues· vii· cap.
Tc̃ ual· x· sol· m̃· xx.

¶ Hund de Wensistreu. Meresai ten& Suen' in dnio q̃d ten.
Rob filius uuimarc· t·r·e· p man· 7 p· vi· hid. Sep· ii· car· in dnio.
Tc̃· viii· car. m̃· vi. Tc̃· ix· uill· m̃· viii. Tc̃· xii· bor· m̃· xiii.
Tc̃· iii· ser· m̃ null'. Tc silu· ccl porc. v· ac· p̄ti· iiii· piscine.
Tc̃· i· runc. ix· an· xxv· porc. c vii· ou. m̃· iii· runc. xii· an.
x· porc. c· ou· i· uas· ap. Val· x· lib.

¶ Peltenduna ten& Odo de Sueno q̃d tenuit ·i· lib hō· t·r·e· p man·
7 p dim· hid. Sep· dim· car. Val· x· sol.

¶ Edburgetunā ten& Idē· p xxv· ac. q̃s tenuit· i· lib hō· t·r·e·
Tc̃· i· lib homo· m̃· i· bord· v· ac· p̄ti. Val· v· sol.

¶ Dimidium Hund de clauelinga ē Sueni. 7 placita de
eod hund reddet silu p annū xxv· sol.

¶ Dimidiū Hund de Clauelinga. Clauelinga ten&
Suen' in dnio· q̃d tenuit Rob filius uuimarc· t·r·e· p uno man.
7 p· xv· hid. Tc̃· 7 p'· iiii· car in dnio· m̃· v. Sep· xxv· car hom.
7· xvii· uill· Tc̃· 7 p'· xv· bord· m̃ xxxvii. Tc̃· 7 p'· viii· ser· m̃ xii.

.SUEN.

Tc̄ silu̅. dccc. porc̄. m̄. dc. xxxv. ac̄. p̄ti. Tc̄. i. mol. 7. i. car̄.
post restauraūt in hoc man̄. Tc̄. iii. runc̄. 7 xxxv. an̄. l. porc̄. xl. ou̅.
xv. cap̄. xii. uasa apū. m̄. ii. runc̄. 7. i. pull. xiiii. an̄. xxvi. porc̄.
xc. ou̅. xxiii. cap̄. v. uasa ap̄. Tc̄ ual. xx. lib. m̄. xxx.

¶ Berdane tenuit Godman. i. soc̄. Rob̄ti. t.r.e. m̄ tenet Alured.
de S. p. o. 7 p. ii. hid. Sēp. i. car̄. in dnio. 7. ii. car̄. hom̄. 7 iiii. uilt.
7. v. bord. Tc̄ 7 p̄. iiii. ser. m̄ null. Silu̅. x. porc̄. ii. ac̄. p̄ti. Tc̄
xiiii. porc̄. 7. xxv. ou̅. m̄. iii. runc̄. 7. ii. pull. 7. xiii. an̄. 7 xxi. porc̄.
cxxii. ou̅. viii. cap̄. i. uas. ap̄. Tc̄ ual. xxx. sol. m̄. xl.

¶ Hund̄ de Wibrictesherna. Hainanā tenet Rad̄ de S.
p. o. 7 p. dim̄. hid. 7 xxxvii. ac̄. q̄s tenuit. i. lib hō. t.r.e. Sēp. i. car̄.
Tc̄. iii. bor. m̄. ii. v. ac̄. p̄ti. Val. xx. sol. hanc t̄rā habuit Rob̄
filius uuimarc p̄ aduentū reg̃ Willi.

¶ De supdicto manerio scilicet de Clauelinga tenet Ansgot̄. dim̄. h.
7 xxx. ac̄. de Sueno. 7 Wicard. iii. uirg̃. 7 Rot dim̄. hid. 7 xv. ac̄.
7 Rad. xxv. ac̄. 7 in ēē totū. xiiii. bord. 7. iii. car̄. 7. dim̄. 7 totū
ual. iiii. lib. in eod̄ p̄tio.

¶ Hund̄ de Lexendena. Eilanda tenuit. R. p uno man̄. 7 p. v.
hid. 7. dim̄. m̄ tenet S. in dnio. Sēp. xviii. uill. Tc̄. xxxiii. bor. m̄.
xlii. Sēp. vii. ser. 7. ii. car̄. in dnio. 7. x. car̄. hom̄. Silu̅. dc. porc̄.
xxiiii. ac̄. p̄ti. Sēp. i. mol. Tc̄. ual. x. lib. m̄. xii. De hoc maner̄.
tenet Godebold de Sueno. i. hid. 7. dim̄. 7 xxx. ac̄. 7. ii. uilt.
7. viii. bord. 7. ii. car̄. in dnio. 7. ii. car̄. hom̄. 7 ual. lx. sol. in
eod̄ p̄tio. Adhuc tenet idem. xxxvii. liberos hōēs. manentes. in
iii. hid t̄re. q̄s habuit. Rob̄ t.r.e. 7 Suen postea. Tc̄. int eos. iiii.

ESS.

m. v. m. i. mol. Silu. lx. porc. xiiii. ac. p'ti. Tc uat. iiii. lib. m
c. sol. 7 qda lib homo erat comdat Robto tenuit. vii. ac.
7. dim. 7 poterat ire q uellet. 7 illa tra ht Suen'. Val. v. sol.

Hund de Celmeresforda. Borham ten. Osbt. de S. qd ten.
Turchill' p uno man. 7 p. i. hid. Sep. i. bord. m. i. ser. Tc. i. car. m
null'. viii. ac. p'ti. Val. xx. sol.

Hund de Angra. Staplefort ten Siric. de Sueno. qd ten.
Godric. p uno man. 7 p. v. hid. 7 de his. v. hid. dedit suis. x. libis
hominib; libe. iiii. hid. 7. i. retinuit in dnio. 7 p'q rex aduenit.
dono reg tenuit Rob. i. hid. 7 Suen' fili' ei' adiunxit iiii. hid. cu
ista post mort patris sui. Tc m. i. hida. null' bordari' erat. 7 tc
in. iiii. hid. vi. bord. m. ii. uilt. 7 xviii. bord. Silu. ccc. porc. xx.
ac. p'ti. Sep. i. mol. Tc uat. viii. lib. m. x. Tc in dnio. i. uac. 7
xiii. ou. m. viii. an. 7 xvii. porc. cxviii. ou. ii. uasa apu.

Tedanam ten Rob. de S. qd tenuit. Godric. p uno man. 7. p.
iii. hid. 7. lxxx. ac. 7 S. ten hoc man de dono regis. Witti qd dedit
patri suo Robto. Tc. v. uilt. m. i. Tc. iii. bord. m. xvii. Tc. iiii. ser.
m. null'. Tc in dnio. ii. car. m. iii. Tc. int hoes. iiii. car. m. iii.
Silu. d. porc. xxxiii. ac. p'ti. Tc. i. runc. 7 xii. an. lx. porc. c. ou.
m. iii. runc. iii. pult. xiii. an. xxxix. porc. cxlviii. ou. Tc. uat.
vi. lib. 7 qn rec simt. m. ual. ix.

Hund de Cesfeurda. Warleia tenuit Godric libe. p uno man.
7. p. ii. hid. t. r. e. m. S. simit in suo dnio. Tc. ii. uilt. m. iii. Tc. ii.
bord. m. viii. Tc. iii. ser. m. i. Sep. ii. car. in dnio. Tc. int hoes. i. car.
m. ii. 7. dim. Silu. cl. porc. iii. ac. p'ti. Tc. ii. runc. 7. vii. an. 7 xxvii. porc.

·SVEN⁹·

Tc̄ ual . iiii. lib. 7. qñ rec̄. similit'. m̄. vi. lib.

¶ Heltunā tenet Leuuin⁹ de .S. qđ tenuit Vlfan⁹. lib'ho. p. ṁ. 7 p. i.
hid. ⁊. t. r. e. Tc̄. iii. bord. m̄. iiii. 7. i. car. i. ac̄. 7. ii. an. xvi. porc.
xxx. ou. Val. xx. sol.

¶ Dim̄ Hund' de Melduna. In Melduna tenuit. Rob. dim.
hid. m̄ tenet. S. 7. Gunter⁹ de eo. 7 in hac t'ra habet rex. iii. sol. de
consuetudine. 7 facit ad iuuamen cum aliis burgensib; inuenire
caballū in exercitu. 7 ad nauē faciendā. ceteras uero consuetudines. h̄t
Suen⁹. Sep. i. bor. 7. i. car. 7. ual. xx. sol.

¶ Hund' de Tendringe. Almestedā tenuit Rob. filius Wimarc.
m̄ Suen⁹. 7 Siric⁹ de eo. p uno man. 7. p. viii. hid. Tc̄. xiiii. uill.
m̄. xiii. Tc̄. xxxi. bord. m̄. xxxvi. Tc̄. vi. ser. m̄. i. Tc̄. in d'nio.
iii. car. m̄. iiii. Tc̄. xix. car. hom. m̄. xviii. Silu. D. porc.
xxii. ac. p'ti. Past. lx. ou. Sep. i. mol. 7. i. sal. Tc̄. iii. runc.
7. xviii. an. 7 xxx porc. cl. ou. xl. cap. v. uasa ap. m̄. v.
runc. xx. an. xxxvii. porc. cxc. ou. lxxx. cap. ii. uasa apu.
Tc̄ ual. ix. lib. m̄. x.

¶ Fulentunā tenet Odard⁹. de. S. qđ tenuit Brictr⁹. p. i. hid.
xx. ac. min⁹. 7. p. uno man. hanc t'rā tenuit lib'ho. ex q̄ndo
rex uenit in hanc t'rā utlagauit. 7. R. accep. t'rā suam. p⁹ea
habuit. S. Sep. ibi ē. i. bord. 7. i. ser. 7 i. car. 7. ii. ac. p'ti. past.
c. ou. Tc̄. nichil rec. m̄. vi. an. 7. x. porc. 7. xxx. ou. 7 ii.
uasa apu. Tc̄. ual. xx. sol. m̄. xxx.

¶ Hund' de Turestapla. Toleshuntā tenet Odo. de Sueno
qđ tenuit Brun⁹ p man. 7. p. i. hid. 7. dim. 7 xl. ac. Sz Rob. habuit

.ESS.

m. v. m. i. mol. Silu. Lx. porc. xiiii. ac. pti. Te ual. iiii. lib. m.
.c. sol. 7 qda lib homo erat comdat Robto tenuit. vii. ac.
7. dim. 7 potat ire q uellet. 7 illa tra ht Suen. Val. v. sol.

¶ Hund de Celmeresforda. Borham ten. Osbt. de S. qd ten.
Turchil p uno man. 7. p. i. hid. Sep. i. bord. m. i. ser. Te. i. car. m
null. viii. ac. pti. Val. xxx. sol.

¶ Hund de Angra. Stapleforz ten. Siric. de Sueno. qd ten.
Godric. p uno man. 7. p. v. hid. 7 de his. v. hid. dedit suis. x. libis
hominib; libe. iiii. hid. 7. i. retinuit in dnio. 7 pq rex aduenit.
dono reg tenuit Rob. i. hid. 7 Suen. fili ei adiunxit. iiii. hid. cu
ista. post mort patris sui. Te in. i. hida. null. bordar erat. 7 te
in. iiii. hid. vi. bord. m. ii. uilt. 7 xviii. bord. Silu. ccc. porc. xx.
ac. pti. Sep. i. mol. Te. ual. viii. lib. m. x. Te. in dnio. i. uac. 7
xiii. ou. m. viii. an. 7 xvii. porc. cxviii. ou. ii. uasa apu.

¶ Teidanam ten. Rob. de. S. qd tenuit. Godric. p uno man. 7. p.
iii. hid. 7. Lxxx. ac. 7 S. ten. hoc man de dono regis Willi qd dedit
patri suo Robto. Te. v. uilt. m. i. Te. iii. bord. m. xxvii. Te. iiii. ser.
m. null. Te. in dnio. ii. car. m. iii. Te. int hoes. iiii. car. m. iii.
Silu. d. porc. xxxiiii. ac. pti. Te. i. runc. 7 xii. an. Lx. por. c. ou.
m. iii. runc. iii. pull. xiii. an. xxxix. porc. cxlviii. ou. Te. ual.
vi. lib. 7 qn rec. simit. m. ual. ix.

¶ Hund de Cefreurda. Warleia tenuit Godric libe. p uno man.
7. p. ii. hid. T. R. E. m. S. simit in suo dnio. Te. ii. uilt. m. iii. Te. ii.
bord. m. viii. Te. iii. ser. m. i. Sep. ii. car. in dnio. Te. int hoes. i. car.
m. ii. 7. dim. Silu. cl. porc. iii. ac. pti. Te. ii. runc. 7. vii. an. 7 xxvii. porc.

.SUEN.

Tc̄ ual .IIII. lib. 7. qn̄ rec̄. similit̄. m̄. VI. lib.

¶ Belcumā tenet Leuuin̄ de .S. qd̄ tenuit Vlfan̄. lib̄e. p. m̄. 7 p. I.
hid. 7. T. R. E. Tc̄. III. bord. m̄. IIII. 7. I. car̄. I. uac̄. 7. II. an̄. XVI. porc̄.
XXX. ou̇. Val. XX. sol.

¶ Dim̄ Hund̄ de Melduna. In Melduna tenuit. Rob. dim̄.
hid. m̄ tenet .S. 7. Gunēr de eo. 7 in hac t̄ra habet rex .IIII. sol de
consuetudine. 7 facit ad iuuamen cum aliis burgensib; inuenire
caballū in exercitu. 7 ad nauē faciendā. Cetas uero consuetudines. ht̄
Suen. Sēp. I. bor. 7. I. car̄. 7. ual. XX. sol.

¶ Hund̄ de Tendringe. Almesteda tenuit Rob filius uuimarc̄.
m̄ Suen. 7 Siric̄ de eo. p uno man̄. 7. p. VIII. hid. Tc̄. XIIII. uilt.
m̄. XIII. Tc̄. XXXI. bord. m̄. XXXVI. Tc̄. VI. ser̄. m̄. I. Tc̄. in dnio.
.III. car̄. m̄. IIII. Tc̄. XIX. car̄ hom̄. m̄. XVIII. Silu̇. D. porc̄.
XXII. ac̄. p̄ti. Past̄. LX. ou̇. Sēp. I. mol. 7. I. sat̄. Tc̄. III. runc̄.
7. XVIII. an̄. 7 XXX porc̄. CL. ou̇. XL. cap̄. V. uasa ap̄. m̄. V.
runc̄. X. an̄. XXXII. porc̄. CXC. ou̇. LXXX. cap̄. II. uasa ap̄.
Tc̄ ual. IX. lib. m̄. X.

¶ Eulestunā tenet Odard̄. de .S. qd̄ tenuit Brictr̄. p. I. hid.
XV. ac̄. min̄. 7. p uno man̄. hanc t̄rā tenuit Lefeblc̄. et qn̄do
rex uenit in hanc t̄rā utlagauit. 7 .R. accep̄. t̄rā suam. p'ea
habuit .S. Sēp. ibi ē I. bord. 7. I. ser̄. 7. I. car̄. 7. II. ac̄. p̄ti. past̄.
.C. ou̇. Tc̄. nichil rec̄. m̄. VI. an̄. 7. X. porc̄. 7. XXX. ou̇. 7. II.
uasa ap̄. Tc̄. ual. X. sol. m̄. XX.

¶ Hund̄ de Turestapla. Colesthunā tenet Odo. de Sueno
qd̄ tenuit Brun̄ p man̄. 7. p. I. hid. 7. dim̄. 7. XL. ac̄. s; Rob habuit

·ESS·

p'quam rex uenit in hanc t̃rã. 7 m̃ hĩt. S. M̃. ibi. ẽẽ. .iiii. bord.
tc̃. ii. ser. m̃. i. Silũ. xii. porc. past. xxx. oũ. tc̃. ii. añ. 7. i. runc. 7
.xx. oũ. m̃. xii. añ. ii. runc. xii. porc. Lxxx. oũ. tc̃ uat. xx. sol.
m̃. xxv.

Tocham tenuit Gunner' t. r. e. 7 ad huc tenet sub Sueno. p xxx.
ac. Sẽp. iii. bord. tc̃. dim. car. m̃ simil. Silũ. xx. porc. past. Lx. oũ.
Val. x. sol.

Terra ~~Eudonis dapiferi~~. ·XXV·

H. Hund de Witham Brachestedam tenet Ricard de. E.
q̃d tenuit tegn̄ reg. p uno man. 7. p. ii. hid. xxv. ac. min. Sēp. ii.
car in dnīo. 7. iii. car. hoūm. Tē. v. uilt. m. vi. Tē. iiii. bord. m. vi.
Tē. ii. ser. m. null. Silua. ccc. porc. xxx. ac. pti. m. dim. mol.
·i. soc. de. iiii. ac. Tē. ii. runc. 7. xiiii. an. xl. porc. lxxx. ou. m. i.
runc. vi. an. xlvi. porc. cx. ou. iiii. uasa apū. Val. viii. lib.

Dim. Hund de herlaua. Herlauā tenet Turgis de. Eudone
q̃d tenuit Goduin lib homo. t. r. e. p. m̃. 7. p. i. hid. 7. iii. uirg. Tē.
·ii. car in dnīo. m. i. Tē. i. car hom. m. nulla. Tē. iii. uilt. m. null.
m. ii. bord. Tē. ii. ser. m. i. Silu. L. porc. x. ac. pti. Tē. i. an. 7
xxx. ou. m. xviii an. iii. runc. xviii. porc. lxxv. ii. uasa ap.
De hac t̃ra st. L. ac. que fuer. addite t. r. Witt. 7 eas addidit Lefsi huic
t̃re. Sēp ual. xl. sol.

H. Hund de dommauua. Rodinges tenet turgisl de Eudone
q̃d tenuit Samar lib hō. t. r. e. p. i. hid. 7. dim. 7. xlv. ac. Sēp. ii. car
in dnīo. Tē. ii. car. hom. m. i. Tē. ix. uilt. m. iii. Tē. i. bord. m
·iii. Tē. iii. ser. m. i. Silu. c. porc. xix. ac. pti. Tē. i. runc. m.
·vii. Tē. x. an. m. xxv. Tē. vi. porc. m. lxxix. Tē. L. ou. m. ccxxv.
m. lv. cap. 7. viii. uasa ap. Tē ual. c. sol. m. vi. lib. hoc oun. calūpniat abb de ely teste hund.

Lindeselles tenet Eudo in dnīo. q̃d tenuit Vlmar lib hō. t. r. e.
p uno man. 7 p. i. hid. Sēp. ii. car. in dnīo. 7. iii. car. hom. ix. uilt.
7. i. pbr. Tē. i. bord. m. ix. Tē. iiii. ser. m. i. Silu. xxx. porc.
vi. ac. pti. m. i. mol. Tē. i. runc. 7. v. an. 7. lx porc. m. i. runc. 7

·ESS·

Tc uat. c. sol. m. vi. lib. Et hoc manerium ualet erat qn recep.

Hund de Wicbricesherna. Mundunā tenuit Goduin' tain' reg. p uno man. 7 p. x. hid. M tenet Eudo in dnio. Tc. x. uilt. m. xv. tc. viii. bord. m. xiiii. tc. ix. ser. m. vii. 7. ii. franci hoes. hntes. dim. hid. quā occupauit Lisois. qa un' illor tellagauit. In hoc manerio. sēp. iii. car. in dnio. Tc. viii. car. hom. m. x. 7. ii. arpenni uineæ. Silu. xxiiii. porc. past. cc. ou. Tc. iii. runc. 7. viii. an. xl. porc. ccl. m. iiii. runc. 7. xv. an. 7. lxv. porc. ccclxiii. ou. iiii. uasa ap. Tc. uat. x. lib. m. xvii. 7 fuit ad firmā p. xxv. lib sub ipso eudone. Huic manerio adiacent. xxx. ac. Tc. ualebant. xxx. d. m. xxxvi. Adiacent adhuc. xx. ac. de Wringehala. qs tenet. i. soc. tc. uat. xx. d. m. iii. sol.

Lalinge tenet Ricard' de. e. qd tenuit Vluric cassa p. m. 7. p. iii. hid. t. r. e. 7 dim. Tc. iiii. ser. m. iii. m. i. bord. Tc. ii. car in dnio. m. i. Tc. i. runc. m. n. Tc. lxxxvii. ou. m. lxiii. Tc. uat. lx. sol. qn rec. xl. sol. m. iiii. lib.

Seplam tenet idē. R. de. e. qd tenuit normann' t. r. e. p. o. 7. pro. iii. hid. 7. xxxv. ac. Sēp. i. bord. 7. ii. ser. 7. ii. car. Silu. x. porc. Tc. vi. anim. m. xxvii. Sēp. i. runc. 7. xv. porc. Tc. cxx. ou. m. clv. Vat. iiii. lib.

Donā tenet idē. R. de. e. qd tenuit Modinc. t. r. e. p. o. 7. p. ii. hid. 7. xx. ac. Sēp. ii. bord. 7. ii. ser. 7. i. car. Pastura. c. ou. Tc. i. runc. m. iii. m. iii. an. Tc. cxx. ou. m. clx. i. min'. Vat. lx. sol.

Landunā tenet idē. R. de. e. qd tenuerunt. iiii. libi hoes. t. r. e. p. dim. hid. 7. xx. ac. Sēp. dim. car. Vat. x. sol. Acleā tenet idē de. e. qd ten. modinc p. o. 7 p. i. 7 dim. 7. x. ac. Sēp. i. bord. 7. i. car.

pastura · c · ouib; Sep · ii · animal · 7 · lxxx · ou · 7 · ix · porc · Tc 7 post ualuit xl · sol · m · l ·

Hund de Rochefort · Hechuuellā ten& Pirot de eudone q̄d tenuit Vlmar t · r · e · p man · 7 · p · iii · hid · 7 · dim · xv · ac · min · Tc · xi · uill · m viii · Sep · v · bord · Tc · ii · ser · m · iii · Sep · ii · car · in dnio · Tc · vi · car hominu · m v · iiii · ac · pti · Silu · xc porc · Tc · ii · runc · 7 · v · an · cii · ou · xx · porc · m · xvi · an · cvi · ou · xx · porc · ii · uasa apu · Tc 7 p uat · vi · lib · m · vii ·

In Supdicto hund de dōmauua ten& Ricard de eudone · i · man de · ix · ac · q̄d uocat · Brochesheuot · q̄d tenuer · ii · sochem · t · r · e · de abbe de eli · Tc · iii · car in dnio · m · ii · 7 · dim · m · i · car hom · 7 · ii · uill · Tc · iii · bor m · v · Tc · iii · ser · m · i · Silu · c · porc · vi · ac · pti · Tc · i · runc · 7 · iii · an · 7 · xvi porc · m · v · an · xxxiii · porc · Tc 7 p uat · lx · sol · m · iiii · lib ·

Scelgā ten& Eudo in dnio q̄d tenuit Vlmar lib ho · t · r · e · p · m · 7 · p · dim hida · Sep · dim car in dnio · m · ii · bord · Silu · xvi · porc · iiii · ac · pti · Ual sep · x · sol ·

Dommauuā ten& · Rad de · e · q̄d tenuit · i · lib ho · t · r · e · p man · 7 · p · xxxvii · ac · 7 dim · Sep · dim · car in dnio · 7 · dim · car · hom · 7 · ii · uill · m · ii · bor · Tc · i · ser · m null · Silu · xv · porc · iii · ac · pti · Tc 7 p uat · x · sol m · xx · In eadē uilla aliē · xxx[vii] ac · 7 dim · q̄s tenuit ali lib ho · in q̄b; idē ē q̄d in aliis · 7 · tantundē ualent ·

Hund de Vdelesfort · Cachelelam ten& · e · in dnio q̄d tenuit Vlmar lib ho · t · r · e · p · man · 7 · p · i · hid · 7 · xv · ac · Sep · ii · car in dnio · 7 · ii · car hom · Tc · iii · uill · m · v · 7 · i · pbr · Tc · iii · bor · P 7 m · x · Sep · ii · ser · Tc silu · cc porc · Post 7 m · dc · xvi · ac · pti · Tc · i · runc · 7 · xiiii · anim · xxx · porc · xxx · cap · lxxx · ou · m · ii · runc · xx · an · xliii · porc · ciii · ou xl. cap. Tc. 7 post uat. viii. lib. m. x.

¶ Hund de Clauelinga. Plicedanā tenet Ricard de. e. qd tenuer. ii.
libi hoes. t. r. e. p. maā. 7. p. v. hid. xx. ac. min. Tc. iiii. car. indnio. Post
7 m. ii. tc. 7 post. i. car. hom. m. iii. Tc 7. p. ii. uitt. m. vi. tc 7 post. ii.
bord. m. xvi. tc 7 p. ii. ser. m nulli. Silu. xx. porc. xxx. ac. pti. Tc. ii.
runc. m null. tc. ii. anim. m. lxvi. porc. tc. ccc. ou. m. cc. vi. uasa ap.
tc. 7 p uat. c. sol. m. viii. lib. de hac tra calumpniat. G. de magna
uilla. ii. hid. xx. ac. min. 7. hund testat ei.

¶ Hund de Laxendena. Bucchesteda tenet drauī de. e. qd ten
Grim p. o. 7. p. i. hid. Tc. i. uitt. m nulli. Tc. ii. bord. m. ix. Sep. i.
car. indnio. tc. ii car. hom. m. i. Silu. xlii. porc. ii. ac. pti. Tc. vi.
anim. m. iiii. Tc. xxx. ou. m. lxiiii. Tc. x. porc. m. xiii. m. xiii. cap.
7. i. uas. ap. Tc uat. xx. sol. m. xl. ¶ qda lib tenuit. v. ac. m tenet Ide
drauī de. e. Sep. dim. car. Vat. v. sol.

¶ Hund de Angra. Taindena tenet. Eudo indnio qd tenuit
Vlmar p. i. hid. 7. xl. ac. t. r. e. Tc. iiii. uitt. m. vi. tc. ii. bor. m. iii.
tc. iii. ser. m. i. Sep. ii. car indnio. 7. ii. car. hom. Silu. cccc. porc.
v. ac. pti. Sep. ii. runc. tc. viii. an. m. xiii. Tc. xxxv. porc. m. lxvi.
tc. lxxxvii. ou. m. c. 7 xv. cap. Tc. ii. uasa ap. m. vi. Tc 7 p uat.
xl. sol. m. iiii. lib. ¶. i. soc tenuit. vi. ac. q potat uende sua tra
s; soca remanebat in manerio. Vat. xii. d.

¶ Roinges tenet. E. indnio. qd tenuit Vlmar p. o. 7 p. iii. hid. t. r. e.
Sep. vii. uitt. m. ii. bord. Sep. iiii. ser. 7. ii. car. indnio. 7 iii. car. hou.
Silu. xx. porc. xx. ac. pti. Tc. i. runc. m. iii. Tc. x. an. m. xiiii.
tc. xl. porc. m. lx. Tc. c. ou. m. cxxxi. ¶. i. sochem. qui posset

· EUDO ·

uendere tram suam . s; soca remanebat in manerio tenens dim . uirg .
7 . viii . ac . 7 . dim . Tc . 7 p . i . car . m̊ dim . Sep . i . ser . Tc . 7 post uat . xviii
viii . lib . m̊ . xii .

Hund de Celmeresfort . Ratenduna tenet . Ricard . de . e . qd tenuit Leuesun p . man . t . r . e . 7 p . ii . hid . 7 . xxx . ac . 7 ista tra calumpniat . ecclia de eli . 7 hund fert testimoniu . Sep . iii . bord . 7 . ii . ser . 7 . i . car in dnio . 7 . i . car . hom . Tc . ii . runc . m̊ . iii . Tc . iiii . an . m̊ . vii . Tc . x . porc . m̊ xxxiii . Tc . lxxx . ou . m̊ . c . iii . mun . Tc uat . xl . sol . m̊ . lxx .

Legā tenet . Ricard de . e . qd tenuit . Edric p . man . 7 . p . ii . hid . Sep . iii . uilt . Tc . ii . bord . m̊ . ix . Tc . vii . ser . m̊ . ii . Tc . in dnio . ii . car . m̊ . i . 7 . dim . Silu dccc . porc . xvi . ac . pti . m̊ . i . mot . Tc . iii . runc . m̊ . i . Tc . x . an . m̊ . ix . Tc xl . porc . m̊ . xxxv . Tc . l . ou . m̊ lxiii . 7 . xi . cap . Tc uat . lx . sol . m̊ . iiii . lib .

Hund de Tendringa . Wileiam tenuit Goduin p . man . 7 . p . iii . hid . 7 . xxxviii . ac . m̊ tenet . E . in dnio . Tc . xiii . uilt . m̊ . xi . Tc . iiii . bord . m̊ . ix . Tc . viii . ser . m̊ . iiii . Silu . cc . porc . vi . ac . pti . past . c . ou . 7 . ii . soc . tenuer . ii . hid . 7 . xlv . ac . qui adiacebant huic manerio . Sep . v . bord . 7 . ii . car . Silu . xxx . porc . iii . ac . pti . past . lx . ou . Tc in dnio . xv . an . m̊ . xvi . Tc . lx . porc . m̊ . xxx . Sep . ccxl . ou . Tc . v . uasa ap . m̊ . ii . Tc uat . totu simul . viii . lib . m̊ xix . lib . 7 . i . uncia auri .

Hund de Udelesfort . Kuenadanam tenet Ricard de . e . qd tenuit Aldred p . man . 7 . p . ii . hid . Tc . vi . uilt . 7 m̊ . iii . m̊ . iiii . bord . Sep . iii . ser . 7 . ii . car . in dnio . 7 . iii . car . in hoes . Tc . m̊ . ii . Silu . xl . porc . vi . ac . pti . Tc . runc . m̊ . v . Tc . vi . an . m̊ . ix . Tc . xxxii . porc . m̊ . l . Tc . lxxx . ou . m̊ . cc . m̊ . xliiii . cap . Tc . iiii . uasa ap . m̊ . xvii . Tc uat

ESS̄

viii. lib. m° vi.

Dim̄ Hund' de Froſſeuuella. In Redeuuintra ten& Ricard'
xv. ac. q's tenuit Aluric' uuand. Sep. i. uill. 7. i. bor. 7. i. ser. 7. i. car.
v. ac. p̄ti. Tc. v. anim. m° vii. m° ii. runc. Tc. v. ou. 7. iii. porc. m°
null. Tc uat. x. sol. m°. xxx.

Hund' de Rochefort. ~~Hacuuella ten& E. indnio.~~ q's tenuit
Vlmar' lib hō. p. m̄. 7. ~~p. iii. hid. 7.~~ dim. xv. ac. min'. T. r. e. Tc. xi. uill.
m°. viii. Sep. v. bord. Tc. ii. ser'. m°. iii. Sep. ii. car. indnio. Tc. vi. car.
hoūm m°. v. iiii. ac. p̄ti. Silu. x. porc. Tc. ii. runc. m°. vi. Tc. v. anim.
m°. xvi. Tc. cii. ou. m°. cvi. Sep. xx. porc. m°. ii. uasa apū. Tc
uat. vi. lib. m°. vii.

Hund' de Vdelesforda. Archesdanā ten& E. indnio. q̄
tenuit Aluric' uuanes. p. m̄. 7. p. ii. hid. xv. ac. min'. Sep. ii. uill.
7. vii. bord. 7. ii. ser. Tc. 7 p'. ii. car. indnio. m°. i. Sep. ii. car. hom.
Silu. xx. porc. x. ac. p̄ti. Vat. c. sol.

TERRA Rogeri de Otburuilla. Hund de herlaua. .xxvi. f r

Halingeberiam tenuer .ii. libi hoĝ. t.r.e. p man. 7 p .iii. hid. 7 xxxviii. ac. Tc. vi. car in dnio. m̄ .ii. Tc. x. car. 7 dim. hom̄ m̄ .ii. 7 dim. Tc. xviii. uitt. m̄ .viii. Tc. iiii. bord. m̄ .v. Tc. i. ser. m̄ nult. Silu. dc. porc. xxv. ac. pti. Last de .xxviii. d. i. mot. 7 .ix. car. posse restaurari. Tunc manerium costat ualebat t.r.e. viii. lib. 7 qn recep. c. sol. m̄ .iiii. lib. 7 aliud uat. tc. lx. sol. m̄ .xl. In dnio recep. Rog .i. runc. 7 .iii. an. 7 .xxx. ou. 7 xl. porc. m̄ .i. runc. 7 .viii. an. 7 lxxx. porc. 7 .cxx. ou. 7 .iii. uasa apu.

Hund de dommaua. Rodinges tenuit Turchil^s lib ho. t.r.e. p. m. 7 p .ii. hid. Tc. in dnio. m̄ .i. 7 dim. Tc. iii. uitt. m̄ .i. pr. 7 .ii. uitt. Tc. ii. bord. m̄ .v. Tc. iiii. ser. m̄ .iii. hntes .i. car. Silu. xxx. porc. xxiiii. ac. pti. Tc. uat. vi. lib. m̄ .c. sol. et qn recep. n̄ inuenit n̄ sola tra. 7 .i. carrucā.

Hund de Vdelesfort. Archesdanā tenuit Leuuin^s libe p man. 7 p .i. hid. 7 Rog in suo escangio. Tc. ii. uitt. p^s 7 m̄ .i. Sep .iii. bord. Tc. i. car. in dnio. qn rec nulla. m̄ .i. Tc. 7 p .i. car. hominū. m̄ nulla. vii. ac. pti. Silu. x. porc. Tc. i. an. 7 .xix. ou. m̄ .i. pull^s. xiiii. porc. Lxxxx. ou. Tc. uat. xl. sol. m̄ .L.

In Eadē uilla tenuit Vlfo .i. hid. libe. t.r.e. 7 Rog p escangio. Tc. ii. uitt. p^s 7 m̄ .i. Sep .iii. bord. Tc. i. car in dnio. 7 qn rec nulla. m̄ .i. Tc. 7 p .i. car. hom̄. m̄ nult. vii. ac. pti. Silu. x. porc. Tc. uat. xl. sol. m̄ .L.

·ESS·

Cusbedlam tenuit Edric p man. 7 p. ii. hid. 7 dim. Tc. viii. uill.
p 7 m. vi. Sep. ii. bord. Tc. ii. ser. m. i. Tc. 7 p. ii. car in dnio. m. i.
Tc 7 p. iii. car hom. m. ii. Silu. xl. porc. vi. ac. pti. Tc. i. runc. 7 ii. porc.
7 ccxiii. ou. m. ii. runc. 7 i. anim. xxxii. porc. cc. ou. Sep ual.
iiii. lib.

.xxvii. TERRA HUGONIS DE MONTE FORTI. Hundret
de Berdestapla. Ramesdanam tenet Osbnus de hugone qd tenuer.
iii. libi hoes. t. r. e. p man. 7 p. ii. hid. 7 xl. ac. Sep. i. car in dnio.
Tc dim. car hom. m. i. Tc. iii. bord. m. v. Tc. i. ser. m. n. Silu. lx. porc.
iii. ac. pti. Tc. ii. an. 7 iii. porc. 7 lx. ou. m. i. runc. 7 ii. anim.
7 ix. porc. 7 lxx. ou. Val. xl. sol. In eadem uilla st. xxx. ac. q
ptinent ad ecctiam. 7 ual. xxx. d.
Hund de Witham. Chelleuadana tenet Witts filius grosse
de hugone. qd tenuit Gudmund tegn regis p man. 7 p. iii. hid. 7 dim.
Sep. ii. car in dnio. Tc. iiii. car hom. m. i. Sep. ix. uill. 7 iii. ser. 7 v.
bord. Silu. l. porc. xxv. ac. pti. i. mol. Tc. i. runc. 7 iiii. an. 7 vii.
porc. 7 xl. ou. m. ii. runc. cxl. ou. Tc ual. vi. lib. m. vii.
Hund de Beuentrev. Leintunam tenet hugo in dnio qd tenuit

Hugo.

Ale. t. r. e. p man. 7 p. iii. hid. 7 xxx. ac. Tc. ii. car. in dnio. m. i. Tc. i. car hom. m. i. 7 dim. Tc. vi. uill. m. i. pbr. 7 i. uills. Tc. iiii. bord. m. iii. Tc. ii. ser. m. null. Silu. cl porc. xxx. ac. pti. Tc. lx. ou. m. iiii. porc. 7 lx. ou. Tc uat. xxx. sol. m. xl. 7 una istarũ hidarũ reddebat. t. r. e. consuetudinẽ ad hauelingas manerium regis. 7 m n reddit.

H Hund de Witbrictesherna. Purlai tenet hugo in dnio qd tenuit Gudmund lib ho. t. r. e. p man. 7 p. iiii. hid. Sep. v. uill. 7 Tc. vi. bord. m. vii. Tc. vi. ser. m. v. Sep. ii. car in dnio. Tc. iii. car hom. m. ii. 7 tcia pot fieri. Silu. dcc. porc. Sep. iii. runc. 7 xvi. an. Tc. ccc. ou. m. cccvi. Tc. xxx. porc. m. xxxv. Tc uat. viii. lib. 7 post 7 m. vii.

Lachentunam tenuit Gudmund p man. 7 p. iii. hid. 7 dim. 7 xx. ac. Sep. ii. uill. Tc. ii. bord. m. iiii. Tc. v. ser. m. iiii. Sep. ii. car in dnio. 7 dim. car. hominu. Pastura. cc. ou. Silu. c. porc. Tc uat. vii. lib. 7 post 7 m. c. sol. De hoc eod manerio tenet. hunfrid. ii. hid de hugone 7 Ulmar. i. hid. 7 uat. lx. sol in eod ptio.

In Purlai tenuer. x. libi hoes. vii. hid. qs recep hugo p. ii. man. s; hund hoc nescit. Tc erant in hac tra. iiii. bord. m. viii. Tc. i. ser. m null. Tc. viii. car. m. vi. Silu. xv. porc. Past. c. ou. Tc 7 p uat vi. lib. m. c. sol.

Adhuc tenet hugo in purlai. i. man. de. i. hid. 7 dim. 7 viii. ac. 7 dim. qd tenuer. iii. libi hoes. t. r. e. cu soca. Sep. i. car. 7 dim. Pastura xl. ou. Sep uat. xx. sol. hoc totu supdictu ualebat. xxx. lib. qn recep.

ESS.

Halesdunam tenet hugo indnio. qd tenuit aluuin' cauu' t.r.e.
p man. 7 p. ii. hid. te. i. bord. 7. i. uitts. m° simuli. Sep. i. ser. 7. i. car.
indnio. past. xl. ou. Te uat. xxx. sot. qn rec. xx. sot. m°. xxx.

Estoleiam tenet. h. indnio. qd tenent. Sep. ii. uitt. te. ii. bord. 7 m°
simuli. 7. i. car. 7. dim. 7 m° simuli. Vat. xxx. sot.

Hund de Wensistreu. Legra tenet hugo. indnio qd tenuit
Liuuin' lib ho. t.r.e. p. man. 7. p. i. hid. 7. dim. 7. xviii. ac. Sep
i. car 7 dim indnio. m° dim. car. hom. m°. iii. bord. te. iii. ser. m°
null. Sep. iii. uac. te. xx. ou. m°. lx. m°. xiiii. porc. 7. i. runc.
7. vii. cap. Te. uat. l. sot. 7 qn rec. xx. sot. m°. xl. sot.

Hund de hidingaforda. Raines tenet alcher' de hugone
qd tenuit Gudmund. p. man. 7 p. ii. hid. xx. ac. min'. Sep. iii.
car. in dnio. te. 7 p' vii. car. hom. m°. ii. 7. dim. te. 7 p. xviii.
uitt. m°. v. te. 7 p. vi. bor. m°. vii te. 7 p. vi. ser. m°. iiii. Silu.
cl. porc. xvi. ac. pti. Sep. i. mot. 7. i. runc. te. xviii. an. m°. xvii.
Sep. lxx. ou. 7. x. cap. te. 7 p' uat. vi. lib. m°. vii.

Hund de Wibrictesherna. Effecestre tenet Ulmar' de hug.
qd tenuit Ingulf' lib ho. t.r.e. p. man. 7. p. i. hid. 7. dim. Sep.
ii. bord. te. i. ser. m° null. i. car. indnio. 7. dim. hom. past. cc.
ou. Vat. xxx. sot

Hund de Lawendena. Merchesalam tenet Nigell' de hugone
qd tenuit Gudmund' t.r.e. p uno maner. 7. p dim. hid. 7. xiii. ac.
Sep. ii. uitt. te. vii. bord. m°. viii. Sep. v. ser. te. ii. car. indnio
m°. i. 7. dim. Sep. i. car. 7 dim hom. Silu. cc. porc. i. ac. pti. Sep

HVGO

·i·runc. T. ii. anim. m. x. T. xxx. ou. m. lxxx. Sep. xii.
porc. m. iii. uasa apu. T. ual. xl. sol. m. lx.

Hund de Celmeresfort. Bedenestedā tenet Rob de hug.
qd tenuit Gudmund t.r.e. p. man. 7 p. iiii. hid. T. i. uill. m
null. T. ix. bord. m. x. T. 7 p. vi. ser. m. i. T. 7 p. ii. car. in
dnio. m. i. Sep. i. car. hom. v. ac. pti. T. iii. runc. m. null. T
xxv. an. m. i. uac. T. c. porc. m. xiiii. T. c. 7 viii. ou. m. xxiiii.
T. lx. cap. m. nulla. T ual. viii. lib. 7 qn rec. similit. m. iiii. lib.
7 v. libi hoes tenuer. i. hid. 7 dim. 7 xxiii. ac. qs tenet ide Rob de
hugone. Sep. v. bord. 7 ii. car. 7 dim. Silu. xl. porc. iiii. ac. pti. Sep
ual. l. sol. hoc maneriu calumpniant monachi de eli qd fuit in
t.r.e.
abbia in dnio. 7 hoc testat hund.

Hund de Tendringa. Wicā tenuit Edeua Regina t.r.e.
p. ii. hid.
p. man. m tenet Rog de hug. Sep. ii. uill. T. ii. bord. m. viii.
T. ii. ser. m null. Sep. i. car. Silu. x. porc. iii. ac. pti. Val. x. sol.
hanc trā tenet Rog 7 hund nescit qm. 7 regina habuit socam.

Hund de Turestapla. Tochā tenet hugo fili Malgi de
hugone. qd tenuit Cola. Post Ricard. p. man. 7 p. ii. hid. 7 xxxvi.
ac. T. iiii. bord. m. iii. T. iiii. ser. m. v. T. ii. car. in dnio
m. i. Silu. xx. porc. Past. c. ou. iii. ac. pti. T. i. sal. m. iii. T
iiii. runc. m. ii. T. xvi. porc. m. xx. T. xlviii. cap. m. lxxxiii.
m. xviii. cap. T. ual. xl. sol. 7 qn rec. x. sol. m. ual. xl. sol.

Goldhangra. tenet ide de hug. qd tenuit Leuuin9 post hagra.
p. man. 7 p. i. hid. 7 xxv. ac. Sep. i. uill. 7 vi. bord. 7 iiii. ser.

·ESS·

Tc̄·i·car̄. m̄·dim̄. Silū. lx. porc̄. vii. ac̄. p̄ti. Past̄. lx. oū. tc̄. dim̄
salina. m̄. i. 7 dim̄. Tc̄. ual̄. xxx. sol̄. 7. qn̄ rec̄. x. sol̄. m̄. ual̄. xx. sol̄.
7. ix. libi hoēs. manser̄ in dim̄ hid̄. 7. un9 hō eagn9 tenuit. xxx. ac̄. 7. ii.
alii libi hoēs. tenuer̄. x. ac̄. Tc̄. i. car̄. m̄. dim̄. Tc̄ ual̄. xxvi. sol̄
7. viii. đ. m̄. viii. sol̄. Quidā miles hugonis de monte forti. nōe hugo
filī malgeri. accepit xv. ac̄. de uno franco tagno. 7 misit cū sua tra. 7
n̄ habuit libatōe. sic hund̄ testat̄. 7 ita ē in manu regis.
Colesbunā ten& Humfrid̄. de hugone qđ tenuit Ulsi9. t. r. e.
p man̄. 7. p dim̄ hid̄. 7. xxx. ac̄. Sēp. ii. bord̄. 7. i. car̄. Silū. xxx. porc̄.
ii. ac̄. 7. dim̄. p̄ti. Val̄. xx. sol̄.

·xxviii· TERRA HAMONIS DAPIFERI. HUNDRET DE BERDESTAPLA

Atelcam ten& Serlo de hamone qđ tenuit Goti9 de heroldo. t. r. e.
p. man̄. 7. p. i. hid̄. Sēp. i. car̄. 7. i. bord̄. 7. i. ser̄. Val̄. xx. sol̄.
Hund̄ de Witham. Falcheburnā ten& Rad̄ de hamone qđ
tenuit Turbrn9. t. r. e. p. man̄. 7. p. i. hid̄. 7 dim̄. 7. vii. ac̄. 7. dim̄.
Sēp. ii. car̄. in dnīo. m̄. viii. bord̄. tc̄. vi. ser̄. m̄. iii. v. ac̄. p̄ti. tc̄. i.
mol̄. m̄ non. Val̄. L. sol̄.

. Hamo .

¶ Nutleam tenet Rad. de h. q̃d tenuit Alestan9 lib hō p man.
7 p dim̃ hid. 7 xxx. ac. Sēp. i. car. m̃. i. bor. Tc̃. ii. ser. m̃. i. i. ac. 7 d
pti. Val. xxx. sol. In eadē tenet idē xxx. ac. q̃s tenuit Aluric9
. t. r. e. Sēp dim̃. car. 7 ual. v. sol.

¶ Raines tenet idē. R. de h. q̃d tenuit Goding9 p man. 7 p dim̃ hid.
Sēp. i. car. 7. i. bord. 7 ii. ac. pti. Val. xx. sol.

¶ Bracchestedam tenet Gudmund9. p. man. 7 p. i. hid. 7. xxxv. ac.
q̃d tenuit Turbn9. t. r. e. Tc̃. ii. car. in dnio. m̃. i. Tc̃. i. car hōu
m̃ nulla. Tc̃. iii. uilt. m̃. i. Tc̃. iiii. bord. m̃. vi. Tc̃. iiii. ser. m̃. ii.
Tc̃. silu. c. porc. m̃ lxxx. xv. ac. pti. Tc̃. xxx. ou. m̃. l. Tc̃. xvi.
porc. m̃. xxi. Tc̃ ual. c. sol. 7 q̃n recep. iiii. lib. m̃. lx. sol.

¶ Hund. de herlaua. Smiceslea tenet Rad. de hamone
q̃d tenuit herold9 ad maneriū de hatfelde. t. r. e. p. dim̃. hid.
Tc̃. i. car. in dnio. m̃. dim̃. Tc̃. i. ser. m̃. i. uill. Silu. xx. porc.
. iii. ac. 7 dim̃. pti. Tc̃ ual. x. sol. m̃. vii.

¶ Hund. de dom̃aua. Dommauuā tenet Serlo de hamone
q̃d tenuit. i. lib hō. t. r. e. p. xxx. ac. 7. vii. 7 dim̃. ac. sz addite. t. r. Willi.
Sēp. dim̃. car. in dnio. 7. ii. bord. Silu. xl. porc. iiii. ac. pti.
Val. xvi. sol.

¶ Rodinges tenet Serlo de. h. q̃d tenuit Wid9 de heroldo.
t. r. e. p man. 7 p. i. hid. 7 dim̃. m̃. i. hid. 7 xxv. ac. Sēp. ii. car
in dnio. 7. i. car. hom̃. Tc̃. iiii. uilt. m̃. iii. Tc̃. ii. bord. m̃. xi.
Tc̃. ii. ser. m̃. i. Silu. c. porc. xvi. ac. pti. Tc̃ ual. iiii. lib. 7
q̃n rec. xl. sol. m̃. c. sol. Ex hac tra tenet Eudo dapifer. xlv. ac.

ESS

Quas calumpniat hamo.

Hundret de Wensistreu. Wighebgam tenet Yvat de hamone q̄d tenuit Godi lib ho. t. r. e. p. man. 7 p. vii. hid. trę. 7 una siluę. Sēp. ii. car. in dnio. Tc. ii. car. hom. m̄ i. Sēp. iii. uill. 7 i. bord. Tc. vi. ser. m̄ iiii. past. cc. ou. Tc. xx anim. m̄ xiiii. Tc. lx. ou. m̄. cclx. Sēp. vi. runc. 7 xx. porc. Sēp uat. vii. lib. De hac t̄ra aufert Bernard⁹ sup̄dictā hidā siluę. 7 tenet ad feudū baignardi. 7 Engelric⁹ aufert dim̄ hid. t̄rę. quā tenet Comes. Eust.

Hund de Clauelinga. In Phericham tenet Serlo dim̄ hid de hamone q̄d tenuit lib ho. t. r. e. Vat. x. sol.

Hund de hidingforđ. In Stanburne 7 in Topesfelde tenet hamo. i. hid. in dnio. p man. q̄d tenuit Godi. t. r. e. Tc. 7 p. iiii. car. in dnio m̄. iii. Sēp. iii. car. hom. xiiii. uill. 7 x. bord. 7 vi. ser. Silu. xl. porc. xv. ac. p̄ti. Sēp. iii. runc. Tc. xxiiii. an. m̄. xiii. Tc. xl. porc. m̄. xx. Tc. cxx. ou. m̄. c. iiii. uasa apū. Et xv. sol. Sēp adiacent huic manerio. tenentes dim̄. hid. x ac. min⁹ 7 hnt. iii. car. 7 xii. ac. p̄ti. 7. v. bord. i. arpen. uineę. hec t̄ra fuit in .ii. maneriis. t. r. e. Tc uat. Stanburna c. sol. Post 7 m̄. vi. lib. 7 Topesfelda ualebat. Tc. vii. lib. Post 7 m̄. viii. lib. De hoc man. tenent. v. milit. lviii. ac. 7 uat. xx. sol. in eod p̄tio.

Hund de Wichrictesherna. Carsciam tenet Ricard⁹ de hamone q̄d tenuit Turbn⁹ lib ho. t. r. e. p man. 7 p iiii. hid. 7 xl. ac. Tc. ii. uill. m̄. iii. Sēp. iiii. ser. 7. ii. car. in dnio. 7 i. car. hom. Past. lx. ou. Tc uat. lx. sol. m̄. iiii. lib.

℔ Hund' de dagra. Gernestedam ten& hamo indnio qđ
tenuit Godid p oñ. 7 p. ii. hid. & .i. v. & . Sēp. x. uilt. tē. iiii. bord. m̄. ix.
tē vi. ser. m̄ iiii. tē. iii. car. indnio. 7 qñ rec. ii. m̄. i. tē 7 p9. v. car
7 dim̄ hom. m̄. iii. 7 dim̄. Silū. cccc. porc. xvi. ac̄. p̄ti. m̄. i. mol.
tē. ii. runc. m̄. i. tē. iiii. anim. m̄. iii. tē. xxx. porc. m̄. xiiii. m̄. xl.
cap. 7. xx. ou. tē. uat. iiii. lib. 7. qñ rec. xl. sol. m̄ uat. c. sol. de hoc
maner' ten& Serlo xl. ac̄. 7 uat. x. sol. in eod. p̄cio. In eād tenuer. iii.
libi hoēs. dim̄. hid. 7. xlv. ac̄. tē. sub ipsis. x. bord. m̄. xvi. tē. iii. ser. m̄. ii.
Sēp. iii. car. 7. dim̄. Silū. cxx. porc. xix. ac̄. p̄ti. tē. uat. xxxv. sol. m̄ lx.
De hac tra ten& Rad. dim̄. hid. 7. v. ac̄. 7 uat. xl. sol. in eod. p̄cio.

℔ Astocam ten& idē de ham. qđ tenuit Godl. p oñ. 7. p lxxx. ac̄. & .i. v. &
tē. ii. bord. m̄. v. tē. i. car. m̄ nulla. s; pot ibi ee. Silū. L. porc. ii. ac̄. p̄ti.
tē uat. xii. sol. 7 qñ rec. viii. sol. m̄. xv.

℔ Kalendunam ten& Rad. de hamone qđ tenuit Leuena. p. i. hid.
7 xlv. ac̄. 7 p uno mañ. 7 hamo dicit se habe istā trām in suo feudo.
tē. ii. uilt. m̄. i. tē. ii. bord. m̄. vii. tē. ii. ser. m̄. i. tē. indnio. ii. car.
m̄. i. 7. dim̄. tē. int hoēs. i. car. m̄ dim̄. Silū. xx. porc. xvii. ac̄. p̄ti.
tē uat. xxx. sol. 7. qñ rec. xx. m̄. xxxv. sol.

℔ Neruuiā ten& Wimund9. de ham. qđ tenuit Godl. p. manerī
7 p. i. hid. 7. dim̄. 7. xv. ac̄. tē. iiii. uilt. m̄. vi. Sēp. iiii. bord. 7. iiii.
ser. tē. ii. car. indnio. m̄. i. tē. int hoēs. i. car. m̄. i. 7. dim̄. Silū.
cc. porc. x. ac̄. p̄ti. Sēp. ii. an. m̄. i. runc. 7. xl. ou. 7. xx. cap.
tē. xvi. porc. m̄. xxvi. tē 7 p9 uat. xl. sol. m̄. iiii. lib.

℔ Hund' de tureſtapla. Tocham ten& Ricard9 de hamone

·ESS·

qd tenuit Turbern p uno man. 7. p. v. hid. t. r. e. Tc. x. uilt. m. ix. Sep. xvi. bord. Tc. xii. ser. m. xiii. Tc. iiii. car in dnio. m. iii. Sep. v. car. hominu. Silu. c. porc. xvi. ac. pti. ii. saling. Sep. xx. an. 7 xl. porc. Tc. v. runc. m. ii. Tc. c. ou. m. cl. Sep. xl. cap. Tc 7 p uat. c. sol. m. vi. lib.

In Eadem tenuer. viii. libi hoes. i. hid. 7 dim. qd tenet Ide Ricard. Sep. ii. car. iii. ac. pti. Vat. xx. sol.

Yuelham tenet Ide qd tenuit Turb. t. r. e. p man. 7 p. iiii. hid. Tc. i. bord. m nulls. Sep. iii. ser. i. pisc. past. lx. ou. Vat. lx. sol.

f
r ·xxix· TERRA HENRICI de Ferreriis. Hund de Domanua

Tilebiam tenet henric in dnio qd tenuit doding. t. r. e. p man. 7 p dim. hid. Sep. ii. car. in dnio. 7 i. car hou. Sep. iii. uilt. Tc. ii. bor. m. vi. Tc. iii. ser. 7 m simt. xxx. ac. pti. xx. ac. de marese. m. xl. animalia. Tc uat. c. sol. m. vii. lib.

Hund de hidingaforda. Sibinga tenet. h. in dnio qd tenuit Siuuard p man. 7. p. ii. hid. 7 xxx. ac. Tc. 7 p. ii. car in dnio. m. iii. Tc int hoes. iiii. car. m. vi. 7 dim. Tc. vi. uilt. m. viii. Tc. xvi. bord. m. xxxiii.

.HENRIC.

Tc. ii. ser. m. i. Silu. cl. porc. ix. ac. pti. Tc. i. piscin. dim. mol. m. ii. Sep. e. ibi .i. pbr. Tc. vii. anim. 7. xl. ou. 7 lx. porc. 7. i. runc. m. xviii. anim. 7. cxl. ou. 7. lxxx. porc. 7. i. runc. Tc. ual. x. lib. m. xii. 7 in ecpr reg .e. sum. tota simul. 7 tantu ualuit qn recep.

H. Hund. de Wibrictesherna. Steplam tenet. h. in dnio qd tenuit Bondi? lib ho. t.r.e. p man. 7 p. iii. hid. 7. dim. Sep. ii. bord. Tc. iiii. ser. m. iii. Sep. i. car. in dnio. 7. dim. car. hom. Tc. c. ou. m. cxxx. Val. sep. lx. sol.

H. Hund. de Celmeresfort. Udeham tenet. h. in dnio qd tenuit Bondi p uno man. 7. p. xxiiii. hid. Sep. xxiiii. uill. Tc. viii. bord. m. xxxi. Tc. vi. ser. m. iiii. Sep. iii. car. in dnio. 7. xvi. car. hom. Silu. dccc. porc. m. i. mol. Tc. rol. xx. anim. 7. xiii. runc. 7. ccc. ou. 7. lx. porc. m. xxviii. anim. 7. xv. runc. 7. ccc. ou. 7. c. porc. 7. xxxv. cap. Tc. ual. xx. lib. m. xxviii.

H. Cingam tenet dapifer henrici de eo qd tenuit Bondi p man. 7. p. v. hid. 7. dim. Tc. vi. uill. m. iiii. Tc. viii. bord. m. xii. Tc. iii. ser. m. iii. Sep. ii. car. in dnio. 7. iiii. car. hom. Silu. d. porc. Past. c. ou. Tc. xx. anim. 7. l. porc. 7 lx. ou. m. vii. an. 7. c. ou. 7. xl. porc. Sep. ual. vii. lib.

XXX. Terra Goisfridi de magna uilla. Hund de Laxendena

Teiam tenet. G. in dnio qd tenuit Vluric t.r.e. p man. 7 p. i. hid. 7 d.
7 xx. ac. Tc. xvi. bord. m xxv. Sep. iiii. ser. 7 ii. car in dnio. Tc. int hoes
iii. car. m ii. 7 dim. Silu. c. porc. xx. ac. pti. Tc. rec. G. ccl. ou. 7 viii.
anim. 7 vi. uit. 7 ii. runc. xxviii. porc. ii. uasa apu. m lxvii. ou. 7 viii.
anim. 7 vi. uit. 7 ii. runc. 7 xxi. porc. In ead tenuer. xx. soc. i. hid. 7 d.
7 xxxi. ac. m tenent. xxx. soc. illa tra. 7 n potant recede ab illo
manerio. Sep hnt. iii. car. vi. ac. pti. Tc 7 qn rec. uat. vii. lib. m. x.
7 ibi fuer. iii. libi. hoes tenentes. xii. ac. s; n fuer de illo man qd. G. ht.
s; ipse reuocat libatore. Sep. ibi. e. i. car. 7 uat. xl. sol.

Hund de hangra. Senleiam tenet Rainald. de Goisfrido qd
tenuit Leuedai p. man. 7 p lxxx. ac. 7 n fuit de feudo angari. s; tantu
fuit ho sius. Tc. iiii. uill. m. v. m. v. bord. Tc. ii. ser. m. iii. Tc. 7 p.
ii. car. in dnio. m. i. Tc. int hoes. i. car. m. ii. Silu. cl. porc. xx. ac. pti.
Tc. 7 p uat. lx. sol. m. iiii. lib.

Roinges tenet Goisfrid martel de. G. qd tenuit Leuuld p. m. 7
p. iii. uirg. Sep. i. uill. 7 ii. bord. Tc. i. ser. m null. Sep. i. car. in dnio.
7 dim. car hom. Silu. xl. porc. xv. ac. pti. Tc 7 p uat. xxx. sol. m xl.
7 hec tra qm m tenet. G. fuit in abbia de berchingis sicut hund testat.
s; ille q tenuit hanc tra fuit tantu m ho antecessoris Goisfridi. 7 n
poterat ista tra mittere in alio loco n in abbia.

Hund de Cesfeorda. Wochaduna tenet Turold de. G. qd ten
Frebt libe tamn. p uno manerio. 7 p. x. hid. 7 dim. 7 xxx. ac.

.Goisfridi.

7 Goisfrid' h̃t p escangio ut dicit. Sep̃. iii. uitti. xxxiiii. bord. t̃c. iii. ser
m̃ null'. t̃c. indnio. ii. car. m̃. iii. t̃c. int̃ hões. vii. car. m̃. viii. Silu. cl. porc.
.viii. ac. p̃ti. past. c. ou. m̃. i. mol. T̃c. v. anim. 7. xviii. ou. m̃. xviii. an.
7. i. runc. xxxv. porc. ccxx. ou. i. uas apu. T̃c 7 qn rec. ual. vii. lib. m̃
ual. xvi. lib. In hac t̃ra fr̃. xiii. soc. q libe tenent viii. hid. 7 dim. 7. xx. ac.
7 h̃nt. xii. bord. 7 iacent ad hanc firmã. de. xvi. lib. 7 adhuc sr̃. xl. ac.
7. iiii. bor.

¶ Hund de Celmeresfort Waldham ten&. G. indnio qđ tenuit
Ansgar' p man. 7. p. viii. hid. t. r. e. Sep̃. lxxii. uitti. 7 xxviii. bor.
t̃c. xiiii. ser. m̃. xiii. t̃c. vi. car. indnio. m̃. v. t̃c. int̃ hões. xlii. car
m̃. xxxvi. Silua. ĩcc. porc. xliiii. ac. p̃ti. Sep̃. ii. mol. m̃. x. arpenni
uineę. T̃c. v. runc. xii. uac. L. porc. lxxx. cap. m̃. iii. runc. xi. uac.
lx. porc. cxxxii. ou. vii. cap. xx. uasa apu. t̃c ual. L. lib. m̃. lx.
De hoc manerio ten& hubt. i. uirg. 7. dim. car. 7 ual. v. sol. i eod p̃cio
7 Walt. i. uirg. 7 dim. car. 7 ual. v. sol. in eod. p̃cio. Turchill'. i. uirg.
7. ii. bord. 7 dim. car. 7 val. v. sol. in eod. p̃cio. 7 Galt. xxx. ac. 7.
Turchill'. xxx. ac. 7 hubt. xxx. ac.

¶ In Walcham tenuit Uluuin'. libe. cũ soca. i. hid. 7. L. ac. m̃ ten&
Rog. de. G. p man. 7 p tantundẽ. Sep̃. iii. uitti. t̃c. iii. bor. m̃. vi.
t̃c. indnio. ii. car. m̃. i. 7 dim. Sep̃. i. car. hom. 7. i. ser. vii. ac. p̃ti.
7. i. mol. t̃c ual. xl. sol. m̃. lx.

¶ Cecham tenuit Eduuard' p man. 7 p. ii. hid. 7. xxx. ac. m̃ ten&
Galt de Goisfrido. p tantundẽ. Sep̃. ii. uitt. t̃c. ii. bor. m̃. v. Sep̃.
vi. ser. 7. ii. car. indnio. 7. v. car. hom. Silu. c. porc. vi. ac. p̃ti.

·ESS·

Tē 7 post uał. xl. sol. m̄ lx.

¶ Pacinges. ten̄ Idē. E. t.r.e. p man̄. 7. p. ii. hid. m̄. ten& Galt de G.

Sep. i. ser. 7. i. car. Silu. xxx. porc. ix. ac. pti. Vał. xx. sol.

¶ Brumfeldam tenuit. Saulf p. m̄. 7 p. iiii. hid. m̄. Idē. Walt de G.

Sep. ix. uill. Tē. iiii. bord. Tē. v. ser. m̄. iiii. Sep. ii. car. in dnio. 7

iiii. car. hom̄. silu. l. porc. xiiii. ac. pti. Sep. i. mol. Tē 7. p uał. c.

sol. m̄. vi. lib.

¶ Cingehalam tenuer. iii. libi hoēs. t.r.e. p. i. hid. 7. xv. ac. m̄

Ricard. de G. p man̄. 7 p tant. Tē. ii. bor. m̄. x. m̄. iii. uill. Sep. iii.

ser. Tē. 7 p. ii. car. hom dnio. m̄. i. m̄. int hoēs. i. car. Silu. x. porc.

xv. ac. pti. Tē. uał. xxx. sol. m̄. xlv.

¶ Cingehalam tenuit Goduin diacon t.r.e. p man̄. 7 p. i. hid. 7. &

xv. ac. min. m̄ ten& Ric. garnet. p man̄. 7 p tant. Sep. i. uill. Tē. i.

bor. m̄. iii. Tē. iii. ser. m̄. ii. Sep. i. car in dnio. Tē. int hoēs. i. car. m̄. dim.

Silu. xii. porc. xvi. ac. pti. Tē uał. xxx. sol. m̄. xl.

¶ In eād uilla tenuit Vluuin xlv. ac. t.r.e. m̄ ten& Radt de G.

p man̄. 7 p tant. Sep. iii. bord. 7. i. car. 7. iii. ac. pti. Vał. x. sol.

In eād ten& Lefsun de G. i. uirg. qt tenuit Idē t.r.e. Sep. i. car.

v. ac. pti. Vał. v. sol. ¶ Leuric tenuit 7 ten& xxx. ac. de G. Tē. dim̄

car. m̄ nult. vii. ac. pti. Vał. iii. sol. ¶ Leuuin tenuit 7 ten& xv. ac.

7. ii. ac. pti. Vał. xxx. d. ¶ Alestan ten& sep. x. ac. 7. iii. ac. pti. Vał

ii. sol.

¶ In Massebirig tenuit 7 ten& Eduin xlv. ac. sub G. Sep. iii. bor.

Tē. dim. car. m̄ nult. Vał. x. sol.

·GOISE·

Danengebiam tenuit d'lang' p. man. 7 p. ii. hid. 7 dim. m. Witts de .G. p tant. Sep. i. uitt. te. iii. bord. m. ix. te. iiii. ser. m. i. Sep. i. car in dnio. 7. i. car. hom. Silu. c. porc. xvi. ac. pti. Te uat. xxx. sol. m. xl.

In Cingehala ten. Sauin' ptr. xv. ac. m. Ricard' de. G. te. dim. car. m. nich. Vat. v. sol. In Eadem uitt. tenuit Estm'. xv. ac. m. ber. R. ii. ac. pti. Vat. iii. sol. Isti supdicti fuer. libi ita qd ipsi possent uende tra cu soca 7 saca q uellent ut hund testat.

Legram tenuit Ansgar' p man. 7 p. ii. hid. 7 dim. 7 xv. ac. m. W. de. G. p tant. te. iiii. uitt. m. ii. te. viii. bord. m. xii. te. iii. ser. m. iiii. te. ii. car. in dnio. m. iii. Sep. ii. car. hom. Silu. xl. porc. vi. ac. pti. Sep. i. mol. m. x. an. x. porc. c. ou. Te 7 p' uat. iiii. lib. m. iiii. lib 7. x. sol. Istud qq; maner t. r. e. dedit Esgar' haroldo. 7 herold' autem dedit cuida suo huscarlo. noe scalpino. 7 iste scalpin' dedit uxori sue in dote. uidentib; ii b; hoib; scil Rogo marescalco 7 qda anglico. 7 hoc testat. hund. qd audier recognoscere scalpino. 7 p'q rex uenit in hanc tra tenuit ipse. donec iuit ubi mortuus fuit in ebroica. in utlagaria.

Leuenaina tenuit Toli' p man. 7 p. ii. hid. 7. i. uirg. m. Osbt' de. G. in suo escangio ut dicit. Sep. i. uitt. te. vi. bord. m. iiii. Sep. iii. ser. 7. ii. car. in dnio. te. int hoes. i. car. m. dim. xviii. ac. pti. Sep. i. mol. te. ii. uac. xiii. ou. xii. porc. m. viii. anim. xxxii. ou. xx. porc. xiiii. cap. ii. runc. v. uasa. ap. te uat. xl. sol. m. lx.

Hund de tendringa. Mosam tenuit Leuesun' p man. 7 p. iiii. hid. m. Gaffrid' in dnio. Sep. xiiii. uitt. m. xiii. bord.

· ESS ·

Tc. xiii. ser. 7 qn rec. xi. m. iii. Tc 7 p. iii. car in dnio m. ii. Tc 7 p
vi. car hom. m. iiii. Silu. cl. porc. vi. ac. 7 dim pti. Tc. i. mol. m nullus.
past. cl. ou. iii. salinę. 7 hoc manet. dedit Rex. G. qn remansit londonię.
Tc. ii. runc. 7 ix. anim. clxxx. ou. xiii. porc. m. ii. runc. xiii. an.
xv. porc. clx. ou. l. cap. iii. uasa apu. Tc uat. viii. lib. 7 qn recepit
simil. m. uat. ix. lib.

¶ Frientunam tenet Renelm' de. G. qd tenuit Leuesun' p man. 7 p.
iii. hid. 7 d. Tc. 7 p. iii. uill. m. i. Tc. 7 p. iii. ser. m. iii. Sep. ii. car in dnio.
7. Tc. ii. car hom. 7 qn rec. i. 7 dim. m. dim tantu. iii. ac. 7 dim pti.
Past. l. ou. Tc. xlix. ou. m. ii. runc. 7 iiii. porc. 7 xl. ou. Tc 7 post
uat. vii. lib. m. iiii.

¶ Erleiam tenet Will de. G. qd tenuer. ii. libi hoes fres. Bundi 7 Alric.
s; non poterant recedere. sine licentia illi' Algari. p. ii. hid. 7 p. ii. man.
Sep. v. uill. 7. viii. bord. Tc. i. ser. m nullus. Sep. ii. car in dnio. Tc. 7 p.
v. car. hom. m. iiii. Silu. c. porc. xii. ac. pti. Past. l. ou. Tc 7 p uat
iiii. lib. m. xl. sol.

¶ In Hund de Berdestapla erant. vi. libi hoes. t. r. e. qs G. in
uasit sup rege Willm. tenentes. xii. hid. t're. qs tenent. v. milites de eo.
Sep. ix. car. 7. dim. Tc. i. uill m nullus. Tc. x. bord. m. xxxvi. Tc. xiiii.
ser. m. vii. Tc. silu. c. porc. m. l. Past. ccc. ou. x. ac. pti. i. piscina.
De his. xii. hid. tulit Rauengar'. xii. ac. t're. 7 apposuit suo feudo.
7 Sueni' inde tulit. xxx. ac. 7 posuit in Tilibia suo manerio. Tc totu
simul uat. vii. lib. 7 m similit.

¶ Hund de Witham. Hatleam tenet Galt de G.

q̃d tenuit Esgar᷒ p. man. 7 p. i. hid. 7 dim. 7 xlv. ac. Sẽp. ii. car. in dnio. 7. iiii. car hom. Sẽp x. uill. 7 v. bor. 7 iiii. ser. Silũ c. porc. m̃. i. mot. 7 ii. libi hões de xl. ac. 7 de eis clamat regẽ ad warant. Tc̃. vi. anim. 7 i. runc. 7 xii. porc. lx. ou. m̃. viii. an. xvi. porc. c. ou. i. runc. Tc̃. ual. c. sol. m̃ vi. lib.

¶ Ředham tenet Galt̃ de. G. q̃d tenuit Esgar᷒ t. r. e. p. man. 7 p. i. hid. Sẽp. i. car. in dnio. 7. dim. car hom. m̃. iii. bor. Tc̃. iii. ser. m̃. i. Silũ. x. porc. iiii. ac. p̃ti. 7 xxx. ac. adiacebant t. r. e. huic t̃re. ex q̃b;. G. de magñ uill. ht̃. xx. ac. 7 Ricard᷒ fili᷒ comitis. Gisleb̃ti. x. ac. ſ; hund̃ testat̃ totã recte ee ad t̃ra Goffridi. Totũ simul. ual. xxx. sol.

¶ Hund̃ de berlaua. Halingebiam tenet Martel de. G. q̃d ten̄. Esgar᷒ t. r. e. p man. 7 p. i. hid. Tc̃. ii. car. in dnio. m̃. i. Tc̃. i. pbr. 7. i. uill. de. xx. ac. que attinebant ad ecclam ſ; m̃ n̄ st̃ ad eccłam. m̃. iiii. bor. Tc̃. iii. ser. m̃. ii. Silũ. c. porc. xx. ac. p̃ti. m̃. dim. mot. Sẽper ual. xl. sol.

¶ Maringã tenuit Esgar᷒ p man. 7 p. xl. ac. q̃s tenet. G. in dnio. Sẽp. i. car. Tc̃. i. ser. m̃. n̄. Silũ. x. porc. iii. ac. p̃ti. Val. x. sol.

¶ Hallingebiam tenet hugo de. G. q̃d tenuit Godid libã femina t. r. e. p man. 7 p dim. hid. viii. ac. min᷒. Tc̃. dim. car. m̃. nulla. Tc̃. ii. uill. m̃. null᷒. v. ac. p̃ti. Val. v. sol.

¶ Hund̃ de dommauua. Estram tenuit Esgar᷒ t. r. e. p man. 7 p. ii. hid. m̃ tenet. G. in dnio. Sẽp. iiii. car in dnio. 7. xii. car hom. Tc̃. xlvi. uill. m̃. xlvii. Tc̃. xiiii. bor. m̃. xxxiii. Sẽp. ix. ser. Silũ. dc. porc. xxx. ac. p̃ti. 7. v.ta car poss& fieri in dnio.

·ESS·

Tc. xiii. ser. 7 qn rec. xi. m. iii. Tc 7 p. iii. car in dnio m. ii. Tc 7 p. vi. car hom. m. iiii. Silu. cl. porc. vi. ac. 7 dim pti. Tc. i. mol. m null. past. cl. ou. iii. salinę. 7 hoc manet dedit Rex. G. qn remansit londonię. Tc. ii. runc. 7 ix. anim. clxxx. ou. xiiii. porc. m. ii. runc. xiiii. an. xv. porc. clx. ou. l. cap. iii. uasa apu. Tc uat. viii. lib. 7 qn recepit simul. m. uat. ix. lib.

F Frientunam tenet Kenelm de G. qd tenuit Leuesun p man. 7 p. iii. hid. 7 d. Tc 7 p. iii. uitt m. i. Tc 7 p. iiii. ser. m. iii. Sep. ii. car in dnio. 7 Tc. ii. car hom. 7 qn rec. i. 7 dim. m. dim tantu. iii. ac. 7 dim pti. Past. l. ou. Tc. xlix. ou. m. ii. runc. 7 iiii. porc. 7 xl. ou. Tc 7 post uat. vii. lib. m. iiii.

F Erleiam tenet Witt de G. qd tenuer. ii. libi hoes. frat. Bund 7 Aluric. s; non poterant recede. sine licentia illi. Algari. p. ii. hid. 7 p. ii. man. Sep. v. uitt. 7 viii. bord. Tc. i. ser. m null. Sep. ii. car in dnio. Tc 7 p. v. car. hom. m. iiii. Silu. c. porc. xii. ac. pti. Past. l. ou. Tc 7 p uat iiii. lib. m. xl. sol.

F In Hund de Berdestapla erant. vi. libi hoes. t.r.e. qs G. in uasit sup rege Willm. tenentes. xii. hid. tre. qs tenent. v. milites de eo. Sep. ix. car. 7 dim. Tc. i. uitt m null. Tc. x. bord. m. xxxvi. Tc. xiiii. ser. m. vii. Tc. silu. c. porc. m. l. Past. ccc. ou. x. ac. pti. i. piscina. De his. xii. hid. tulit Rauengari. xii. ac. tre. 7 apposuit suo feudo. 7 Suen. inde tulit. xxx. ac. 7 posuit in Tilibia suo manerio. Tc tota simul uat. vii. lib. 7 m similit.

F Hund de Witham. Hatleiam tenet Galt de G.

· GOISF ·

q̄d tenuit Esgar⁹ p̄ man̄ . 7 p̄ . i . hid̄ . 7 dim̄ . 7 xlv . ac̄ . Sēp . ii . car̄ . in dnio . 7
iiii . car̄ hom̄ . Sēp . x . uill . 7 . v . bord̄ . 7 . iiii . ser̄ . Silu̇ . c . porc̄ . m̄ . i . mol̄ . 7 ii .
libi hōēs de . xl . ac̄ . 7 de eis clamat reḡ ad uuarant . Tē . vi . anim̄ . 7 . i . runc̄ .
7 xii . porc̄ . lx . ou̇ . m̄ . viii . an̄ . xvi . porc̄ . c . ou̇ . i . runc̄ . Tē uat̄ . c . sol̄ . m̄
vi . lib̄ .

Ƒ Hecham ten& Galt̄ de . G . q̄d tenuit Esgar⁹ . t . r . e . p̄ man̄ . 7 p̄ . i . hid̄ .
Sēp . i . car̄ . in dnio . 7 . dim̄ . car̄ hom̄ . m̄ . iii . bord̄ . Tē . iii . ser̄ . m̄ . i . Silu̇ . x . porc̄
. iiii . ac̄ . p̄ti . 7 . xxx . ac̄ . adiacebant t . r . e . huic t̄re . ex q̄b; . G . de magn̄
uill . h̄t . xx . ac̄ . 7 Ricard⁹ fili⁹ comitis . Gisleberti . x . ac̄ . s; hund testat̄
totā recte ee ad t̄ra Goisfridi . Totū simul . uat̄ . xxx . sol̄ .

Ƒ Hund de herlaua . Halingebiam ten& Martel de . G . q̄d ten̄ .
Esgar⁹ . t . r . e . p̄ man̄ . 7 p̄ . i . hid̄ . Tē . ii . car̄ . in dnio . m̄ . i . Tē . i . p̄br . 7 . i .
uill . de . xxx . ac̄ . que attinebant ad ecclām . s; m̄ n̄ st̄ ad eandem . m̄ . iiii .
bord̄ . Tē . iii . ser̄ . m̄ . ii . Silu̇ . c . porc̄ . xx . ac̄ . p̄ti . m̄ dim̄ . mol̄ . Sēper
uat̄ . xl . sol̄ .

Ƒ Matcingā tenuit Esgar⁹ p̄ man̄ . 7 p̄ . xl . ac̄ . q̄s ten& . G . in dnio .
Sēp . i . car̄ . Tē . i . ser̄ m̄ . n̄ . Silu̇ . x . porc̄ . iii . ac̄ . p̄ti . Uat̄ . x . sol̄ .

Ƒ Hallingebiam ten& hugo de . G . q̄d tenuit Godid libā femina
. t . r . e . p̄ man̄ . 7 p̄ dim̄ . hid̄ . viii . ac̄ . min⁹ . Tē . dim̄ . car̄ . m̄ nulla . Tē .
. ii . uill . m̄ null⁹ . v . ac̄ . p̄ti . Uat̄ . v . sol̄ .

Ƒ Hund de dommauua . Estram tenuit Esgar⁹ . t . r . e .
p̄ man̄ . 7 p̄ . ii . hid̄ . m̄ ten& . G . in dnio . Sēp . iiii . car̄ in dnio . 7 .
xii . car̄ hom̄ . Tē . xlvi . uill . m̄ . xlvii . Tē . xiiii . bor̄ . m̄ . xxxiiii .
Sēp . ix . ser̄ . Silu̇ . dc . porc̄ . xxx . ac̄ . p̄ti . 7 . vᵃ car̄ pot̄ fieri in dnio .

·ESS·

tc̄· iii· runc̄· 7 xii· anim̄· 7· lx· porc̄· 7 lx· oū· xxx· cap̄· x· uasa apū.
m̄· iii· runc̄· 7· vii· uac̄· xxvii· porc̄· l· oū· c̄· iiii· cap̄· xvii· uasa apū.
Tc̄ 7 p̄ ual· xx· lib· m̄· xxx·
huic manerio adiacent semp̄· vi· soc̄· de· i· hid· 7 dim̄· tc̄· ii· car̄· m̄· i·
m̄· iii· bord· viii· ac̄· p̄ti· tc̄ ual· xx· sol· m̄ xxx· 7 Adiacent etiam huic
manerio· ii· hid· 7· i· uirḡ· q̄s tenuer̄· ii· soc̄· t̄· r̄· ē· In q̄b; sc̄ sēp̄· iiii· car̄
in dnīo· 7· i· car̄ 7 dim̄· hom̄· tc̄· viii· uill̄· m̄· vii· tc̄· vi· bord· m̄· vii·
Sēp̄· iii· ser̄· Silu̅· lx· porc̄· xxiiii· ac̄· p̄ti· tc̄ 7 p̄ ual· c· sol· m̄· x· lib·
hoc tenent· iiii· milit̄ de· Gosfrido· 7 adhuc iacent illi manerio· dim̄·
hid· que p̄tinebat ad eccłiam manerii· t̄· r̄· ē· 7 eam m̄ tenet Gucbt̄ de· G·
sēp̄· i· car̄· tc̄· i· bord· m̄· iii· 7· i· ser̄· Silu̅· xx· porc̄· v· ac̄· p̄ti· tc̄ ual· xx·
sol· m̄· xxx· 7 hoc sup̄dictū maneriū calumpniat̄ abbas de eli· 7 hund
testat̄ q̄d fuit in abbia· t̄· r̄· ē· s; Ansgar̄ tenuit hoc maneriū eo die
q̄ Eaduuard rex· uiu̅ 7 mortuus fuit·

7 Niuuetunā tenet Hugo de bn̄ers de· G· q̄d tenuit Vluric̄
cauua t̄· r̄· ē· p̄· man̄· 7 p̄· ii· hid· 7· i· uirḡ· tc̄· ii· car̄ in dnīo· m̄· i· 7· dim̄·
Sēp̄· i· car̄ hom̄· 7· v· uill̄i· tc̄· i· bord· m̄· v· sēp̄· ii· ser̄· Silu̅· clx· porc̄·
xii· ac̄· p̄ti· tc̄· ual· lx· sol· 7 q̄n rec̄· xl· sol· m̄· iiii· lib·

7 Bernestunā tenet Idē· q̄d tenuit Vluuin̄· t̄· r̄· ē· p̄· man̄· 7· p̄· ii·
hid· 7· xxx· ac̄· Sēp̄· ii· car̄ in dnīo· 7· iii· car̄· hom̄· tc̄· vi· uill̄· m̄· vii·
tc̄· v· bord· m̄· vii· sēp̄· ii· ser̄· Silu̅· cc· porc̄· xx· ac̄· p̄ti· tc̄ ual· iiii· lib·
m̄· c· sol· 7 q̄n rec̄ simil·

7 Rodinges tenet Idē· q̄d tenuit Vluric̄· t̄· r̄· ē· p̄· man̄· 7 p̄· ii· hid·
7 dim̄· Sēp̄· ii· car̄ in dnīo· 7· i· car̄ 7 dim̄· hom̄· sēp̄· iiii· uill̄i· 7· iii· bord·

· GOISF ·

7. IIII. ser. Silu. c. porc. xxvii. ac. pti. Sep. i. mol. Tc. 7 p. ual. c. sol. m.
vii. lib. ⁊ hec. iii. maneria pcep rex. p Robtu de oilleio. ut hugo te-
neret de G. de magna uill. si ipse G. posset ea derationare. 7 ad suu feudu.
⁊ antequ. G. de rationaret ea p tenere suo feudo. hugo ea tenuit de
Gosfrido.

ALferestunam tenet marcell de G. qd tenuit Angar. t. r. e. p
uno man. 7 p. IIII. hid. 7. xx. ac. Sep. iii. car in dnio. 7. ii. car. hom.
Tc. xi. uill. m. vii. Tc. vi. bord. m. xxiiii. Tc. vi. ser. m. iiii. Silua tc
cccc. porc. m. cccl. xxxvi. ac. pti. Sep. i. mol. Tc. 7 p. ual. vii. lib.
m. x. lib.

Domanua tenet Ide de G. qd tenuit de Angar. t. r. e. p. man.
7 p. i. hid. 7 dim. Sep. ii. car in dnio. 7. ii. car hom. Tc xiii. uill. m. v.
Tc. vii. bord. m. vi. Tc. i. ser. m. iii. Silu. cc. porc. xxvi. ac. pti. Tc ual.
c. sol. m. vii. lib.

Scelgam tenet. Lambt de G. qd tenuit. A. t. r. e. p. man. 7 p. i. hid.
7 dim. Sep. ii. car in dnio. Tc. ii. uill. m. i. Tc. v. bord. m. viii. Tc. ii. ser. m. i.
Silu. cl. porc. xx. ac. pti. iii. anim. iii. porc. xxv. ou. m. i. uasa ap. Tc
7 p. ual. xl. sol. m. lx.

Scelgā tenet G. in dnio qd tenuit ulric lib ho de haroldo. t. r. e.
p man. 7 p. ii. hid. Sep. ii. car in dnio. Tc. i. car hom. m. dim. Tc. ii.
uill. m. i. Tc. ii. bord. m. iiii. Tc. iiii. ser. m. vi. Silu. cl. porc. xii. ac. pti.
7 ad huc. i. car posset fieri. Tc ual. iiii. lib. m. c. sol. Huic tre adiacet
dim. hid. tre. qm sep tenet. i. soc. Tc. i. car. in dnio. m. dim. Sep. i. bord.
7. i. ac. 7 dim. pti. 7 d. car pot restaurari. Val. x. sol.

·ESS·

Rodinges tenet Marcell' de. G. qd tenuit Ansgar' p man. 7 p. ii. hid. T.R.E.
Sep. ii. car in dnio. Tc. iii. car hom. m. ii. 7 tcia potest restaurari. Tc.
vi. uilt. m. viii. Tc. i. bor. m. v. Tc. i. ser. m null'. Silu. xx. porc. xx. ac.
pti. Tc 7 p' ual. c. sol. m. vi. lib.

Dommauua tenet Witts p man 7 p dim. hid. 7 xv. ac. qd tenuit. I de
.A. T.R.E. Sep. i. car in dnio. Tc. iiii. uilt. m. i. 7. iiii. bor. Silu. L. porc.
xvi. ac. pti. Tc 7 p' ual. xx. sol. m. Lx.

Estanes tenet Ricard' de. G. qd tenuit. i. lib ho. T.R.E. p man. 7 p
dim hid. Sep. i. car in dnio. Tc. i. ser. m. i. bord. xii. ac. pti. Tc. 7 p' ual
x. sol. m. xxx.

Chenefeldam tenet Ricard. de. G. qd tenuit. A. T.R.E. p man. 7 p d
hid. 7 xvi. ac. Tc. ii. car. in dnio. m. i. m. i. car hom. m. ii. uilt. Tc.
viii. bord. m. iiii. Silu. xxx. porc. xvi. ac. pti. Tc ual. xl. sol. 7 qn
rec simit. m. Lx.

Roinges tenet Rainalm de. G. qd ten. A. T.R.E. p man. 7 p. ii. hid.
x. ac. min. Sep. ii. car in dnio. m. viii. bord. Sep. ii. ser. Silu. xx. porc.
xxxii. ac. pti. Tc 7 p' ual. Lx. sol. m. c. 7 ad huc posset restaurari
.i. car. Huic tre addite st. x. ac. qs tenuit. i. lib ho. T.R.E. 7 m eas
ten' hund testat de dnio reg Witti.

Rodinges ten Witts. qd tenuit. i. lib ho. T.R.E. p man. 7 p. i. hid.
7. iii. uirg. hec tra dimidia reddebat soca Ansgaro. 7 alta pars
erat liba qua rex dedit. G. ut sui hoes dicut. Tc. i. car. 7 dim. in
dnio. m. i. m. i. car. hom. Sep. iiii. uilt. m. ii. bord. Tc. ii. ser.
m null' nec qn recep. Silu. xxx porc. xvi. ac. pti. Tc 7 p' ual

xl. sol. m. iiii. lib.

¶ Scelgā ten& Will's. de .G. qd tenuit .i. lib hō p. xxxv. ac. t.r.e. Silua
xx. porc. iiii. ac. pti. Tc. uat. v. sol. m. x. hec tra iacuit ad Rodinges
manerium eudonis dapiferi. t.r.e. 7 abbas de eli calumpniat teste
hundret 7 trā 7 manerium de Rodinges.

¶ In Dommauua ten& G. in dnio. xxx. ac. qs tenuit .i. soc angari
Sēp. dim. car. Tc. i. bor. m. iii. Silū. x. porc. iiii. ac. pti. Tc uat
vii. sol. m. x.

¶ Rodinges ten& marcell9 qd tenuit dosg. t.r.e. 7 Leuid
quedā femina sub ansgaro. p. dim. hid. iiii. ac. pti. Tc. uat. x. sol
m. xii.

¶ Hund. de Witbrictesherna Fenne ten& hugo. de .G. qd
tenuit Fricbri lib homo. t.r.e. p man. 7 p. iiii. hid. t.r.e. Sēp.
.iiii. uilt. Tc. ii. bor. m. vii. Tc. ii. ser. m. null. Sēp. ii. car in
dnio. Tc. i. car hom. m. dim. Silū. xl. porc. Past. xxx. ou.
Sēp uat. lx. sol. In ead ide hugo .i. hid. quam tenuit lib homo.
Vat. xx. sol. 7 .xxvii. ac. In ide qs tenuit .i. lib. hō. Tc. dim. car
m. nulla. Vat. v. sol.

¶ Hund. de Uddelesforda Waledanā ten& .G. in dnio. qd tenuit
Ansgar9. t.r.e. p man. 7 p xviiii. hid. 7 dim. Tc 7 p9 viii. car
in dnio. m. x. Sēp xxii. car hom. Tc 7 p9. lxvi. uilt. m. xlvi.
Tc 7 p9 xvii. bord. m. xl. Tc 7 p9. xvi. ser. m. xx. Tc 7 p9 silua
.ōō. porc. m. dccc. 7. lxxx. ac. pti. Sēp. i. mol. huic manerio
adiacebant. t.r.e. xiii. soc. m. xiiii. tenentes. vi. hid. 7 dimid hid.

·ESS̄·

Tē 7 post· viii· car̄ 7 dim̄· m̄ viii· Tē 7 p̄· x· bord· m̄· xiiii· Tē 7 p̄ silū
·l· porc̄· m̄· xxx· xx· ac̄ p̄ti· t̄tia pars molin· Tē· vi· runc̄· x[illegible]im̄·
·cc· ou̅· cx· porc̄· xl· cap̄· iiii· uasa apū· m̄· ix· runc̄· x· an̄· ccxliii· ou̅·
·c· porc̄· xx· cap̄· xxx· uasa apū· Tē 7 p̄ ual· xxxvi· lib̄· m̄ ual· l· lib̄.
¶ De hoc manerio tenet Odo· i· hid· 7 i· uirḡ· 7 Reinald· i· hid· xii· ac̄·
min̄· 7 ii· car̄· 7· xiii· bord· 7 ual· l· sol in eod p̄cio.
¶ Cishellam tenet Witt cardon de· G· qđ tenuit Vlfah· lib hō· t· r· e·
p̄ man̄· 7 p̄· ii· hid· 7· dim̄· Tē· iii· car̄ in dnio· p̄ 7 m̄· ii· Tē 7 p̄· iii· car̄
hom̄· m̄ nulla· Tē 7 p̄· ix· uill· m̄ null· Sep̄· vi· bord· Tē· 7 p̄· vi· ser̄·
m̄· i· Silū· xxx· porc̄· vi· ac̄ p̄ti· Tē· cc· ou̅· 7 x· porc̄· m̄· ccxx· ou̅·
xxx· porc̄· lxvi· cap̄· iii· an̄· Tē 7 p̄ ual· vi· lib̄· m̄ c· sol.
In eadē uilla tenet idē· iii· hid· 7 xvii· ac̄· q̄s tenuer̄· v· libi hōes
t· r· e· Tē· v· car̄· 7 qn̄ rec̄· ii· m̄ null· m̄· i· uill· 7 iii· bord· iiii· ac̄·
p̄ti· Tē 7 p̄ ual· c· sol· m̄· xl· Istas t̄ras reclamat· G· p escangio.
¶ In Manehala tenet· qdā anglic̄· de· G· iii· uirḡ· q̄s tenuit lib hō
t· r· e· 7· tēp̄r reḡ uuilli effect ē homo Goisfridi sponte sua· 7 dicū
hōes Goisfridi· qđ p̄ea rex concessit Goisfrido p escangio· S; neq; ipse
homo nec hundret testimonium Goisfrido p̄hibent· In illa t̄ra erat
tē· i· car̄· m̄· dim̄· Sep̄· iii· bord· vii· ac̄· p̄ti· Val· x· sol.
¶ Blichangram tenet Germund· de· G· qđ ten̄· i· soc̄· ansgari p dim̄·
hid· t· r· e· Sep̄· i· car̄ in dnio 7 iii· bord· Tē 7 p̄ silū· xl· porc̄· m̄· xxx·
Tē· ual· xx· sol· m̄· xx·
¶ Hund̄ de Clauelinga· In Plicedana tenet Ricard soc̄ angari
·i· hid· 7 xxx· ac̄· t· r· e· Tē· i· car̄· m̄ null· Sep̄· iii· bord· Silū· x· porc̄.

·GOISF·

·x· ac̄· p̄ti. Sēp uat· xxi· sol.

Hund' de Witbrictesherna. Phenna tenet hugo de uerli q̄d
tenuit Fridebrict' p̄ man' 7 p̄ iiii· hid. Sēp· ii· uitt. Tc̄· ii· bord· m̄· vii· Tc̄· ii· ser· m̄
null'. Sēp· ii· car̄ indn̄io. Tc̄· i· car̄ hom̄· m̄· dim̄. Silū· xl· porc̄. past'
ccc· ou̅. Tc̄· v· porc̄· xxx· ou̅· 7· m̄· lxx· porc̄. Vat· lx· sol. In ead' tenet
Idē xxxvii· ac̄. Tc̄· dim̄· car̄· m̄· null'. Vat· v· sol.

Wenesuuic tenuit Ansgar'. t̄· r̄· e̅· p̄ man' 7· p̄· v· hid' 7 xl· ac̄· q̄d tenent
Godefrid' 7 Eurard' de· G. Sēp· ii· uitt. Tc̄· iiii· bor· m̄· vii· Sēp· iii· ser'.
7· ii· car̄· indn̄io. Tc̄· ii· car̄ hom̄. m̄· i· 7· dim̄. Vat· iiii· lib̄. In ead'
vi· lib̄i hoēs tenuer̄· i· hid'· 7· xl· ac̄. q̄d tenent Idē. Tc̄ uat· xx· sol.
m̄· x·

Tra Comitis de· ou· Curruc tenet Comes indn̄io q̄d tenuit ·xxxi· F
herold'. p̄ man' 7· p̄ xiii· hid'. Tc̄ xii· uitt. m̄· xvii· Tc̄· xvi· bor· m̄ xlv·
Tc̄ xvi· ser· m̄ viii· Tc̄· vi· car̄ indn̄io· m̄· v· Tc̄· x· car̄ hom̄· m̄· xiii· Silū·
·cc· porc̄· xl· ac̄· p̄ti· past'· d· ou̅· Tc̄· i· pisc̄· m̄· ii· Sēp· v· uac̄· iii· runc̄· xvi· porc̄·
DL· ou̅· Tc̄ uat· xii· lib̄· m̄· xxx· 7 vii· dom' st londonię que iacent huic
manerio 7· in hac firma.

·ESS·

·XXXII· TERRE Robti grenonis. Hundret de bdestapla

Ramesdanam tenet Rob indnio qd tenuer· III· libi hoes. t.r.e.
p· man. 7 p· III· hid· 7· dim· 7 xxx· ac. Sep· II· car indnio· 7· I· car
hom. Tc· III· uill· m· II· Tc· III· bord. m· XIII· Tc· III· ser· m· IIII·
Silua lxxxx· porc. Tc· I· runc· m· II· Tc· II· an· m· X· Sep· lx· ou.
7· xl· porc· m· II· uasa apu. Val. L· sol.

¶ Ramesduna tenet Anschetill' de Robto· qd tenuit Aluric libe. p.
man. 7 p· II· hid. Sep· I· car indnio· 7· dim· car hom. Tc· II· uill· m· I·
Sep· VI· bord. Tc· II· ser· m· null'. Silu· xl· porc. Sep· I· runc. Tc· VII· porc.
m· xx· m· VI· an. Tc· xx· ou. m· lxxx· II· uasa apu. Val· xxx· sol.

¶ Hund de Witham. Witham tenet Hugo de· R· qd tenuit Burcard'
lib ho· t.r.e. p uno man· 7 p· IIII· hid. Tc· IIII· car indnio· m· II· m· II· car
hom· 7· II· uill· 7· VI· bord. Tc· VI· ser· m· III· VI· ac· pti· I· mol. Tc· I·
runc· 7· II· anim· 7 lxxx· ou· 7· XII· porc. m· I· runc· 7· IIII· anim·
7· C· ou· 7 xx· porc· 7· III· uasa apu. Sep ual· IIII· lib.

¶ Hobruge tenet Ricard' de· R· qd tenuit Brictmar' t.r.e. p man.
7 p· II· hid· 7 dim. Sep· II· car indnio· 7· I· car hom· 7· II· uill· 7· VI·
bord. Tc· VI· ser· m null'. Silu· xl· porc· XI· ac· pti· I· mol. Tc· II· an.
m· IIII· Tc· I· runc· m null'. Tc· XII· porc. m· xl· Tc· cxx· ou· m·
LIIII· m· XXIIII· cap. Val· xl· sol.

¶ Riuuehala tenet Ascelin' de· R· qd tenuit Alestan' lib ho· t.r.e.
p man· 7 p· dim· hid. Sep· I· car indnio. Tc· I· bord· m· VIII· Tc· I·
ser· m null'. Silu· x· porc· VIII· ac· pti. m· VIII· porc. Val· xx· sol.

Robert'

Hund' de herlaua. Matcingam tenet hugo de Rob. qd tenuit
Aluric' cild lib homo t.r.e. p man. 7 p. i. hid. Sep. i. car in dnio. Te dim.
car hom. m nulla. Te. i. uitt. m nutt. Te. i. bord. m. iiii. Te. iii. ser. m
nutt. Silu. xl porc. viii. ac pti. Te. i. runc. 7. viii. porc. m. xvi. porc.
7. xii. ou. 7. viii. cap. 7. iiii. anim. Te uat. xx. sol. m. xxx.

Hund' de Walcham Cingefort tenet Orgar' tainn' de Rob.
qd tenuit. i. lib ho. t.r.e. p man. 7. v. hid. 7 reddit. x. den de soca ad walcham. Te. ii.
car in dnio. m. i. Te. iii. car hom. m. ii. Sep. vii. uitt. 7. vi. bord. 7. iiii.
ser. Silu. d. porc. L. ac pti. Sep. i. mol. 7. iii. piscin. 7 adhuc poss&
restaurari. ii. car. una in dnio. 7 alia uillis. Te. xi. anim. m. nult.
Te. xxx. porc. m. xxxi. Sep uat. Lxx. sol.

Hund' de beuentreu Hame tenet Rob in dnio. qd tenuit
Alestan' lib ho. t.r.e. p man. 7 p. viii. hid. 7 xxx. ac. 7 hoc manerium
dedit rex Ranulfo piperello. 7 Rob grenoni. Te. v. car in dnio. m
.iiii. Te. viii. car hom. m. vii. Te. xxxii. uitt. m. xlviii. Te. xvi.
bord. m. Lxxx. i. min. Sep. iii. ser. Silu. c. porc. Lxx ac. pti. ix. molt.
m. viii. Te uat. xvi. lib. 7 qn recepunt. xii. lib. m uat. xxiiii. lib.
7 de hoc manerio ht. R. piperell' medietate. 7 in dnio Rob. xi. rec.
.R. i. runc. 7 m simili modo. Te. i. uac. m. ix. anim. Te. vi. ou.
m. xii. Te. v. porc. m. xi. De hoc manerio tenet Osbn' de Robto
xxx. ac. 7. d. car. 7 uat. x. sol. in eod. ptio.

Hame tenet Rob in dnio qd tenuit Leured' lib ho. t.r.e. p man.
7 p. vii. hid. Sep. iii. car in dnio. Te. vii. car hom. m. xiii. Te
xxxiiii. uitt. m. xxxviii. Te. iii. bord. m. xxvi. Te. xx. ser.

ESS.

m̄ .iii. Silu. dcc. porc. L. ac. pā. Tc. viii. anim. m̄ .xv. Tc. xx. porc. m̄
xxviii. m̄. c.o. ou. xx. min⁹. m̄ .iiii. runc. 7 .iii. uasa ap. 7 huic t̄re
addite st̄ .iii. uirg. t. r. willi. q̄s ten. eduin⁹ lib pbr. t. r. e. Tc .i. car
m̄. dim. m̄ .ii. bord. Silu. x. porc. ix. ac. pā. 7 hoc man uat t. r. e. x.
lib. 7 qn̄ rec. vii. lib. m̄ xviii. lib. 7 huic maner̄ adiacent. xxx.
ac. q̄s ten .i. soc. De hoc man. tenet Ilger⁹ xl. ac. 7 .ii. bord. 7 .i. car.
7 uat. xv. sol. in eod p̄cio.

In Leicuna tenet Rob. in dnio. dim hid. q̄m tenuit .i. lib hō t. r. e.
Sēp. dim. car. 7 .ii. bord. v. ac. pā. Vat. v. sol.

In Locheuna tenet W. corbun. de R. xliiii. ac. q̄s ten .i. lib hō.
t. r. e. Sēp. dim. car. m̄ .ii. bord. Silu. xx. porc. i. ac. pā. Vat. x. sol.

Hund. de Witbrictesherna. Curlai. tenet Ricard⁹ de R. q̄d
tenuit Algar⁹ lib hō. p. man. 7 p. ii. hid. 7 xv. ac. Tc .i. ser. m̄ .i. bord.
Sēp .i. car. Tc. uat. x. sol. 7 qn̄ rec. xx. m̄. xxx. In dnio st̄ m̄.
xxxiiii. ou. 7 nichil recep.

Witham tenet Anschetill⁹ de R. q̄d tenuit Lestan⁹ lib hō. t. r. e. p
man. 7 p. i. hid. 7 dim. Tc. ii. uill. m̄. null⁹. Tc. iiii. bord. m̄ viii.
Sēp .i. ser. 7 .ii. car. in dnio. Tc .i. car. 7 dim hom. m̄ .i. Silu. cl. porc.
Tc. ii. uac. m̄. viii. anim. Tc. c. ou. m̄. cxl. Tc. xvi. porc. m̄ xx.
Sēp .i. runc. Tc uat. xl. sol. 7 qn̄ rec. xxx. m̄. uat. iiii. lib.

Hund. de Wenesistreu. Legā tenet Rob. de uerli de Rob.
q̄d tenuit Godric lib hō. t. r. e. p. man. 7 p. iiii. hid. 7 dim. Tc .iii.
car. in dnio. m̄ .ii. Sēp .iii. car. hom. Tc. vii. uill. m̄. v. Tc. v.
bord. m̄ xii. Tc. vii. ser. m̄ .iii. Silu. c. porc. m̄ .i. mol.

ROB

tc. i. runc. m. viii. tc. clx. ou. m. lxxx. tc. xx. porc. m null9.

Sep uat. iiii. lib.

Salcota tenet Ide. R. de eod. qd tenuit .i. lib ho. t.r.e. p man. 7.
p. i. hid. 7 dim. Sep. i. car in dnio. tc. iiii. bord. m. iii. Sep. i. ser. Tc. uich.
m. ii. runc. xx. porc. lxxx. ou. ii. anim. Tc. uat. xxvi. sol. m. xxx.

Hund de Wdelesforda. Scamestedam tenet Rob in dnio. qd
tenuit lib ho. t.r.e. p man. 7 p. vi. hid. Tc. iiii. car. in dnio. post. ii.
m. iii. Sep. x. car hom. 7 xxi. uitt. 7. i. pbr. Tc. 7 p. xiii. bord. m.
xviii. Tc. viii. ser. post. iiii. m. ii. Silu. ccc. porc. xxx. ac. pti.
Sep. i. mol. Tc. viii. an. m. xvi. Tc. cxl. ou. m. cxx. Tc. xx. porc.
m. lx. xl. cap. tc. m. xxiiii. m. ii. runc. 7. v. asini. huic man.
adiacet. i. berewita que uocat magghedana. de. i. hid. Sep. i. car.
in dnio. 7. ii. bord. Silu. x. porc. Tc. 7 p. uat. viii. lib. m. xi.

Cachelea tenet. R. in dnio. qd tenuit. i. lib ho. t.r.e. p man.
7. p. iii. hid. 7. xv. ac. Sep. ii. car. in dnio. 7. iii. car hom. 7. iii.
uitt. m. viii. bord. Tc. 7 p. iii. ser. m. ii. Silu. cc. porc. xx. ac. pti.
Tc. ii. runc. m. i. Tc. xiii. an. m. iii. Tc. xvi. ou. m. x. Tc. xx. porc.
m. xxviii. Sep uat. c. sol. Leuric tenet de R. dim. hid. 7. i. b. uat. xii. sol.

Wendena tenet hugo de. R. qd tenuit. i. lib ho. t.r.e. p man. 7
p. vii. hid. vi. ac. min. Sep. iii. car in dnio. Tc. iiii. car hom.
7 qn rec. m. v. Tc. 7 p. viii. uitt. m. ix. m. v. bord. Tc. 7 p. vi. ser.
m. v. xxiiii. ac. pti. Tc. 7 p. i. mol. m. ii. Tc. v. ou. 7 vii. porc.
m. iii. pulli. 7. xxx. porc. 7 lxvii. ou. Tc. 7 p. uat. viii. lib. m. viii.

Dim. Hund de Clauelinga. Benedfelda tenet. R. in dnio

·ESS̄·

qđ tenuit· lib homo ·t̄·r̄·ē· p man̄· 7 p· v· hid̄· Sēp· iii· car in dn̄io· tē
vii· car̄· hominū· Post· vi· m̄· iiii· Tē· x· uitt· Post 7 m̄· ix· tē· 7 p᷑· ii·
bord̄· m̄· xi· tē· 7 p᷑· vii· ser̄· m̄· iiii· Silū· cc· porc̄· xvi· ac̄ p̄ti· i·
mol̄· Tē· ii· runc̄· m̄· iii· tē· i· an̄· m̄· xiiii· tē· lxxx· ou̇· m̄· xxx·
tē· L· porc̄· m̄· xl· tē 7 post uat̄· c· sol̄· m̄· vii· lib̄· huic t̄re
adiacet· sēp· i· soc̄· de xxx· ac̄·

¶ In Boliauna tenet Rob in dn̄io· i· hid̄ 7 dim̄· 7· xv· ac̄· Tē· i· car̄ 7· dim̄·
Post 7 m̄· i· Sēp· ii· bord̄· tē· x· porc̄· 7· xxviii· ou̇· m̄· i· anim̄· 7
·ii· porc̄· 7· iiii· ou̇· Sēp· uat̄· xxv· sol̄· In hoc manerio tenet·
Rob· de· R· dim̄· hid̄· 7· dim̄· car̄· 7· uat̄· x· sol̄· in eod̄ p̄tio·

¶ Phernham tenet Rob in dn̄io· qđ tenuit· i· lib hō ·t̄·r̄·ē· p· man̄·
7 p· ii· hid̄· Sēp· ii· car̄· in dn̄io· 7· ii· car̄· hom̄· tē 7 p᷑· ii· uitt· m̄· i·
sēp· viii· bord̄· tē 7 p᷑· viii· ser̄· m̄· i· tē 7 post silū· cc· por· m̄· cl·
x· ac̄ p̄ti· tē· iiii· runc̄· m̄· ii· tē· xv· anim̄· m̄· null̄· tē· xl· por·
m̄· xvii· Tē· lx· ou̇· m̄· xxx· m̄· xxxix· cap̄· 7· iii· uasa apū·
tē uat̄· xl· sol̄· m̄· L·

¶ Magghedanā· tenuer̄· iiii· libi hōes ·t̄·r̄·ē· p· man̄· 7 p· iiii· hid̄
m̄ tenent· iiii· milit̄· de· R· Sēp· iii· car̄· 7· ii· uitt̄· 7· v· bord̄·
7· i· ser̄· Silū· xxx· porc̄· xiii· ac̄· p̄ti· Tē· viii· anim̄· 7 lxxx· ou̇·
7· xx· cap̄· 7· xx· porc̄· m̄· v· an̄· 7· xxxiii· porc̄· 7· i· pull᷑· 7 xlun·
ou̇· 7· viii· cap̄· Tē uat̄· L· sol̄· m̄· lx·

¶ Hund̄ de hidingforda· Mapledestedā tenet ligeri᷑ de· R· qđ
tenuit Vluuin᷑ lib hō ·t̄·r̄·ē· p· man̄· 7· p dim̄ hid̄· Sēp· ii· car̄ in dn̄io·
7· iii· car̄· hom̄· 7· v· uitt̄· tē 7 p᷑· ii· bord̄· m̄· vi· tē 7 p᷑· iiii· ser̄· m̄· ii·

Tc̄ silua .c. porc. m̄ .lx. xxvi. ac̄ p̄ti. Tc̄ .i. runc. 7 .viii. anim. 7 .x. porc.
7 .xx. ou. 7 .xx. cap. m̄ .i. runc. 7 .xiii. anim. 7 .xviii. porc. 7 .lxxx.
ou. 7 .xxiii. cap. 7 .ii. uasa apū. Val. .lx. sol.

Hundret de Laxedana. Widemondefort tenet Ilger9 de .R.
qd tenuit Goduin9 p man. 7 p .i. hid. 7 dim. 7 .x. ac̄. Tc̄ .iii. uill.
m̄ .iiii. Tc̄ .ii. bord. m̄ .viii. Sēp .iiii. ser. Tc̄ .iii. car in dnio.
m̄ .iii. Sēp .ii. car hom. Silu. .c. porc. xvi. ac̄ p̄ti. m̄ .i. mol. .i.
pisc. Tc̄ .i. runc. m̄ .vi. Tc̄ .v. anim. m̄ .xxiii. Tc̄ .xl. porc. m̄ .lx.
Tc̄ .vi. ou. m̄ .cc. Tc̄ .xv. cap. m̄ .xlvii. m̄ .vii. uasa apū. Tc̄ ual. .iiii.
lib. m̄ .vi. 7 .xviii. sol. T.R.E. tenentes .ii. lib. ho. 7 dim. .vi. ac̄. min9.
qs .R. ht in suo escangio sic dicit. qs tenet idē Ilger9 de eo. 7 hnt .viii.
bor. Sēp .ii. car. .iiii. ac̄ p̄ti. Silu. .xvi. porc. Sēp ual. .xl. sol.
7 ista sochemanni sic comitat9 testat. non potant remouere ab illo man.
7 .i. uillm abstulit Reinnund9 girald9 de q fuit saisit9 7 adhuc
ht Rog pictauensis.

Wiunhov tenet Nigell9 de .R. qd tenuit Aluric9 p man. 7 p .v. hid.
xv. ac̄ min9. Sēp .v. uill. Tc̄ .vi. bord. m̄ .xx. Tc̄ .i. ser. m̄ .ii. Sēp .ii.
car in dnio. Tc̄ m̄ hoēs .iii. car. m̄ .ii. Silu. .c. porc. .xii. ac̄ p̄ti. Past.
lx. ou. m̄ .i. mol. Tc̄ .viii. anim. m̄ .x. Tc̄ .i. runc. m̄ .ii. Tc̄ .lx. ou.
m̄ .lxxxvii. Tc̄ .xxx. cap. m̄ .xx. Tc̄ .xx. porc. m̄ .xxiii. Sēp
ual. .xl. sol. 7 .i. lib ho. tenuit .xx. ac̄. qs tenet Rob de dono reg.
7 Nigell9 de eo. Sēp dim. car. Val. .ii. sol. 7 ali9 lib tenuit .xx. ac̄.
qs ht custos hundret. Val. .iii. sol. Idē Nigell9 tenet.

Brictam tenet Rob de .R. qd tenuit Vluuin9 p man. 7 p .ii. hid.

·ESS̃·

·iiii· ac̃ 7 dim̃ min'. Sẽp·xxx·bord· tc̃·vi·ser̃·m̃·v· Sẽp·ii·car̃·in dñio·7·ii·
car̃ hom̃. Silũ·xl·porc̃·xii·ac̃ p̃ti· Sẽp·i·mol· Tc̃·ii·anim̃·m̃·vii· Tunc
·xxxviii· oũ· m̃ lxxv· m̃·xxxiii·cap̃· tc̃·v·porc̃· m̃·xxxiii· m̃·ii·runc̃
Sẽp uat·lx·sol.

¶ Hund de Angra. Staplefordam ten& R· in dñio q̃d tenuer̃·v·
lib̃i hoẽs p·ii·hid·7·dim̃·7·vi·ac̃·7 dim̃· Tc̃·viii·bord·m̃·xiiii· Tc̃ int̃
eos·v·car̃·m̃·iiii· Silũ·cc·porc̃·xxi·ac̃ p̃ti· Tc̃ 7 p'uat·l·sol·m̃·lx·
de hoc manerio ten& Nigell'·i·hid·7·dim̃·7·iii·uill·7·vi·bord·7·ii·car̃
7 uat·xxviii·sol·in eod p̃tio·

¶ Hund de Cefeorda. Renaham ten& Rob de R· q̃d tenuit Aluard'.
p man̄ 7 p·iii·hid·7 dim̃· Tc̃·iiii·uill· m̃·v· Tc̃ 7 p'·vi·bord·m̃·iiii·
Tc̃·ii·ser̃· m̃ null'. Sẽp·ii·car̃ in dñio Tc̃ int̃ hoẽs·ii·car̃ 7 dim̃·m̃·i·
Tc̃·iii·runc̃·7·xiiii·anim̃·7·vi·porc̃·7·c·oũ· m̃·iiii·runc̃·7·xi·
anim̃·7 xxiiii·porc̃·7·lxxx·oũ·7·xii·uasa·apũ· Tc̃·uat·vi·lib·
7 q̃n rec̃·m̃·uat·iiii·lib· 7·i·hid tenuit·i·lib hõ· qui post ea forisfec̃·
eam·q̃a furat̃·ẽ·7 fuit in manu regis. & rob lasetus inuasit ut hund.
testat̃. Tc̃·i·car̃· Post 7 m̃ nulla· Sẽp uat·x·sol· hoc ten& Idẽ Rob de R.

¶ Waldam ten& Rad· de R· q̃d tenuit Sprot·p man̄·7 p·i·hid·m̃·i·
uill·7·vi·bord·7·i·car̃· Silũ·xl porc̃· uat·xx·sol· hanc t̃rã h̃t R·
sic dicit p escangio·p hib̃tũ de pontu·7 numq̃ reddidit geltũ 7 neq;
[illegible]

¶ Hund de Celmeresforda. Ingã ten& Rob in dñio q̃d tenuit
Siuuard' p man̄ 7 p·iii·hid·t̃·r̃·e· Sẽp·i·uill· Tc̃·iii·bord·m̃·ix·
Tc̃·i·ser̃·m̃·iii· Sẽp·i·car̃ in dñio· Tc̃·dim̃·car̃ hom̃·m̃·i· Silua

·ROB·

·cccc· porc. Tc· v· anim̄ m̄· iiii· Tc· xxviii· ou̅· m̄· xxvi· Tc· xii· porc. m̄· xvii· Tc· ual· xxx· sol· m̄· xx·

Ingā tenuit Edu̅in grut p man· 7 p· i· hid· 7· xxxiii· ac̄. m̄ tenet Ilger de Robto· Sēp· i· bord· 7· i· car. Silu· xl· porc. ii· ac̄ pti. Val· xx· sol· hanc trā habuit· R· in suo escangio.

Cinguehellam tenet Ansketill de· R· qd tenuit Doch· p man· 7 p· ii· hid· Sēp· i· uill· 7· ii· bord· 7· ii· car in dnio 7· i· car hom. Silu· xxx· porc. xx· ac̄ pti. Sēp· i· runc· 7· vi· anim· 7· xii· ou· 7· xiiii· porc. Tc ual· xl· sol· m̄· iiii· lib·

Springinghefelda tenet Corp· de· R· qd tenuit Godric p man· 7 p· ii· hid· 7· xl· ac̄. Sēp· iiii· uill· 7· vii· bord· 7· ii· car in dnio· 7· i· car hom. Silu· xxx· porc. xx· ac̄ pti· i· pisc. Tc· i· runc. m̄· x· Tc· v· anim̄ m̄· xxx· Tc· iiii· ou· m̄· c· Tc· xiii· porc. m̄· xl· Tc· ual· xl· sol· m̄· lx·

Ingā tenet Witt de· R· qd tenuer· Selua 7 Topi p man· 7 p· ii· hid· 7 d· 7· xxxi· ac̄. 7· Rob hr in escangio. Sēp· i· uill· 7· xiiii· bord· 7· i· car 7 d in dnio· 7· i· car· 7· dim hom. Silu· c· porc. iiii· ac̄ pti. Tc· x· anim̄ m̄· similr. Tc· i· runc. m̄· v· Sēp· xx· ou· Tc· xxx· porc. m̄· xvi· m̄· ii· uasa apu̅. Sēp· ual· iiii· lib· 7· xxx· ac̄ tenet bonda m̄ R· Sēp· dim· car· 7· ii· ac̄ 7 d· pti. Val· x· sol·

Lacingas tenet Ricot· qd tenuit bonda p man· 7 p· ii· hid· 7· dim· t· r· e· Tc· i· uill· m̄ null. m̄· vi· bord· Tc· iiii· ser. m̄ null. Tc· ii· car in dnio m̄· i· Sēp· dim car hom. Silu· L· porc. x· ac̄. pti. Tc· iiii· an̄· 7· xx· porc· 7· xx· ou· m̄ nichil. Sēp ual· xl· sol· Istā trā hr· R· in escango. De feudo Archelam tenet Asso de· R· qd ten· Goduin

·ESS·

p man. 7 p .i. hid. 7 dim. Tc .i. uill. 7 .i. ser. m .ii. bord. Sep .i. car. 7 d. in
dnio. 7 .x. ac. pti. Sep .i. mol. Sep uat .xxx. sol.

In Colesthunta tenet Rob. de tosn. .ccl. ac. que iacent in hoc hund. 7 appre
ciat se in manerio.

Hund. de Tendringa. Aclelam tenet .R. in dnio. qd tenuit
Aluric cap. p manerio. 7 p .x. hid. t.r.e. Tc 7 p .xii. uill. m .xi. Tc 7 p
.xx. bord. m .xxx. Tc 7 p .x. ser. m .v. Sep .iii. car. in dnio. Tc int hoes
.x. car. m .ix. Silu. c. porc. viii. ac. pti. m .i. mol. ii. saling. Past. .xx.
ou. Tc .x. runc. m .iiii. Tc .x. anim. m .v. Sep .cc. ou. .xx. min.
Tc .xx. porc. m .xv. Tc uat .xi. lib. 7 qn rec. m uat .xvi. lib. De hoc
manerio tenet Rad. .ii. hid. 7 .x. ac. 7 .xiii. bord. 7 .i. car. 7 uat .xxx.
sol. in eod pcio. In tra cuidam libi hois tenet Rob. que uocat Tendringa.
quam tenet Galt. de eo. p man. 7 p .i. hid. .xv. ac. min. Tc .v. uill. m .ii.
Tc .iii. bord. m .vii. Tc .iii. ser. m null. Sep .i. car. in dnio. Tc int
hoes .iii. car. m .ii. Silu. .xx. porc. .i. ac. pti. Tc .ii. runc. m .iiii.
Tc .ii. anim. m .x. Tc .xx. porc. m .xxvii. Tc .xlix. ou. m .lx. Tc
.xxiiii. cap. m .xxxvii. m .iii. uasa apu. Tc uat .xx. sol. m .xxx. hoc
recepit .R. in suo escangio.

Dicheleiam tenet Ingelr. de .R. qd tenuit Alestan. p man. 7 p .i.
hid. 7 .xxxviii. ac. 7 dim. Sep .viii. bord. Tc .i. ser. m null. Tc in dnio
.ii. car. m .i. 7 dim. Sep .ii. car. hom. Silu. .x. porc. .ii. ac. pti. Tc
.vii. anim. m .viii. Tc .i. runc. m .iiii. Tc .xxxvii. ou. m .lx.
Tc .vii. porc. m .xv. Sep .xx. cap. Vat .xx. sol.

Erleiam tenet Will. de .R. qd ten. Scapi. p man. 7 p dim. hid.

·Rob·

7 ·xxx· ac· 7· iacet cuidam manerio in Sudfolc· & iniuste hund panat
Tc· i· uill· m° null°· Sep· i· ser· Tc· in dnio· ii· car· qndo rec· i· m° nulla·
Tc· ii· bord· m°· null°· ·i· ac· pti· Tc· uat· xl· sol· 7· qn rec· xx· m°· x·

¶ Hund de Vdelesfort· Wichinauna tenet· Rob de R· qd ten
Ingulf· p man· 7 p· iii· hid· 7· i· uirg· 7 Rob ht in escangio ut dic·
Tc· v· uill· m°· iiii· Tc· iii· bor· m°· v· Sep· v· ser· 7· ii· car· in dnio·
Tc· iiii· car· hom· m°· ii· x· ac· pti· Tc· iii· ou· m°· lxv· Tc· xxxiiii·
porc· m°· xlix· Tc uat· lx· sol· m°· iiii· lib·

¶ Seortegraua tenet Rob de R· qd tenuit Vluuini 7 Grichell p man·
7· p· ii· hid· 7 Rob ht in escangio· Tc· 7 p· vi· ser· m°· iii· Tc· in dnio
iii· car· Post 7 m°· ii· xii· ac· pti· Tc· i· mol· m° null°· Tc· iii· runc· m°
null°· Tc· iii· uac· m°· null· Sep· c· ou· Tc· lx· porc· m° null· Tc· xxiii·
uasa apu· m°· xi· Tc uat· iiii· lib· 7 qn rec· l· sol· m° lx·

¶ Archesdanam tenet Rob de R· qd tenuit Grichell p man· 7 p· i· hid·
viii· ac· minus· 7 Rob· ht p escangio· m°· iiii· bord· Sep· ii· ser· 7· i· car·
vi· ac· pti· m°· ii· anim· Sep· xii· porc· 7· xxxii· ou· m°· ii· uasa apu·
Uat· xx· sol·

¶ Elsenham tenet Leu° de R· qd ten· Lestan p man· 7· p· i· hid· 7 R·
ht in escangio· Tc· iiii· uill· p 7 m°· iii· Tc· 7 p· iii· bor· m°· vi· Tc· iii·
ser· m° null°· Tc· 7 p· ii· car· in dnio· m°· i· Tc· 7 p· ii· car· hom· m°· i·
Silu· c· porc· xx· ac· pti· Sep· i· runc· Tc· vii· anim· m°· i· runc· Tc·
xxvi· ou· m° null°· Tc· viii· porc· m°· xviii· Tc· xx· cap· m°· null· Sep·
uat· xl· sol·

¶ Hund de Turestapla· Tolesbunta tenet Rob de uerli de R·

·ESS·

qd tenuit Guert p man· 7 p· v· hid· 7 dim· Te· iiii· uill· m· vii· te· vi·
bord· m· xiiii· Te· iii· ser· m· v· Sep· ii· car· in dnio· 7 ii· car· hom· Silu·
·cc· porc· i· ac· pti· Past· xl· ou· i· sol· Te· iii· runc· m· nullu· Te· xiiii· an·
m· null· Te· xl· porc· m· xxx· Te· c· ou· m· lx· Te· xxx· cap· m· xx· m·
·viii· uasa apu· Te 7 p· ual· iiii· lib· m· c· sol· 7 ii· lib· hoes tenuert·
xxx· ac· Te· i· car· m· null· Sep· ual· x· sol· 7 hanc tra dicit se habe
in suo escangio.

n XXXIII TERRA · RADULFI BAIGNARDI· Hund de Witham·
Ulvingam· ten· Girard· de· Radulfo baignardo· qd tenuit Hacon t· r· e·
p man· 7 p· i· hid· 7 xl· ac· Sep· iiii· car· in dnio· Te· iii· car· hom· m·
·i· 7 dim· Te· vii· uill· m· iiii· m· xii· bord· Te· vi· ser· m· nulls· Silu·
·c· porc· xx· ac· pti· Sep· ii· mol· 7· v· ac· tre addite st t· r· willi· 7
st de sua consuetudine· Te· v· runc· xx· an· vii· porc· lxx· ou·
m· iiii· runc· ix· an· xxiiii· porc· xxxv· ou· ii· uasa· Te ual· iiii·
lib· 7 qn rec· m· ual· c· sol·
In Langefort ten· Goisfrid· v· libos hoes de· R· de· iii· uirg· tre

RADULF9.

7 .i. ac. q reddebant regi .xv. d. de consuetudine T.R.E. sep .i. bou. .i. car. 7 d.
7 .i. bou. .iii. ac. Tc uat. .xx. sol. m .xx.

Hund de Witbrictesherna. Nortuna tenet R. indnio qd tenuit
Vlunc lib ho. T.R.E. p man. 7 p .viii. hid. Sep .v. uilt. 7 .xi. bord. Tc.
.ii. ser. m. null. Tc .ii. car. indnio. m. .iii. Tc .iiii. car. hom. m .iii. Ex
his hid. fr .ii. Silua. Past. xl. ou. m .i. mol. Tc .iiii. runc. 7 .xv. anim.
.xx. porc. cl. ou. m. .vi. runc. .viii. anim. .xx. porc. 7 .lx. ou. Tc
uat. .vi. lib. m .vii. Hr etiam R. p maner. .iii. hid. 7 .xlv. ac. qs sep
tenent .vi. libi hoes. Tc .v. car. m .iii. Tc uat. xl. sol. m .xxx. hoc
liberat e p escangio. De hoc man. tenet Walcher. dim hid. 7 uat .x. sol. ieod pcio.

Wdeham ten Ranulf de R. qd tenuit Leuena p man. 7 p .vii.
hid. Tc .xii. uilt. m .vi. Sep .iiii. bord. Tc .vi. ser. m .iiii. Sep .iii. car
indnio. Tc .iiii. car hom. m .i. .xxiiii. ac. pti. Silu. .d. porc. Tc .i. mol.
m .ii. Tc .ii. an. 7 .vii. porc. .xxxvii. ou. m. .viii. anim. .xxi. porc. .vi.
asin. .cxxx. ou. .xiii. uasa apu. Tc uat .viii. lib. 7 qn rec. xl. sol.
m uat .vii. lib.

Curlai ten Ide de eod. qd ten Grim T.R.E. p man. 7 p .i. hid. Tc
.ii. uilt. m .iiii. Sep .ix. bord. Tc .iiii. ser. m null. Sep .ii. car. indnio. 7 .i.
car hom. .xxii. ac. pti. Silu. xl. porc. Tc .i. mol. m null. Tc 7 post
uat .xl. sol. m .iiii. lib. Hr etiam Godric de R. dim. hid. qm hr
p escangio. ut dicit s; hund nescit. Sep dim. car. Vat .x. sol.

Hund de Dommauua. Domauua ten R. indnio qd tenuit
Adlid qda femina libe p man. 7 p .iiii. hid. 7 dim. Sep .iii. car. idnio.
Tc .vii. car hom. m .vi. Sep .xv. uilt. 7 .i. pbr. Tc .xii. bord. m .xvi.

.ESS.

Sēp. x. ser. Silua. cl. porc. l. ac̄ p̄ti. m̄. i. mol. Tc̄. iii. runc. xi. anim. xl. porc.
xv. ou. xxviii. cap. m̄. xi. runc. xxi. an. xxx. porc. ciiii. ou. liii. cap. viii.
uasa apū. Tc̄ 7 p' uat. viii. lib. m̄. x. Huic t̄re addita ē. i. hid. q̄m ten̄
i. lib hō. t.r.e. Sēp. i. car. 7. i. uitt. 7. i. bord. 7. i. ser. Silū. xxiiii. porc.
x. ac̄. p̄ti. Vat. xx. sot. Et huic man. adiacet adhuc. dim̄. hid. quā
tenuit. i. soc antecessoris baignardi. 7 adhuc tenet. Tc̄. i. car. 7. dim̄
indnio. m̄. i. Sēp. i. uitt. 7. i. ser. 7 silū. xx. porc. ix. ac̄. p̄ti. Vat sēp
xx. sot.

¶ Wimbers tenet. R. indnio q'd tenuit dilid t.r.e. p man. 7 p. viii.
hid. Sēp. iii. car. indnio. Tc̄. xxi. car hom. m̄. xv. Sēp. xxvi. uitt. 7. i. pbr.
Tc̄. xviii. bord. m̄. lv. Tc̄. vi. ser. m̄ nult. Tc̄ silū. d. porc. m̄. cccc.
xl. ac̄. p̄ti. Tc̄. ii. runc. 7. iiii. an. lx. porc. cxx. ou. iiii. uasa apū.
m̄. ii. runc. iii. anim. xxviii. porc. lxxx. ou. iiii. uasa apū. Tc̄ uat
xii. lib. m̄. xx.

¶ Hund de Wensistreu. Berooldestunā tenet Rodbt' de. R. q'd
tenuit alurīc lib hō. t.r.e. p. man. 7. p. i. hid. Sēp. i. car. indnio.
Tc̄. iii. bord. m̄. iiii. Silū. xx. porc. Tc̄. ii. runc. i. anim. i. porc. xv. ou.
m̄. ii. runc. i. anim. ii. porc. xxxii. ou. xxiiii. cap. Vat. xxx. sot.

¶ Meccinges tenet Bernard' de. R. q'd ten̄ liba femina. p. man. 7 p. d
hid. t.r.e. m̄. i. bord. Silū. xii. porc. Tc̄ uat. x. sot. m̄. iii.

¶ Hund de Clauelinga. In Magellana tenuit. i. lib hō. t.r.e.
xxx. ac̄. q'd tenet Ansfrid' de. R. Sēp. i. car. Tc̄. uat. v. sot. m̄. x.

¶ Hund de hidingforda. Penteclauuā tenuit liba femina. t.r.e.
p man. 7. p. iii. hid. 7. iii. uirg. Sēp. iii. car in dnio. 7. v. car.

cař hom. 7. viii. uilt. tč 7 p9. i. bord. m. viii. Tč viii. ser. m nult.
Silů. cc. porč. xxx. ač. pti. Sep. i. mot. Tč. ii. runč. xvii. anim. xlvii.
porč. x. ou. vii. uasa apū. m. iii. runč. xxiiii. anim. xx. porč. lxxx.
ou. viii. uasa apū. Et. xviii. soč. de. ii. hid. 7. xxx. ač. 7 hnt. v. cař.
tč. iiii. ser. m. i. m. iiii. bord. Silů. x. porč. x. ač. pti. hoc totū uat
t. r. e. x. lib. m. xvi. De hoc manerio. tenet Galterus. xxx. ač. 7 uat
x. sol in eod pcio.

Hund de Witbrictesherna. Burneham tenet. R. in dnio
qd tenuit Aluuart lib ho. t. r. e. p. man. 7 p. iiii. hid. 7 xii. ač.
Sep. i. uilt. tč. vi. bor. m. xii. tč. iiii. ser. m nult. Sep. ii. cař in dnio
7. i. cař hom. past. ccc. ou. Tč. ii. runč. iiii. anim. xii. porč.
cc. ou. m. vi. runč. xiii. anim. xvi. porč. cccxxxvi. ou. Tč
uat. iiii. lib. m. c. sol. In eadē uilt. x. libi hoēs. t. r. e. hntes viii.
hid. 7. xxviii. ač. qs tenet. R. in dnio. Tč. x. bord. m. xvi. Sep
vii. ser. 7. viii. cař. m. i. mot. past. dc. ou. Tč. 7 p9 uat. vii. lib.
m. viii. lib. hanc trā reclamat. R. baignard p escangio

Hund de Celmeresfort. Badduuen tenet Germund9 de. R.
qd tenuit Leuuin9 p man. 7 p. iiii. hid. Sep. ii. uilt. 7. ii. bord. Tč
ix. ser. m. vii. Sep. iiii. cař in dnio. Tč. int hoēs. i. cař. m nult.
Silů. c. porč. i. ač. pti. Sep. i. mot. Tč. vii. runč. xlvii. ani. cviii.
porč. lxxx. ou. m. x. runč. liii. anim. clxiii. ou. Tč 7 post
uat. c. sol. m. vi. lib. 7. v. libi hoēs. tenuer. ii. hid. 7. xxxi. ač.
q possent ire q uellent. m tenet ide Germ. 7. iiii. franci.
Sep. iii. bord. 7. i. ser. Tč. ii. cař. m. i. Silů. xxvi. porč. 7 iiii. ač. pti.

·ESS·

Sep uat. xxx. sol.

Hanningefeldā tenet Berengeri de R. qđ tenuit Haimant p. on.
7 p. iii. hid. Tc. iii. uitt. m̄ null9. m̄. ix. bord. Sep. ii. ser. Tc. ii. car in dnio
m̄. i. Tc. i. car hom. m̄ dī. Silū. cc. porc. m̄ iii. an. xxiii. porc. xlvii. ou.
iiii. cap. Tc 7 p uat. xl. sol. m̄. iiii. lib.

Hund de Tendringa. Ādem tenet. Germund de R. qđ tenuit
Ednod p man. 7 p. v. hid. 7 dim. Tc. vii. uitt. m̄. xvii. Sep. iiii. bord.
7. viii. ser. 7. iii. car. in dnio. 7. iii. car. hom. Silū. xxxiii. porc.
. iiii. ac. pti. i. pisc. Past. c. ou. Tc. ii. runc. 7. xiii. an. l. porc. l. ou. m̄.
iii. runc. iiii. an. xxvii. porc. cxviii. ou. Tc. 7 p uat. vii. lib. m̄. ix.

Ramesiam tenet. Rog. qđ ten. Aluric cap. p man. 7 p. vii. hid. 7. xxxv.
ac. Sep. xviii. uitt. Tc. vi. bord. m̄. ix. Sep. vi. ser. 7. iii. car. in dnio.
Tc. int hoēs. vii. car. m̄. v. Silū. lx. porc. viii. ac. pti. m̄. i. mol. i. sat.
Tc uat. xii. lib. m̄. xv. Tc. i. runc. 7. xx. an. xxii. porc. cxv.
ou. m̄. ii. runc. xx. anim. xlix. porc. cc. lx. ou. viii. uasa apū. hic

Michelestou tenet Bernard. de R. qđ tenuit Aluric p man. 7 p
. ii. hid. 7 dim. Tc. iii. bor. m̄. i. Tc. iii. ser. m̄ null. Sep. ii. car. i dnio.
Tc int hoēs. dim. car. m̄. n. iiii. ac. pti. Tc. ii. runc. vi. an. xxvii. porc.
cl. ou. m. xxv. porc. lxxxiii. ou. Tc uat lxx. sol. m̄. iiii. lib.
7. ii. soc. tenet. R. in suo escang. sic sui hoēs dicunt. sed alii n testant.
nisi ipsi solū. de manerio qđ uocat Lalefordā. tenentes. dim. hid.
7. xxxv. ac. 7 qđ tenet Idē. B. de R. Tc. i. car. m̄. dim. Tc. uat.
. viii. sol. m̄. x. In Wicelebroc tenet Rog. i. hid. de R. qđ ten
Aluric p man. Sep. i. bord. 7. i. car. 7. i. ac. pti. Vat. x. sol. Hec

·Rad·

tra n̄ iacuit in alicis tris. hec·iii·maner̄ ual· xx·lib.
H und de Vdelesfort. Wendenā tenet dimelfrid' q̄d tenuit·i·lib
hō·Aluuin' stille. p̄ man̄·7·p̄·i·hid·7 dim̄·7·xxx·ac̄. 7·R. hēt ī escangio.
Sēp·v·uilt·7·iii·bord·7·ii·ser·7·ii·car̄·in dn̄io·7·i·car̄·hom̄. Silu lxxx·
porc̄·iii·ac̄ p̄ti. Tc̄·ual·iiii·lib·m̄·v.
Dim̄ Hund de Frossceuuella. Henham tenet·R·ī dn̄io q̄d
tenuit Alid p̄ man̄·7·p̄·xiii·hid·7·d̄·x·ac̄·min̄. Tc̄·7 p̄·xviii·uilt.
m̄·viii. Tc̄·7 p̄·v·bord·m̄·xxxviii. Tc̄·7 p̄·viii·ser·m̄ null̄. Sēp
·iiii·car̄·in dn̄io·7·viii·car̄ hom̄. Silu·cc·porc̄·xvi·ac̄ p̄ti. Tc̄·iii·
runc̄·viii·anim̄·lxxx·por·clx·oū·xvi·uasa ap̄. m̄·viii·runc̄.
vii·anim̄·c·porc̄·lxxx·oū·x·uasa ap̄. Tc̄ ual·xii·lib·m̄·xx.
Ascendunā tenet·R·in dn̄io q̄d tenuit·Alid·p̄ man̄·7·p̄·ii·hid. Tc̄
xiiii·uilt·m̄·xx. Tc̄·iii·bord·m̄·ix. Tc̄·ii·ser·m̄·null. Sēp·ii·car̄
in dn̄io·7·iiii·car̄·hom̄. Silu·c·porc̄·vi·ac̄ p̄ti·i·ac̄·uinee. Tc̄·
·ii·runc̄·v·an̄·lx·porc̄·cc·oū·x·uasa ap̄. m̄·i·runc̄·vii·an̄·lx·porc̄
lxv·oū·iii·uasa·ap̄. Tc̄ ual·vi·lib·m̄·viii. 7·ii·soc̄ tenentes·xv·ac̄.
libe. hos accep̄·R·in escanḡ. ual·iii·sol.
Hund de Rochefort. In Lachesham tenet Tedric' pointel·dim̄
hid·7·xv·q̄d tenuit·i·lib hō. Tc̄·ii·bord·m̄·v. Sēp·i·car̄. Past·l·oū·
Sēp ual·xx·sol. hoc reclamat·R·p̄ escangio.
Hund de Turestapla. Langhefordā tenuit Gola·7 Ageluuar'
p̄ man̄·7 p̄·iii·hid·7·dim̄·7 hanc dim̄ hid tenuit Ageluuar' ad consuē
de scō paulo·s;·R·inde ē saisit'. 7 Goisfrid' tenet eam de·R. Sēp
·i·uilt. Tc̄·iiii·bor·m̄·ix. Tc̄·iiii·ser·m̄·iii. Tc̄ in dn̄io·iii·car̄·m̄·ii.

Silua. xx. porc. xxv. ac. pti. Sep. i. mol. Tc. iii. runc. v. anim. xxiiii. porc. xl. ou. m. ii. runc. iiii. anim. xl. porc. lxxx. ou. Tc uat. c. sot. 7 q̄n rec̄ simul. m. iiii. lib. Tc. ibi fuer. v. libi hoes de. i. hid. 7 dim. m. iiii. hoes. Tc. i. car. 7. dim. m. i. Tc. i. bor. m. iii. Tc. i. ser. m. n. Tc uat. xxx. sot. m. xx.

Colesbunta tenet Bernard de. R. qd ten̄ ālmar p. man. 7 p. iii. hid. 7. viii. ac. Tc. iiii. uilt. m. viii. Sep. v. bord. Tc. iiii. ser. m. i. Sep. i. car. 7. dim. in dnio. 7. ii. car. hom. Silu. cc. porc. past. xx. ou. v. salinę. Tc. ii. runc. vi. anim. xx. porc. c. ou. m. ii. runc. v. an. xx. porc. c. ou. xxviii. cap. Sep uat. lx. sot. In ead uilt. viii. libi hoes de. i. hid. 7. dim. 7. xiiii. ac. Sep. ii. bord. 7. ii. car. uat. xx. sot. hanc t̄ram ht. R. baignard p escangio.

m .XXXIIII. TERRE RANULFI PIPERELLI. Hund de bdestapla. In bura .i. hid. tenet Serlo de Ranulfo. i. car. 7. i. ser. qd tenuit ālestan lib homo. past. cxx. ou. Tc. i. runc. c. ou. xiiii. porc. iiii. uasc. m. ii. runc. c. ou. xiiii. porc. iiii. uas. Tc uat. xx. sot. m. xl.

Phenge tenet idē Serlo de. R. qd tenuit lib ho p man. 7 p. i. hid. q̄ t. r. willi effect̄ ē hō antecessoris Ranulfi piperelli. s; t̄ra suam sibi non dedit. Quando a rex dedit t̄ra Ranulfo saisiuit illam cū

RANULF.

cum alia. Inq̃ anno c̃ı i. car. m̃ nulla. Past. xxx. ou. Tc uat. xx. sol

m̃. x. Inga tenet idē Serlo qd tenuit Alsio t. r. e. p. man. 7 p. i. hid. 7

xx. ac. Sēp. i. car. tc. iii. bord. m̃. iiii. Silu. xxx. porc. Tc uat. xx. sol

m̃. x.

Hund de Witham. Hadfeldam tenet. R. in dnio. qd ten̄

dalmar t. r. e. p. man. 7 p. ix. hid. 7 lxxxii. ac. Sēp. v. car in dnio

tc. xiii. car. hom. m̃. xi. Tc. xii. uilt. m̃. xiii. Tc. xii. bord. m̃. xxxviii.

Tc. x. ser. m̃. vii. Silu. dcc. porc. l. ac. pti. Tc. ii. mol. m̃. i. Tc. vi.

runc. 7. iiii. pulli. 7. vi. uac. 7. viii. uit. cl. ou. c. porc. m̃. v. runc.

iiii. pulli. v. uac. vii. uit. lvii. ou. xxxix. porc. xx. cap. Tc

uat. xvi. lib. m̃. xx. 7 hoc maneriũ recep tanni ualens ut modo.

De hoc manerio tenet Serlo. 7 Ernulf. 7. Ricard. iii. hid. 7. xx.

ac. 7 uat. iiii. lib. in eod ptio. 7. iiii. hid. tenent. v. milit. 7 xv.

ac. de. R. qd tenuer. xiii. libi hōq. t. r. e. Sēp. vii. car. xvi. bord.

. ii. uilt. 7. ii. ser. 7. i. mol. Vat. iiii. lib.

Blundeshala tenet humfrid de. R. qd tenuit brictmar

t. r. e. p. man. 7 p. ii. hid. 7. dim. Sēp. ii. car. in dnio. Tc. i. car. hom

m̃. i. 7. dim. Sēp. ii. uilt. Tc. iii. bor. m̃. v. Tc. vi. ser. m̃. iiii. xviii.

ac. pti. 7. i. mol. 7. i. sal. de. xv. ac. Tc. i. runc. iiii. an. 7. iiii. uit.

lx. ou. xvi. porc. m̃. ii. runc. iiii. uac. 7. iiii. uit. lxxx. ou. xxxvi. porc.

Sēp uat. iiii. lib.

Terlinga tenet Ricard de. R. qd tenuit dalmar tempr regis. e.

p. man. 7 p. ii. hid. 7 dim. 7 xxx. ac. Sēp. ii. car. in dnio. 7. iii. car.

hom. Tc. xi. uilt. m̃. v. m̃. xi. bord. Tc. v. ser. m̃. null. Silu. cl. porc.

xx· ac· pa· past· c· ou· Tc· i· mol· m· ii· 7· ii· dom· in colecestra· una
reddit· vi· d· 7· alta· xiiii· 7· i· lib ho· de· v· ac· 7 reddebat antecessori
Ranulfi· x· d· 7· R· m· similit· Tc· xii· anim· clxxx· ou· l· cap· xl· porc·
m· ii· runc· 7· iii· pull· viii· an· lxxv· ou· xvi· cap· xxxiiii· porc· Tc uat
viii· lib· 7 qn rec· similit· m· vii· lib·

Tamstedam tenet Turoldus qd ten Brictmar· t· r· e· p· o· 7 p· lv· ac·
Sep ii· car indnio· 7· ii· car hom· 7· iiii· uill· Tc· vii· bor· m· x· Tc· iiii·
ser· m· iii· Silu· c· porc· xl· ac· pti· past· de· iiii· d· m· i· mol· Tc· i· runc·
xii· an· vi· porc· m· iii· runc· cxxiiii· ou· xxxii· porc· iiii· uac· cu uit·
iii· uasa ap· lxxv· ac· ibi iacebant t· r· e· de qb· Sasuualo de saisiuit
7 iacent ad feudu G· de magna uill· Tc uat· iiii· lib· m· c· sol·

Hund de beuentreu· Hame tenet· R· indnio qd tenuit Alestan
lib ho· t· r· e· p· man· 7 p· viii· hid· 7· xxx· ac· 7 hoc maneriu dedit
Will rex· R· piper· 7 Robto grenoni· Tc· v· car indnio m· iiii· Tc·
viii· car hom· m· xii· Tc· xxxii· uill· m· xlviii· Tc· xvi· bord· m·
lxxx· i· min· Sep· iii· ser· Silu· c· porc· lx· ac· pti· Tc· ix· mol· m· viii·
Tc· i· runc· i· uac· iii· porc· m· ii· runc· ii· pull· ii· uac· cu uit· xx· por·
lx· ou· Tc uat· xvi· lib· 7 qn receperunt· xii· lib· m· uat· xxiiii· lib·
7 de hoc manerio ht· R· greno medietate·

Hund de domauua· Ciechenai tenet Garin de· R· qd tenuit
Suuardus· i· tegn regis· e· p man· 7 p· ii· hid· 7· dim· Sep· iii· car indnio·
7· ii· car hom· Tc· ii· uill· m· nullus· Tc· vii· bor· m· i· pbr· 7· xiiii·
bord· Silu· lx· porc· xx· ac· pti· Tc· ii· runc· iii· uac· cu uit· lx· oues
xx· porc· xxiiii· cap· m· iii· runc· vi· uac· v· uit· c· ou· xxx· por

·xxx· cap̄· T̄c ualt· c· sol. m̄· vii· lib.
¶ Willingehalam tenet Rauenot de· R. qđ ten̄ Suuard· t·r·e· pro man̄
7 p· i· hid· 7 i· uirḡ· 7 dim̄. Sēp· iii· car in dnio· T̄c dim̄· car hom̄. m̄· i·
T̄c· i· uill. m̄· iii· Sēp· vi· bord. T̄c vi· ser̄ m̄· iiii· Silu· xxx· porc. xii· ac̄.
p̄ti. T̄c· iii· runc̄. xvi· anim̄· xxx· porc. m̄· iii· runc̄· iiii· pulli. xvi·
anim̄· c· ou· lxv· porc· v· uasa ap̄· T̄c ualt· c· sol 7 qn̄ rec̄· vi· lib· m̄· x·
¶ huic t̄re additi s̄t· i· soc̄· q̄ue tenuit anteċ R. piperelli 7· ad huc tenet
·R· 7 Rauenot de illo· 7 adhuc addite s̄t huic t̄re· xxx· ac̄· t·r· Willi.
q̄s ten̄ lib hō t·r·e· ualt· x· sol.
¶ Hund de Witbrictesherna Odeham tenet· R. indnio· qđ
ten̄ Suuard p man̄· 7 p· v· hid. Sēp· iiii· uill. T̄c ix· bord. m̄· viii· T̄c
·v· ser̄· m̄· ii· Sēp· ii· car̄· indnio T̄c· iiii· car hom̄. m̄· i· 7· dim̄· iii·
ac̄· p̄ti. Silu· cc· porc̄. T̄c· ii· runc̄ xi· uac̄· iiii· uit̄. lx· ou· xx porc̄.
xlv· cap̄. m̄· iii· runc̄· ii· pull· iiii· uac̄· iiii· uit̄ cxxxv· ou· xlvi·
porc̄· v· cap̄· Sēp ualt· c· sol.
¶ Meldonam tenet· R. indnio qđ ten̄· Siuuard· t·r·e· p· man̄· 7· p
·v· hid· 7· dim̄· 7· x· ac̄· T̄c xvi· uill m̄ ix· m̄· x· bor̄ Sēp· iii· ser̄
7· ii· car indnio· T̄c x· hom̄· m̄· v· x· ac̄ p̄ti. Silu· L· porc̄· i· mol·
T̄c· ii· runc̄· m̄ similit̄. 7 m̄· iii· uac̄· iiii· uit̄ cxl· oues· xxx· porc̄.
Sēp ualt· xii· lib.
¶ Halesheam tenet Serlo de R. qđ ten̄ Ide· S· p man̄· 7 p· iii·
hid· 7· dim̄ Sēp· iiii· uill. T̄c· iiii· ser̄ m̄· ii· T̄c· ii· car̄ m̄· i· T̄c
·i· car̄ hom̄. m̄· dim̄ Silu· lx· porc̄ T̄c· ii· runc̄· ii· uac̄· ii· uit̄
lx· ou· v· porc̄ m̄· ii· runc̄· iiii· uac̄· c· ou· ix porc̄ ualt· iiii· lib

.ESS.

Halesleiam tenet Godric de R. q͞d tenuit dulmar⁹ lib hō. t. r. e. p man. 7. p dim͞ hid. 7. xx. ac. Sēp. i. uill. tc. ii. bord. m͞. null. Sēp. i. car in dnīo. Silu. lxxx. porc. Uat. xx. sol.

Hund de Wensistreu. Legrā tenet Turold⁹ de R. q͞d ten. .d. t. r. e. p man. 7. p. i. hid. xii. ac. 7. dim. min⁹. Sēp. i. car. in dnīo m͞. dim. car. hom. tc. i. bord. m͞. iiii. tc. iii. ser. m͞. i. Silu. xvi. porc. tc. i. runc. v. uac. v. uit. c. ou. m͞. ii. runc. iiii. uac. v. uit. ciii. ou. tc uat. xxx. sol m͞. xx.

Edburgetunā tenet R. in dnīo q͞d tenuit. i. lib hō t. r. e. p man. 7 p. i. hid. 7. dim. 7. i. uirg. Sēp. i. car. in dnīo. 7. dim. car. hom. 7. iiii. bord. 7. i. ser. Silu. lx. porc. iiii. ac. p͞ti. Tc uat. lx. sol. m͞. l.

Wighebgā tenet Algar⁹ de R. q͞d ten. i. lib hō. t. r. e. p. man. 7 p dim. hid. Sēp. i. car. tc. i. bor. m͞. ii. Uat. x. sol.

Hund de Welesfort. Deppedanā tenet R. in dnīo. q͞d ten. Siuuard⁹ p man. 7. p. xvi. hid. 7. dim. Sēp. vi. car. in dnīo. 7. xi. car. hom. 7. xxxvi. uill. tc 7 p⁹. i. bord. m͞. xvii. sēp. xii. ser. Silu. m. porc. xl. ac. p͞ti. Sēp. i. mol. m͞. ii. arpenni uinee portantes. 7 alii. ii. n̄ portantes. Tc. vi. runc. xxviii. anim. cl. ou. ccl. porc. vi. uasa ap. m͞. vii. runc. ii. pulli. x. anim. clxviii. ou. cx. porc. iii. uasa ap. Tc 7 p⁹ uat. xxiiii. lib. m͞ xxx. De hoc manerio tenet Vitał de R. xv. ac. 7. uat. x. sol in eod p̄cio.

Ambdanā tenet R. in dnīo. q͞d ten. Siuuard⁹ p man. 7. p. v. hid. Sēp. iii. car. in dnīo. 7. vi. car. hom. Tc 7 p⁹. xiii. uill.

·Rad'·

·m̄·xviii· Tc̄ ·i· bord. Post ·ii· m̄· vii· Sēp· vi· ser· Tc̄ 7 p' silu· ccl· porc· m̄
cc· xxx· ac̄· p̄ti· Tc̄· ii· runc· vi· anim· xl· ou· xl· porc· v· uasa apū·
m̄· iii· runc· i· pull· xiiii· anim· lxviii· ou· xxx· porc· i· uas· apū· Sēp
ual· xii· lib· s; R· inde habuit p iii· annos· unoquoq; xviii· lib· hanc
uillā calumpniat' abbas de eli· 7 hund· testat' qd iacuit ad eccl'am·

Hund de hidingforda· Stabingā ten& R· indnio qd tenuit
Siuuard' t· r· e· p· man· 7 p· iii· hid· 7 xxx· ac̄· Tc̄· car· indnio· 7· qn
rec̄· vi· m̄· v· Sēp· xi· car· hom· Tc̄ 7 p' xviii· uill· m̄· xix· Tc̄ 7 post
xiiii· bor· m̄· xxxi· Tc̄ 7 p'· xiii· ser· m̄· xi· Silu· cc· porc· xxiiii· ac̄
p̄ti· Tc̄· i· mol· 7 qn rec̄· i· 7 dim· m̄· ii· m̄· ii· arpenni uineę· 7 d'·
7· dimidi' tantū portat· Tc̄· v· runc· v· uac· c· ou· l· porc· v· uasa
apū· Tc̄ ual· x· lib· P'· xii· m̄· xvi· lib· De hoc man· uicat xxxv· ac̄· 7 x· sol· ual·

Henies ten& Turold' de· R· qd tenuit Uluuin' lib ho t· r· e· (in eod. p̄do.)
p man· 7 p· ii· hid· 7 dim· 7 xlv· ac̄· Sēp· ii· car· indnio· 7 iii· car·
hom· 7· v· uill· 7 xi· bord· Tc̄ 7 p'· ii· ser· m̄ null'· Silu· lxxx· porc·
xii· ac̄· p̄ti· Sēp· i· mol· Tc̄· ii· runc· v· uac· cū uit· l· ou· xiiii·
porc· iii· uasa apū· m̄· i· runc· ix· uac· c̄ uit· cxxiiii· ou· xxxvi·
porc· 7 huic manerio p'tin& de Sudb'ia· xxii· d· de consuetudine·
Tc̄· ual· xl· sol· m̄· iiii· lib·

Lamers ten& Turold' de· R· qd tenuit Algar' t· r· e· p· man·
7 p· iii· hid· 7 dim· Sēp· ii· car· indnio· Tc̄ 7 p'· ii· car· 7 dim· hom·
m̄· ii· Sēp· iiii· uill· m̄· viii· bord· Silu· lxx· porc· xiii· ac̄· p̄ti·
Tc̄· vi· uac· c̄ uit· liiii· ou· xi· porc· m̄· vii· runc· v· pull· x· uac·
viii· uit· xx· ou· liiii· porc· lx· cap· vi· uasa ap· Tc̄ ual· iiii· lib·

· ESS ·

m̃· vi· In Lamers tenuit Aluuard⁹ ·i· hid̃ 7 dim̃ p man̄ t̃·r·e· m̃ ten&
Ide· t· de Ranulfo· Sep̃ ·i· car̃ indn̄io· 7 ·i· car̃ hom̃· 7 ·ii· uill̃· Tc̃· iii·
bord̃· m̃· ix· Silu̇· xxx· porc̃ vii· ac̃· p̃ti· Tc̃ ual&· xl· sol̃· m̃· lx·
hę due t̃re erant sic diuisę duob; fratrib; t̃·r·e· Post ea datę s̃t
Ranulfo p̃ ·i· manerio ut dic̃t sui hões.

Hund de Witbrictesherna Duna ten& R· indnio qd
tenuit Siuuard⁹ p man̄· 7 p· xiiii· hid̃· Tc̃· ii· uill̃· m̃· iiii· Tc̃· iii· bor·
m̃· xv· Tc̃· xii· ser̃· m̃· vi· Sep̃ v· car̃ indnio Tc̃· ii· car̃ hom̃· m̃· iii·
Silu̇· L porc̃ Past̃· L· ou̇· Tc̃ 7 p⁹ ual&· x· lib̃· m̃· xiii· De hoc manerio
ten& Ascelin⁹ ·i· hid̃· 7 ·dim̃· de R· 7 ual&· xx· sol̃ in eod̃ p̃cio.

Lalinge ten&· R· indnio qd tenuit Brun· lib hõ t̃·r·e· p man̄·
7 p· ii· hid̃· 7 dim̃· 7 ·xxxv· ac̃· Sep̃ ii· ser̃· 7 ·ii· car̃· Silu̇· xx· porc̃·
Past̃· L· ou̇· m̃· i· pisc̃· Tc̃ 7 p⁹ ual&· iiii· lib̃· m̃· iii· lib̃· 7 xv· sol̃·

In Duna tenuer̃· viii· libi hões· v· hid̃· vi· ac̃ min⁹ qd ten&· R·
indnio· Sep̃ vi· bord̃· 7 ·ii· car̃· 7 dim̃· Tc̃ 7 p⁹ ual&· lx· sol̃· m̃· iiii· lib̃
7 ·x· sol̃·

Stanesgatã ten& Rad̃ fili⁹ brien qd tenuit Siuuard⁹ p man̄·
7 p· viiii· hid̃· 7 dim̃· t̃·r·e· Sep̃ ii· uill̃· Tc̃ xxii· bord̃· m̃· xviii·
Tc̃· viii· ser̃· m̃· iii· Tc̃· iiii· car̃ 7 dim̃ indnio· m̃· iiii· Sep̃ iii·
car̃ hom̃· Silu̇· lx· porc̃· Past̃· lx· ou̇· Tc̃ 7 p⁹ ual&· x· lib̃· m̃· viii·

Hund de Lassendena Peresteda ten& Idē R· qd tenuit
Brictmar⁹ t̃·r·e· p man̄· 7 p· i· hid̃· 7 dim̃· Tc̃· v· bor· m̃· x· Tc̃· iii·
ser̃· m̃· null̃· Sep̃· ii· car̃· indnio· Silu̇· c· porc̃· viii· ac̃· p̃ti· Tc̃· ii·
runc̃· x· an̄· lxxx· ou̇· xv· porc̃· xx· cap̃· ii· uasa apu̇· m̃· i· equ̇·

7·1·pull'· Lx· ou̅· xx·porc̄· lx·cap̄· 11· uasa apū· Sēp uat· 1111·lib·
7·1·lib hō sēp tenet·v·ac̄· 7 fuit cōmdat' antecessori·R· s; c̄ t̄ra sua
posset ire q° uellet·7 m°·hr̄·R· tc̄·1·car· m°·dim· tc̄ uat· xvi·sol
m°·xii·

Hund de Angra· Plumaunā tenet Rauenot de·R· qd
ten· Vlmer ptr̄ de heroldo p·x1111· ac̄·libe·7 m° hr̄·R· ideo qd
antecessor ei' fuit saisit' s; n̄ pertinet ad eū· sic comitat' testat̄·
Sēp·1·uill·7·1̄·car· Silu̅·xx·porc̄·1·ac̄·7·dim· p̄ti· uat·v·sol

Hund de Celmeresfort· Springafeldā tenet·Rob·de·R·
qd tenuit Alestan' p man̄·7 p·v·hid·7·xx·ac̄· Tc̄·vi·uill· m°
·1111· Tc̄·111·bord· m°·x· Tc̄·v111·ser· m°·vi· Sēp·111·car·in dnio
tc̄·7 p°·111·car·hom· m°·11·Silu̅·xxx·porc̄·xxv·ac̄·p̄ti·Sēp·1·
mol· Tc̄·11·runc̄·xii·anim̄·c·ou̅·L·porc̄· m°·1111·runc̄·v·pull·
xxvi·an̄·xl·ou̅·xxv·porc̄·xii·cap̄·11·asini·1·uas ap̄· Tc̄·uat·v·
lib· m°·vi· 7·11·libi hōes tenuer̄·xiii·ac̄·qd hr̄·R· uat·11·sol·

Radendunam tenet·Rad fili' brien qd tenuit·Siuuard' p man̄·
7 p·1·hid·7·xxx·ac̄· Sēp·1·bor·7·1·car·in dnio· Silu̅·vi·porc̄· Sēp
uat·xxv·sol· 7 abbas de eli calumpniat̄·

Dimid Hund de Melduna· In Melduna tenet·R·in dnio
dim̄ hid·7 xv111·ac̄· qd tenuit Siuuard·t·r·e· p man̄· tc̄·1·bord·
m°·111· uat·v·sol·7 hec t̄ra appciata ē in xii·lib de melduna

Hund de Tendringa· Tendringā tenet·R·in dnio
qd tenuit Olui libe p man̄· 7 p dim̄ hid·7·xxx·ac̄·7 R·hr̄ in
escangio· Tc̄·11·ser·m°·1· Tc̄·11·car· post 7 m°·1· Silu̅·xxx·porc̄

·ESS·

·ii· ac̃ p̃ti. T̃E 7 p' uat. xx. sot. m̃ lx.

¶ Tice tenet Turold' de. R. qđ tenuit Siuuard' p man̄. 7 p ii. hid. 7 dim̄. T̃E 7 p' ix. uilt. m̃ vi. T̃E 7 p' xii. bor. m̃ xx. Sep̃ vii. ser. T̃E 7 p' iii. car̃ in dñio. m̃ iii. T̃E 7 p' vii. car̃ hom̃. m̃ v. Silu. dccc. porc. iiii. ac̃. p̃ti. past̃. cc. ou. sep̃ i. mot. T̃E vi. runc. L. anim. ccc. ou. xl. porc. vi. uasa apu. m̃ iii. runc. iii. an̄. lxviii. ou. xxxvii. porc. xviii. cap. T̃E 7 p' uat. ix. lib. m̃ viii.

¶ Frenga tenet Id'e. T. de. R. qđ tenuit Ketel p man̄. 7 p ii. hid. T̃E ii. bor. m̃ iii. T̃E iii. ser. m̃ ii. T̃E in dñio ii. car̃. m̃ i. Sep̃ i. car̃ hom̃. Silu. cl. porc. iiii. ac̃ p̃ti. T̃E i. runc. iiii. an̄. iiii. uit. c. ou. xl. porc. m̃ i. runc. ii. uac. ii. uit. lxvi. ou. xx. porc. vi. uas. apu. T̃E uat. xl. sot. m̃ lx.

¶ Hund' de Rochefort. Legrã tenet. R. in dñio. qđ tenuit. i. lib hō. p man̄. 7 p i. hid. Sep̃ ii. uilt. 7 ii. bor. 7 i. car̃ in dñio. 7 dim̄ car̃ hom̃. 7 v. bor. sub aq̃m. q̃ n̄ tenent t̃rã. past̃. c. ou. T̃E i. runc. v. uac. v. uit. c. ou. m̃ ii. runc. iiii. uac. v. uit. ciii. ou. T̃E uat. xl. sot. m̃ c.

¶ Hund' de Turestapla. Coleshunta tenet humfrid' de. R. qđ tenuit Siuuard' p man̄ 7 p iiii. hid. 7 dim̄. 7 xxx. ac̃. T̃E ix. uilt. m̃ x. T̃E iiii. bord. m̃ xiii. T̃E x. ser. m̃ vi. Sep̃ iii. car̃ in dñio. 7 iii. car̃ hom̃. i. salina. v. ac̃. p̃ti. past̃. xxx. ou. Silu. cl. porc. T̃E iii. runc. xx. anim. lxxx. ou. lx. porc. m̃ iii. runc. xx. an̄. clx. ou. xxxvii. porc. xviii. cap. Sep̃ uat. c. sot.

In hoc manerio tenuer̃ iiii. lib. hões. dim̄. hid. 7 v. ac̃. s; Rad.

bairgi. hic eā 7 hugo de montfort.

Goldhangrā tenet Ricard⁹ de .R. qd tenuit Leuuin⁹ 7 Vluard⁹ pbr p man. 7 p. ii. hid. 7 dim. 7 xxv. ac. Tc. iii. bor. m. xiii. Sep ·ii. ser. Tc. ii. car in dnio. m. i. m. i. car hom. Silu. lxxx. porc. Past. ·l. ou. iii. ac. 7 dim. pti. Tc. li. ou. viii. porc. m. i. runc. i. uac. ·iii. ou. iii. porc. Sep uat. xl. sol. In ead. ii. libi hoes de. vii. ac. 7 dī 7 uat. xx. đ.

TERRA Alberici de uer. Hund de donmauua. ·XXXV·

Canedfeldam tenet Albic in dnio. qd tenuit Vluuin⁹ t. r. e. p man. 7 p. ii. hid. Sep. ii. car in dnio. Tc. iiii. car hom. m. iii. Sep. x. uill. Tc. iiii. bor. m. ix. Sep. iiii. ser. Silu. clx. porc. li. ac. pti. i. mol. Tc. vii. an. ii. runc. xx. porc. lxxx. ou. iii. uasa ap. m. viii. an. ·iii. runc. xxx. porc. c. ou. iii. uasa ap. Sep uat. vi. lib.

Vdecheshale tenet .A. in dnio qd tenuit Vluuin⁹ p m. 7 p ·i. hid. Sep. ii. car in dnio. Tc. iii. car hom. m. i. Tc. xi. uill. m. vi. Tc. ii. bor. m. iiii. Sep. iiii. ser. Silu. c. porc. xlviii. ac. pti. Tc. vi. an. ii. runc. xx. porc. lx. ou. iii. uasa ap. m. viii. an. ·ii. runc. xxx. porc. lxxx. ou. iii. uasa ap. Sep uat. lxx sol.

ESS.

huic træ addita. ē. i. uirg. 7. viii. ac. qͣs ten&. lib hō. t.r.e. m̄ tenet. Rad
de. d. Sēp. i. car. in dn̄io. tc̄. i. bor. m̄. iii. Silū. xxx. porc. ix. ac. pti.
tc̄. uat. xvi. sol. m̄ xxx.

Hund de Vdelesfort. Cunresleam tenet Rad de. d. qd tenuit
Admar lib hō. t.r.e. p man. 7 p. v. hid. tc̄. 7 pᵒ. ii. car. in dn̄io. m̄. iii.
Sēp. iii. car. hom. 7. i. pbr. 7. xi. uilt. 7. v. bord. tc̄ 7 pᵒ silū. c. porc.
m̄. lxxx. xii. ac̄. pti. tc̄. cxx. ou. xl. porc. lx. cap. viii. an. iii. runc.
v. uasa ap. m̄. cxl. ou. lx. porc. aliud similit. tc̄ 7 pᵒ uat. viii. lib. m̄. vii.

Dim. Hund de Clauelinga. Vggheleam tenet Rad de. d. qd
tenuit Vluuin' p man. 7 p. v. hid. Sēp. iii. car. in dn̄io. 7. iiii. car.
hom. tc̄. x. uilt. post. 7 m̄. vii. tc̄ 7 pᵒ. i. bor. m̄. x. tc̄ 7 pᵒ. vi. ser. m̄. ii.
tc̄ 7 pᵒ silū. cc. porc. m̄. clx. xxv. ac̄. pti. tc̄. v. an. l. porc. clx.
ou. ii. runc. l. cap. ii. uasa ap. m̄. iii. an. xxii. porc. lxxx. ou. iiii.
runc. xx. cap. ii. uasa ap. tc̄ uat. vi. lib. m̄. viii.

Hund de hidingforda. haingeham tenet. d. in dn̄io. qd ten.
Vluuin' p man. 7 p. ii. hid. Sēp. iiii. car. in dn̄io. 7. vi. car. hom. 7. xv
uilt. 7. vii. bor. 7. viii. ser. Silū. cc. porc. xxx. ac̄. pti. tc̄. i. mol. m̄. n̄.
m̄. vi. arpenni. uinee. tc̄. xi. an. cxl. ou. lxxx. porc. iiii. runc.
m̄. clx. ou. c. porc. i. runc. c. cap. 7 xiii. soc. q n̄ poterant recede
tenentes. i. hid. 7. x. ac̄. Sēp. v. car. tc̄. xv. uilt. m̄ xviii. m̄. xxii.
bor. tc̄. vi. ser. m̄. ii. hntes. iii. car. Silū. lx. porc. xliii. ac̄. pti. Sēp.
i. mol. tc̄ uat. xiii. lib. m̄. xx. huic manerio iacent. xv. burg
in sudbia 7 appc in ilt. xx. lib. De hoc manerio tenet. Rot blund.
xxxv. ac̄. Garin' xxv. ac̄. Lincoln. xv. ac̄. Godun. xv. ac̄. hntes

·Albric·

·v· car· 7· uat· vii· lib· in eod̄ p̄to·

Ħ Dim̄ Hund̄ de Thunreslau· Belcamp tenet· A· in dnio q̄d tenuit Vluuin· t· r· e· p man· 7 p· ii· hid· 7· dim̄· Sēp· iiii· car· hom̄· 7· vii· car· hom̄· Tc· 7 p· xiii· uill· m· xv· Tc· 7 p· ix· bor· m· xviii· Tc· 7 p· vi· ser· m· viii· Silu· xx· porc· Lx· ac̄· p̄ti· m· xi· arpenni uineę· ·i· potat· Tc· xxiiii· an· clx· ou· lxxx· porc· ii· runc· m· xxviii· an· ·cc· ou· c· porc· ii· runc· Huic man· adiacent· sēp· vii· soc· de· i· hid· 7· dim̄· 7· xv· ac̄· Sēp· iii· car· 7· dim̄· m· iiii· bor· x· ac̄· 7· dim̄ p̄ti· Tc· 7 p uat· xiiii· lib· m· xviii· De hoc man· tenet· Ensant de· A· dim̄· hid· 7· xxx· ac̄· Will· peccatu· dim̄· hid· Suad· xxx· ac̄· 7· uat ·iiii· lib· in eod̄ p̄to·

Ħ Hund̄ de hidingaforda· Hersam tenet· Adelolmus de· A· q̄d tenuer· ii· sochemani de antecessore· Albrici· ita q̄d non poterant recedere sine licentia eius· Sēp· i· car· 7· dim̄· ·xlv· ac̄· Tc· v· bor· m· x· Tc· silu· xl· porc· m· xxx· vii· ac̄· p̄ti· Vat· xx· sol·

Ħ Hund̄ de Lexendana· Coles tenet· A· in dnio q̄d tenuit Vluuin· p man· 7· p· v· hid· Sēp· uill· 7· xiii· bor· 7· vi· ser· Tc· iii· car· in dnio m· v· Tc· int hom̄· iii· car· m· iiii· Silu· cccc· porc· ·xl· ac̄· p̄ti· ii· mol· Tc· xx· an· 7 xix· an· cxx· ou· lx· por· lx· cap· iii runc· m· xlv· an· clx· ou· lxxx· porc· lxxx· cap· iii· runc· 7 ·vi· asini· 7· xx· equę· 7· iiii· soc· manser· in his· v· hid· 7· x· bor· 7· iiii· ser· Tc· 7 p uat· x· lib· m· xii· De hoc manerio tenet· Demid· blanc· i· hid· 7· vii· bor· 7· ii· car· in dnio· 7· i· car· hom̄· 7· uat· xlv· sol· in eod̄ p̄to·

·ESS·

¶ Hund de Tendringa Beneclesam tenet .A. in dnio qd tenuit
Vluuin p man̄ 7 p. iii. hid. Tc̄ 7 p̄. vii. uitt. m̄. vi. tc̄. v. bor. m̄. x. Sep̄.
.iiii. ser. tc̄. iii. car̄ in dnio. m̄. iii. Tc̄ int̄. v. car̄. m̄. iiii. Silua. cl. porc̄.
vi. ac̄. p̄ti. Past̄. cl. ou̇. i. salina. Tc̄. iii. runc̄. c. ou̇. xx. an̄. xl. porc̄.
m̄. c. ou̇. & iii. runc̄. xxvi. an̄. xl. porc̄. Tc̄. uat. vi. lib. m̄. x.

¶ Druurecurt tenet .A. in dnio. qd tenuit Vluuin p man̄ 7 p. vi. hid.
Tc̄. viii. uitt. m̄. vi. Tc̄. vi. bor. m̄. xii. Sep̄. vi. ser. 7 iii. car̄ in dnio.
7. vi. car̄. hom̄. iii. ac̄. p̄ti. Past̄. cc. ou̇. Tc̄. iii. runc̄. xii. an̄. cc. ou̇.
xl. por. 7 m̄ similit̄. Tc̄. uat. vi. lib. m̄. xii.

¶ Tuleset tenet Eduuard9 de .A. qd tenuit Vluuin p man̄ 7 p. ii.
hid. Sep̄. xvii. uitt. tc̄. iii. bor. m̄. i. tc̄. iii. ser. m̄ null9. Tc̄. in dnio
.ii. car. m̄. i. Sep̄. v. car̄. hom̄. Silu̇. xv. porc̄. x. ac̄. p̄ti. ii. sal. Tc̄. xii.
an̄. cl. ou̇. xxx. porc̄. ii. runc̄. M̄. iiii. an̄. c. ou̇. xxx. por. i. runc̄.
.iii. uasa ap̄. Tc̄ uat. c. sol. m̄. viii. lib. huic manerio p̄tinet .i. soc̄.
q̄ n̄ poterat recedere a terra sine licentia antecessoris albici. tenens. ii. hid.
xv. ac̄. mun̄. Tc̄. ii. uitt. m̄. null9. Tc̄. ii. bor. m̄. iii. tc̄. i. ser. m̄ null9. Sep̄. i. car̄
in dnio. tc̄. int̄ hoēs. i. car̄. m̄. n̄. Silu̇. l. porc̄. ii. ac̄. p̄ti. Tc̄ uat. xx. sol.
m̄. xl.

¶ Dimid Hund de Frossceuella Bumesteda tenet Adelelm9
de .A. qd tenuit Vluuin p man̄ 7 p. ii. hid. Sep̄. vii. uitt. 7 iii. bor.
7. iiii. ser. Tc̄ 7 p̄. ii. car̄. in dnio. m̄. ii. 7 dim̄. Tc̄. 7 p̄. ii. car̄. hom̄
m̄. i. 7. dim̄. Silu̇. xx. porc̄. v. ac̄. p̄ti. Tc̄. vii. anim̄. viii. porc̄. i. runc̄.
.v. ou̇. xv. cap̄. iii. uasa apū. M̄. xii. an̄. xl. porc̄. v. runc̄. lxxx.
ou̇. xl. cap̄. v. uasa apū. Tc̄ uat. v. lib. m̄. viii.

.Albic'.

Redeuuintram tenet Dim blanc' de. A. q'd tenuit Aluric' socheman.
p man. 7 p dim hid. 7 .xv. ac. 7 poterat uende tra sz soca 7 saca rema
nebat antecessori. Albici. Tc. iiii. uill. m. ii. Tc. i. bor. m. v. Tc. i. ser.
m. ii. Tc. i. car. indnio. m. ii. Tc. ii. car. hom. m. i. Silu. xxx. porc. ix.
ac. pti. Tc uat. xx. sol. m. Lx.

In Staunituna tenet Renold' de. A. xxx. ac. q'd tenuit Aluuin'.
7. Orderic'. tenuit. xv. ac. 7. isti. ii. fuer in soca regis. sz eos dedit
Albrico. Sep. iii. uill. 7. ii. bor. 7. i. car. Silu. x. por. iii. ac. pti. Tc
uat. xx. sol. m. xxx. In Ead tenet qda anglic' de. A. xl. ac.
q's tenuit Aluric'. soc. potens uende tra. sz soca 7 saca remanebat.
Sep. ii. bor. 7. i. car. Vat. x. sol.

TERRA Petri ualoniensis. Hund de herlaua. .XXXVI.

m

Sceringa tenet Petr' indnio q'd tenuer. iii. libi hoes. t. r. e.
p man. 7 p. v. hid. 7. xxx. ac. Sep. v. car indnio. 7. i. car. homin.
7. iii. uill. Tc. iii. bor. m. vi. Sep. viii. ser. Silu. c. por. xxxii.
ac. pti. Sep. i. mol. Tc. viii. uac. c uit. 7. i. runc. xxxv. ou. xvi.
porc. m. ii. runc. 7. i. mul. 7. i. asin. lxxxiiii. ou. lvi. por. iii. uasa
apu. Tc 7 p' uat. c. sol. m. vi. lib.

Hattuna tenet Turgis' de. P. q'd tenuit lib ho. t. r. e. p man.

·ESS·

7. p ii. hid. 7. dim. 7. xxx. ac. Tc. ii. car. in dnio. m i. dim. car. hominu.
Sep. i. uill. 7. i. pbr. m. iiii. bor. Tc. iiii. ser. m null. Silu. ccc. l. porc.
xxxv. ac. pti. Sep uat. lx. sol.

Perinduna tenet. Rog. de. P. qd tenuit. i. lib ho. t. r. e. p. man. 7. p.
.iii. hid. Tc. ii. car. in dnio. m. i. 7. dim. m dim. car. hom. Tc. i. bor.
m. v. Sep. iii. ser. Silu. c. porc. xlv. ac. in e pra 7 maresc. Sep. i. mol.
7. v. ac. tre addita e. q's ten lib ho. t. r. e. Tc. viii. an. 7. xli. ou. m
.xiiii. an. 7. i. runc. 7. lxxvi. ou. 7. xxvi. porc. 7. iii. uasa ap. Tc 7 p
uat. xl. sol. m lx.

In Walda tenet. Rad. xxx. ac. de. P. qd tenuit lib ho. t. r. e. p. co.
Sep. i. car. 7. ii. ser. 7. i. bor. Silu. c. por. ii. ac. pti. Vat. xx. sol.

Hund de beuencreu. Lammana tenet. P. indnio qd tenuit Suen
suart. p man. 7. p. iii. hid. Sep. i. car. indnio. 7. i. car. hom. Tc. m. ii.
Tc. vii. uill. m. x. Sep. ii. bor. Silu. xxx. porc. xxiiii. ac. pti. Tc. i. mol.
m null. q' e. r. Willi. inde ablatus e. Tc. ii. pisc. m null. m. i. runc.
7. xi. porc. Tc uat. xx. sol. 7 qn rec n erat ibi pt sola tra. 7 m uat.
xl. sol.

Hecham tenet. P. indnio qd tenuit haldan lib ho. t. r. e.
p. man. 7. p. v. hid. Sep. ii. car. indnio. 7. iiii. car. hom. Tc. viii.
uill. m. x. Tc. ii. bor. m. iii. Sep. iiii. ser. Silu. ccc. porc. xviii. ac.
pti. Tc. iii. pisc. 7. d. m null. Tc. i. bou. m. xv. anim. 7. i. runc.
7. xxxvii. porc. 7. ii. uasa ap. Tc. uat. lx. sol. m. iiii. lib. 7. x. sol.
7 qn rec hoc maneriu n inuenit pt unu boue. 7 una ac. seminata.
7. de his. v. hid. e. supp daci. una quae ten. ii. libi hoes. t. r. e.

·PETR'·

quæ huic manerio addita ē t.r. willi. 7 ualebat t.r.ē. x. sot. m̄
xx. 7 hoc tenet Witt de petro ualoniensi.

¶ Locheruuā tenet Radt de. P. qd tenuit Vluric' lib hō. t.r.ē. p m̄. 7 p. i. hid.
7. xxx. ac. Sēp. i. car in dñio. m̄. v. bor. Silū. lxxx. porc. vi. ac. pti. Tē uat
x. sot. m̄. xx.

¶ Dim̄ hund de Thurestau. Belindune tenet Radt fatat' de. P.
qd tenuit Aluric' lib homo. t.r.ē. p man. 7. p. iii. hid. 7. dim̄. Sēp. ii.
car. in dnio. 7. i. car. hom̄. Tē 7 p'. iii. bor. m̄. ix. Sēp. iiii. ser. xxxiii.
ac. pti. Tē. v. uac. ē untr. 7. xxx. porc. m̄. xxxiii. anim. 7. xxviii. porc.
Tē uat. xl. sot. m̄. c.

¶ Binesleam tenet. P. in dnio qd tenuit Vluuin' t.r.ē. p. i. hid. Sēp
i. car. in dnio. 7. dim̄. car. hom̄. 7 xiii. bor. Tē 7 p'. ii. ser. m̄. i. Silū.
xx. porc. iiii. ac. pti. Vat. xx. sot. hanc trām P. in uadimonio iussu
regis. ne tam p̄dat suā consuetudinē. astē epō baiocensi.

¶ Lochinauuā tenet. P. in dnio qd tenuit Leofcild. p man. 7 p. i. hid.
Tē. iii. bor. m̄. ii. Tē. ii. ser. m̄ null'. Sēp. i. car. Silū. xxx. porc. iiii.
ac. pti. Sēp. i. mot. Tē uat. Tē uat. xx. sot. 7 qn rec. xxx. m̄
uat. xx. sot.

¶ Caindeuā tenet. P. in dnio. qd tenuit hacun p man. 7 p. iii.
hid. 7. d. 7. lxxx. ac. Tē. vii. uilt. m̄. xii. Tē. iii. bor. m̄. iiii. Sēp.
v. ser. Silū. cccc. porc. xvi. ac. pti. i. mot. Tē. ii. uac. 7. iii. runc.
7. liiii. porc. 7. xlviii. ou. m̄. ii. runc. 7. lxxxxii. porc. 7 clvii. ou.
7 xii. uasa apū. Tē uat. lx. sot. m̄. c. 7. vii. libi hōēs tenuer. ii. hid.
7. i. uirḡ. 7. dim̄. qd m̄ tenet Petr'. Sēp. ii. ser. 7. i. bor. Tē 7 p'. v. car.

·ESS·

m. iiii. Silu. cxl. porc. xx. ac. pti. Sep uat. xlvi. sol. 7 hoc est
p escangio ut ipse. R. dic. 7 dim. hid. 7. xl. ac. tenet Galt. de. R. qd
tenuit Uluuin. 7 petr ht in uadimonio sic ipse dicit concessu reg
tc. i. uill. m null. m. iii. bor. tc. i. ser. m null. tc. ii. car. post 7 m. i.
Silu. c. porc. vii. ac. pti. tc uat. xvi. sol. m. xx.
In Wallam tenet. Rad. farcat de. R. qd tenuer. ii. libi hoes. t. r. e.
p. ii. man. 7 p. ii. hid. 7. xl. ac. 7 Petr ht in escangio. tc 7 p. vii.
uill. m. xiii. tc 7 p. iii. bor. m. viii. tc. 7 p. ix. ser. m. vii. tc. v. car
in dnio. post. iii. m. ii. tc 7 p. ii. car. 7 dim. hom. m. v. Silu. ccc. porc
xl. ac. pti. tc. iii. uac. 7. i. runc. 7. xxxv. porc. 7. v. ou. 7. iii. cap.
m. xvii. an. 7. i. runc. 7 xxviii. porc. 7. lxx. ou. 7. v. uasa apu.
tc uat. vii. lib. 7 qn rec. vi. lib. m uat. xii. lib. 7 qda ho libe
tenuit xl. ac. quæ ht. R. in escangio. Sep. iiii. uill. m. ii. bor. Silu.
lx. porc. v. ac. pti. Sep. i. car. 7 uat. xx. sol.

m ·XXXVII· TERRA Ranulfi fris Ilgeri. Hund de bdestapla

Ingam tenet. W. de. R. qd tenuit Oslac. t. r. e. p man. p iii. hid. Sep. i. car
in dnio. 7. i. car hom. tc. v. bor. m. ix. tc. ii. ser. m null. Silua
.c. porc. tc. xiiii. anim. lx. ou. lx. porc. m viii. an. c. ou. xx.
porc. iii. uasa ap. tc. uat. xl. sol. m. xxx.
In Ramesdana tenet hunfrid de. R. qd tenuit Siric libe p. iii. hid.

· RANOLF'

7 .xxx. ac̄. Tc̄ .ii. car̄. in dnio. m̄ .i. 7 dim̄. m̄ dim̄. car̄ hom̄. 7 .i. lib hō.
Sēp .iii. ser̄. 7 .i. bor. Silū. c. porc̄. ii. ac̄. pti. Nichil inuenit. m̄ .iiii. an̄.
.ii. runc̄. Lviii. ou. xxi. porc̄. Tc̄ uat. Lx. sol. m̄ .xl.

¶ Hund' de herlaua. Ruindune tenet .R. in dnio qd tenuit
Inguar' lib hō. t.r.e. p man̄. 7 p. vi. hid. Sēp .iii. car̄. in dnio. 7 .iiii. car̄ hom̄.
Tc̄ .xii. uitt. m̄ .viii. Tc̄ .ii. bor. m̄ .xii. Tc̄ .viii. ser̄. m̄ .iii. Silū. ccc. porc̄.
Lx. ac̄. pti. Past̄. de .ii. sol. i. mol. Tc̄ .vi. an̄. Lx. ou. xxx. porc̄. m̄
.x. anim̄. Lx. ou. xxx. porc̄. x. eq̄. Tc̄ uat. vi. lib. m̄ .ix. Huic manerio
adiacet .i. bereuuita herlaua qd tenet Ricard' de .R. p .i. hid. 7 .i. uirg̃.
Sēp .i. car̄. Tc̄ .ii. uitt. m̄ .i. Silū. L. porc̄. vii. ac̄. pti. Tc̄. 7 p' uat. xxv.
sol. m̄ .xxx. Huic t̄re addite st̄ .iiii. hid. t̄re. q̄s tenuer̄. v. libi
hoēs. t.r.e. Sēp. iiii. car̄. Tc̄ .iii. uitt. m̄ .ii. Tc̄ .v. bor. m̄ .vii. Tc̄ .i. ser̄.
m̄ null'. Silū. Lx. porc̄. xxv. ac̄. pti. Sēp uat. iiii. lib.

¶ Perendunā tenet Rog̃ de .R. qd tenuit Alestan' bella lib hō. t.r.e.
p man̄. 7 p. ii. hid. Tc̄ .i. car̄. in dnio. m̄ .i. 7 dim̄. Tc̄ .i. uitt. m̄ .v. bor.
Sēp .i. ser̄. Silū. cxl. por. xviii. ac̄. pti. Tc̄ .xii. an̄. m̄ .viii. xxxiiii.
porc̄. Lxxx. ou. Tc̄ uat. xxx. sol. m̄ .xl.

¶ Perendunā tenet Aluered' de .R. qd tenuit Aluena libā femina
p man̄. 7 p. dim̄. hid. Sēp. dim̄. car̄. 7 .i. bor. Silū. xxx. porc̄.
.v. ac̄. pti. Val. xi. sol.

¶ In Perenduna tenet Rog̃ de .R. xxxv. ac̄. q̄s tenuit Ulstan' lib hō.
t.r.e. Sēp. dim̄. car̄. Silū. xx. porc̄. ii. ac̄. pti. Val. vi. sol.

¶ Waldā tenet. Ricard'. de .R. qd tenuit Goduin' lib hō. t.r.e.
p m̄. 7 p. dim̄. hid. 7 .xv. ac̄. Sēp .i. car̄. in dnio. 7 dim̄. car̄ hom̄.

·ESS·

Té. i. uitt. m. ii. Sép. i. bord. Té. ii. ser. m. i. Silu. c. porc. ii. ac. pti. Té. xx.
porc. m. lx. xvii. anim. lxv. oū. 7. iii. runc. Té uat. xx. sol. m. xxx.
¶ In Hasinga ten&. Odo de R. i. hid. 7. i. uitt. 7. iiii. bor. 7. i. car. 7. uat.
xx. sol.

¶ Hund de Walcham. Hasingā. 7 Epingā tenuer. ii. libi. hoes. t. r. e.
p. man. 7 p. iiii. hid. 7. dim. xv. ac. min. Té. iii. car. in dnio. m. ii. Sép.
.iii. car. hom. Té. xi. uitt. m. vii. m. ix. bord. Té. iii. ser. m null. Silu. c. porc.
.liiii. ac. pti. Past. de. xxxii. d. Té. i. mot. m. n. Té. vii. anim. 7. xxx. porc.
m. ii. an. 7. xviii. porc hoc est in Hasinga. 7 In Eppinges. ii. anim.
7. xxvi. oū. 7. vi. porc. Sép ualent. iiii. lib. Hasinga. lx. sol. 7 Epping
xx. sol. 7 Ite hoc addita ē huic ťre. i. hid. quā tenuit lib hō. t. r. e.
7 ad huc ten&. Té. i. car. m. dim. Té. ii. bor. m. iii. Silu. xx. porc.
xii. ac. pti. Té uat. x. sol. m. xx. 7 adhuc. i. uirg. ťr. que addita ē
t. r. Witti. 7 ptinebat in Walcham. t. r. e. quā inde tulit. R. fil. gerr
ut hund testat. 7 uat. iii. sol. hoc totū ten&. R. in dnio.

¶ Hund de Rochefort. Thorp. ten&. Odo de. R. qd tenuit. t. r. e.
Inguar p man. 7. p. ii. hid. 7. dim. Sép. iiii. uitt. 7. iiii. bor. 7. iiii. ser.
7. ii. car. in dnio. 7. iii. car. hom. Silu. lx. porc. Past. c. oū. Té. ii.
an. 7. ii. runc. 7. c. oū. 7. xxx. porc. m. ii. anim. 7. i. runc. 7. c. oū.
7. vii. porc. 7. xviii. cap. 7. iiii. uasa ap. Té 7 p uat. iiii. lib. m. vi.

¶ Hund de hidingforda Bridebroc ten&. R. in dnio. qd ten.
.i. lib hō. t. r. e. p. man. 7. p. ii. hid. Té. iii. car. in dnio. Post. ii.
m. iii. Sép. iii. car. hom. Té. 7 p. vii. uitt. m. vi. Té. 7. p. i. bor.
m. ix. Sép. iiii. ser. Silu. xvi. porc. xxii. ac. pti. Té. xv. animał

·RAN'·

7· L· porc̃· 7· Lxxx· oũ· 7xiiij· 7· xx v· cap̃· m°· iiii· añ· 7·x· porc̃.
7· Lv· oũ· 7· ii· runc̃· Tc· 7 p° uat· viii· lib· m°· ix.
¶ Babitenã tenet· R· indnio· qđ tenuit Inguar· p· man̄· 7 p· ii· hid.
t.r.e. Sep̃· ii· car̃· indnio· 7· iiii· car̃· hom̄· 7· vi· uitt· m°· vii· bor· Tc· 7 p°.
ii· ser̃· m°· iii· xxxi· ac̃· p̃ti· Sep̃· i· mol· Tc· 7 p° uat· vii· lib· m°· viii.
his· ii· maneriis· adiacent· sep̃· ii· soc̃· de· v· ac̃.
¶ Geldham tenet Galt̃ de· R· qđ tenuit lib hõ· t.r.e. p man̄· 7· p· dim̄.
hid· Tc· i· car̃· Post nulla· m°· i· ix· ac̃· p̃ti· Tc· nich· m°· ii· añ· 7· i· runc̃.
7· xxx· oũ· 7· ii· porc̃· uat· xx· sol.
¶ Hund de Witbrictesherna. Hinuelandã tenet· W· de· R· qđ
tenuit Inguuar· t.r.e. p man̄· 7· p· i· hid· 7· dim̄· 7· xxxv· ac̃· m°· iiii·
bor· Sep̃· i· ser̃· 7· i· car̃· indnio· Tc uat· xx· sol· Post 7 m°· xxx· 7· vii·
ac̃· 7· dim̄· qs tenet· i· lib hõ· 7 uat· vii· đ.
¶ Bubingeordã tenet Ricard de· R· qđ tenuer̃· ii· lib̃i hões· t.r.e.
p· i· hid· 7· xxx· ac̃· Tc· i· bor· m°· ii· Tc· iiii· ser̃· m°· ii· Tc· ii· car̃· indnio.
p° 7 m°· i· Silũ· Lxxx· porc̃· iiii· ac̃· p̃ti· Sep̃· i· uac̃· 7· iii· porc̃· 7· cvii· oũ.
Tc uat· xl· sol· m°· Lx·
¶ Hund de Celmeresfort Gingã tenet· R· indnio· qđ tenuit
Inguuara p man̄· 7· p· ix· hid· Tc· xviii· uitt· m°· xvi· Tc· viii· bor.
m°· xx· Tc· v· ser̃· m°· vii· Tc· indnio· ii· car̃· m°· i· Tc· int̃ hões· xii·
car̃· M°· ix· Silũ· dcc· porc̃· m°· vii· anim̄· 7· Lx· oũ· Tc· uat· viii
lib· m°· x· 7· i· lib hõ· ten̄· xx· ac̃· 7 uat· iii· sol· In Eađ tenet
Witt· de bosc· ii· hid· 7· xxvi· ac̃· de· R· 7 hĉ in suo escangio.
qđ tenuit Alfega· 7· Algar· t.r.e. m°· iii· bor· Tc· ii· ser̃· m°· i·

tē. ii. car. in dnio. m. i. Silu. lx. porc. Past. c. ou. Vat. xl. sot.

Cubrigeam tenet Witts. de. R. qd tenuit aluuin p man. 7. p dim.
hid. 7. vi. ac. 7. dim. 7. dim. car potest ee. i. ac. pti. Silu. xx. porc.
Vat. x. sot.

Ginga tenuer. ii. puelle. libe p lxxx. ac. m. R. in suo escangio. 7. W.
de eo. Sep. i. car. Vat. xv. sot.

Hund de Tendringa. In derlea tenuit Edric de estorp. i. man.
de. ii. hid. 7. dim. m tenet. R. p. i. hid. 7. dim. 7. Rog de illo. tē. ii.
uitt. m. i. tē. i. ser. m nutt. tē 7 p. i. car in dnio. m. dim. tē. 7. p. i. car
hom. m nutt. 7. iii. car poss ee. Silu. xx. porc. iii. ac. pti. tē 7 p
uat. xxx. sot. m. x. hanc trā ht. R. p escangio. ht etiā in soca
de Laleforda. xv. ac. 7. ibi manet. i. hō. q reddit. vii. sot. 7. viii. d.

m ·xxxviii· TERRA Tihelli britonis. Hund de Udelesforda.

Gerdelai. tenuer. ii. libi hoes. t. r. e. p man. 7. p. i. hid. Sep. i. car
in dnio. 7. ii. bor. m. vii. tē. silu. xl. porc. p 7 m. xxx. x. ac.
pti. tē. animal. xiiii. ou. 7. xxvi. porc. 7. xxxii. cap. 7. i. runc.
7. i. uas apu. m. iiii. an. 7. xiiii. porc. 7. xxxviii. ou.
7. iii. uasa ap. 7. i. runc. hoc tenet Serlo de tihello
hanc trā reclamat Tihellus de dono regis. tē. uat. xvi.
sot. m. xx.

.Tihell⁹.

¶ Hund de Frossewella. Scenchuuā tenet Tihell' in dnio. qd
tenuit Oslac lib hō. t.r.e. p man. 7 p. xlii. ac. 7. dim. Sēp. ii. car.
indnio. Tc. 7 p⁹. i. bor. m̄. iii. Sēp. iiii. ser. v. ac. pti. Tc. v. an. 7. v. porc.
7. xx. ou. 7. ii. uasa apū. m̄. v. uac. 7. i. runc. 7. xxx. porc. 7. l. ou. 7.
.i. uas. apū. Tc. 7 p⁹ ual. lx. sol. m̄. c. sol. 7. i. unciā auri.

¶ Redeuuintrā tenet Goderet de. T. qd. tenuit Lefsiu⁹. t.r.e. p
man. 7. p dim. hid. 7. dim. uirg. Sēp. ii. car indnio. 7. i. car hom. 7.
.iiii. uilli. Tc. v. bor. m̄. vii. Silu. lx. porc. viii. ac. pti. Tc. vi. an.
m̄. iiii. 7. xviii. porc. 7 m̄ simil. Tc. xlix. ou. m̄. xxxii. iiii. uasa
apū. Tc. xx. cap. m̄ null. Tc ual. xx. sol. m̄ lx. hoc reclamat
Tihell' de dono regis.

¶ Bunstedā tenet. T. indnio qd tenuit Leuuin cilt. t.r.e. p
man. 7. p. iiii. hid. Sēp. iiii. car indnio. Tc. iiii. car. hom. m̄. ii.
Tc. ix. uill. m̄. vii. Sēp. viii. bor. 7. viii. ser. Silu. c. porc. vii.
ac. pti. Sēp. vi. anim. Tc. xxiiii. porc. m̄. xl. Tc. xl. ou. m̄. cxv.
Tc. i. runc. m̄. i. 7. i. pull. Tc. uasa ap. m̄. iii. Tc ual. vi. lib. m̄. ix.

¶ Hund de hidingafordā. Bumestedā tenet. T. indnio
qd tenuit. lib hō. t.r.e. p man. 7 p. i. hid 7. p. i. uirg. Sēp. iii. car indnio
7. ii. car hom. 7. v. uill. 7. xiii. bor. 7. vi. ser. Silu. xx. por.
xv. ac. pti. Sēp. i. mol. Tc. 7 p⁹ ual. lx. sol. m̄. vi. lib.

¶ Scurmere tenet. T. indnio qd tenuit libā femina t.r.e.
p man. 7 p. i. hid. 7. dim. 7. xv. ac. Sēp. ii. car. indnio. 7. i. car.
hom. 7. ii. uill. iii. bor. Tc. 7 p⁹. ser. m̄. ii. xvi. ac. pti. Tc. uac.
7. ii. runc. 7. lx. porc. 7. iii. uasa apū. m̄. iiii. anim. 7. i. runc.

·ESS·

7·i·pull·7·xliiii·porc·7·lxxii·ou·7·iii·uasa apu·Tc uat·xl·sol·

m·lx·

Sturmere tenet·i·indnio q̄d tenuit·lib·ho·t·r·e·p·m·7·p· ·i·hid·

7·dim·Sep·ii·car·indnio·7·i·uill·7·vi·ser·xx·ac·pti·i·mol·

Tc·vi·an·7·i·runc·7·xii·porc·7·lx·ou·m·xii·an·7·xxx·porc·

7·coll·ii·uin·7·i·runc·7·iii·pull·Tc 7 p·uat·xl·sol·m·lx·

Cilibriam tenet·i·indnio q̄d tenuit lib ho·t·r·e·p man·7·p·i·hid·

7·xxxviii·ac·Sep·iii·car·indnio·7·i·car·hom·7·v·uill·7·i·bord·

7·vi·ser·Silu·xx·porc·xviiii·ac·pti·Tc·xv·an·7·xl·porc·7

lxxx·ou·7·vi·uasa ap·m·v·an·7·i·runc·7·xxxvi·porc·7·lxiii·

ou·Tc 7 p uat·lx·sol·m·c·

XXXIX· TERRA Rogeri de Ramis· Hund de hidingforda

Raines tenet Rog indnio q̄d tenuit Aluuin lib ho·t·r·e·

p manerio·7·p·i·hid·7·xx·ac·Sep·ii car indnio·Tc·7·p iiii·

car hom·m·iii·Tc·7 p·ix·uill·m·viii·Sep·v·bord·Tc·7 p·iiii·

7·xi·ac pti·

ser·m·iii·Silu·c·porc·i·mol·Tc·viii·uac·m·iii·Tc·

·i·runc·m null·Sep·c·ou·Tc·xxx·porc·m·xl·Sep·uat·iiii·lib·

De hoc manerio tenet·Rog·de·R·xxx·ac·7 Wibga·xxx·ac·

7 uat·xx·sol·in eod p̄tio·

·Rog̃·

Ϸ Raines tenet ·R· in dnio· qđ tenuit Edric lib hō· t̃· r̃· e̊· p̃ man̄·
7 .p. i. hid. Tc̄ .ii. car̄ in dnio· P̄ 7 m̄ .i. m̄ dim̄ car̄ hom̄ 7 .iii. bor. Tc̄ 7 p̄
.vi. ser̄. m̄ .iii. Silū. ad porc̄ .xiii. ac̄. p̄ti. Sēp uał. lx. sol.
Ϸ Hedingham tenet Garengeri de .R. qđ tenuit Goduin' lib hō t̃ r̃ e̊.
p̃ man̄. 7 p̃ dim̄. hid. Sēp .ii. car̄ in dnio. 7 .iii. car̄ hom̄. 7 .viii. uiłł.
Tc̄ 7 p̄ .i. bor. m̄ .iii. Tc̄ .iiii. ser̄. Post 7 m̄ .ii. Tc̄ 7 p̄ silū. dc. por. m̄ .d.
.xviii. ac̄. p̄ti. Huic manerio sēp adiacent .ii. soc̄. de .iii. ac̄. Tc̄ 7 p̄ uał
.iiii. lib. m̄ .c. sol.
Ϸ Hund de Lassendana. Metcinges tenet .R. in dnio qđ tenuit
Ormar' lib hō t̃ r̃ e̊. p̃ man̄. 7 p̃ dim̄. hid. Tc̄ .vi. uiłł. m̄ .ii. Tc̄ .xii.
bor. m̄ .xviii. Tc̄ .vi. ser̄. m̄ .iiii. Sēp .ii. car̄ in dnio. Tc̄ int hoēs .v. car̄
m̄ .iii. Silū .xl. por. xx. ac̄. p̄ti. m̄ .i. mol. Sēp .ii. runc̄. 7 .ii. uac̄.
cū uit. 7 .c. oū. Tc̄ .xxx. por. m̄ .xx. Sēp .xxxv. cap̄. Sēp uał .c. sol.
De hoc manerio tenet Anschetill' de .R. xvi. ac̄. 7 uał. v. sol. in eod
p̄cio. 7 .iii. soc̄ tenentes libe. xviii. ac̄. ptinent huic manerio q̃s tenet
Gerold' de .R. 7 Rog dic̄ se eos habe in escangio. Sēp dim̄ car̄. Tc̄ 7 p̄
uał. x. sol. m̄ .iii.
Ϸ Delham tenet .R. in dnio. qđ tenuit Aluric. cap̄ · p̃ man̄. 7 p̃
.ii. hid. 7 dim̄. Tc̄ .vii. uiłł. m̄ .v. Sēp .xxiiii. bor. Tc̄ .iiii. ser̄. m̄ .iii.
Tc̄ .ii. car̄ in dnio. m̄ .iii. Tc̄ int hoēs .x. car̄ m̄ .v. Silū. ccl. porc̄.
xl. ac̄. p̄ti. Tc̄ .i. mol. m̄ .ii. Tc̄ .ii. runc̄. m̄ .x. Tc̄ .v. uac̄ m̄ .iii.
Tc̄ .xl. oū. m̄ .c. Tc̄ .xxv. por. m̄ .xxx. Sēp uał .xii. lib.
De hoc manerio tenet Gerold' .xxx. ac̄. 7 uał. x. sol. in eod p̄cio.
In bura ht̃ .R. xxv. ac̄. Sēp .iii. bor. 7 dim̄ car̄. Silū .xv. porc̄.

·ESS·

·i· ac̃ p̃ti. Vat. vii. sol.

¶ Hund de Tendringa. Brudefeldã ten& .R. indnio. qđ tenuit
Aluric⁹ camp. p man. 7 p. iiii. hid. 7 dim. Tc̄. vii. uill. post 7 m̃. iiii.
Sep. x. bor. 7 ix. ser. 7 ii. car. indnio. Tc̄ 7 p⁹. vii. car. hom. m̃. iii. Silu.
xxx. porc. i. sal. Tc̄. iiii. uac. c̃ uit. m̃ null. Sep. c. oui. Tc̄. xx. porc.
m̃. xxxiii. Tc̄. 7 p uat. vii. lib. m̃. lx. sol. De hoc manerio ten&
quedã uxor sui militis. dimid. hid. 7. uat. x. sol in eod p̃cio.

¶ Erlegam ten& .R. indnio qđ tenuit Bond⁹ p. man. 7. p. i. hid.
Sep. i. uill. Tc̄. xi. bor. m̃. xx. Tc̄. i. ser. m̃. n̄. Sep. ii. car. indnio.
Tc̄. 7 p⁹. ix. car. hom. m̃. i. Silu. xl. por. iii. ac. 7. dim. p̃ti. Tc̄. xl. ou.
m̃. c. Tc̄. ii. uac. 7. iii. runc. m̃ null. Tc̄. 7 p⁹ uat. iiii. lib. m̃. xxx. sol.
De hoc manerio ten& Radl de hastinges. xxx. ac. 7 uat. x. sol
in eod. p̃cio.

¶ Manestunã ten& .R. indnio qđ tenuit Alfelm⁹ t. r. e. p. man.
7. p. i. hid. 7. xxv. ac. Sep. i. uill. Tc̄. 7. p⁹. iiii. bor. m̃. iii. Sep. i. ser.
Tc̄. 7 p⁹. ii. car. indnio. m̃. i. Tc̄. int hoes. i. car. m̃ null. Silu. xv. porc.
·i· ac. 7. dim. p̃ti. Past. xv. ou. m̃. i. sal. Tc̄. 7 p⁹ uat. iiii. lib. m̃. xx. sol.

¶ Mutelleam ten& Uxor ~~Alberi~~ [henrici] de .R. qđ tenuit Aluric⁹ p. man.
7. p. i. hid. Sep. i. bord. Tc̄. ii. car. m̃. null. Tc̄ uat. xx. sol. m̃. x. sol.

¶ In Cliua ten& .R. indnio. viii. liber hoes. de. xxx. ac. 7. i. car.
7. uat. v. sol.

¶ In herlegã ten& .R. indnio. vi. liber hoes de. i. hid. 7. ii. car. 7 uat.
xl. sol. De hoc ten& Radl. x. ac. 7. Rostolr. xl. ac. 7 uat. xx.
sol in eod p̃cio. hoc est p escangio.

Hund de Witham. m
.xl.

TERRA Iohis filii Walerami. Nutleam tenet Iohs fili' ernucion
de Iohe. qd tenuit haroldus t. r. e. p man. 7. p. iiii. hid. 7. xxx. ac.
tc. v. car. in dnio. m. iii. tc. iiii. car. hominu. m. ii. tc. vii. uill. m. v.
tc. xiii. bor. m. xi. tc. iiii. ser. m. null'. tc. silu. cccxxx. por. m.
cc. xxiiii. ac. pti. sep. i. mol. past. de. vi. d. tc. i. runc. 7. ii. uac.
m. nichil. tc. uat. vii. lib. m. vi.

Hund de hidingforda. Salinges tenet Turstin' de Iohe.
qd tenuit. i. lib ho. t. r. e. p maner. 7. p. dim. hid. tc. ii. car. in dnio.
Post null. m. i. tc. i. car. 7. dim. hom. Post nulla. m. dim. tc. iii. uill.
7. i. pbr. Post. i. m. ii. uill 7. i. pbr. tc. 7. p. iii. bor. m. v. tc. iiii. ser.
p. 7. m. iii. tc. 7 p. silu. ccl. porc. m. cc. x. ac. pti. Vat. lx. sol.

Mapledestedam tenet Osmund' de Iohe. qd. tenuit lib ho. t. r. e. p
man. 7. p. dim. hid. tc. ii. car. in dnio. Post nulla. m. i. tc. ii. bor.
Post. i. m. v. 7. i. pbr. Sep. ii. ser. tc. silu. lx. por. Post 7. m. xvi.
iii. ac. pti. tc. i. mol. qui m tenet Will de garenda p uadimonio.
tc. nichil rec. m. ii. uac. 7. xiiii. porc. 7. lvii. ou. tc. uat. xl.
sol. Post 7. m. xxx.

Hem. tenet Rog de Iohe qd tenuit lib ho. t. r. e. p. maner.
7. p. ii. hid. 7. dim. tc. ii. car. in dnio. Post. i. m. ii. Sep. i. car.
hom. tc. 7 p. i. uill. m null'. Sep. iii. bor. 7. ii. ser. tc. silu. lx. porc.

·ESS̄·

post. 7. m̄. xxx. xii. ac̄. p̄ti. Tc̄. vi. anim̄. 7. xv. porc̄. 7. xl. ov̄. m̄. v. runc̄.
7. viii. an̄. 7. xxx. porc̄. 7. lxvi. ov̄. 7. xv. cap̄. huic manerio iacet
una consuetudo. de. xxii. d̄. 7. ob̄. que ē de Sudbia. Tc̄ uat̄. xl. sot̄.
Post. 7 m̄. L.

In Bura tenet hugo de. i. xv. ac̄. q̄s tenuit Tosti lib ho. Sep̄. dim̄.
car̄. 7 ii. uill̄. 7. ii. bor̄. Silu̅. iiii. porc̄. i. ac̄. p̄ti. Vat̄. vi. sot̄. hec t̄ra.
ē in comitatu de Sudfolc.

¶ Hund̄ de Angra. Fifhidam tenet Rog̃ de lotie q̄d tenuit
Leuric̄. t.r.e. p man̄. 7. p. i. hid̄. 7. dim̄. 7. xxx. ac̄. Tc̄. xii. uill̄. m̄. vii.
Tc̄. 7. p̄. ii. bor̄. m̄. x. Sep̄. iiii. ser̄. 7. ii. car̄. in dnio. Tc̄. 7. p̄. iiii. car̄.
hom̄. m̄. iii. Silu̅. cccc. porc̄. x. ac̄. p̄ti. m̄. i. mol̄. m̄. xi. uac̄. 7 xi.
porc̄. 7. lx. ov̄. 7. i. uas ap̄. Tc̄. 7. p̄. uat̄. v. lib̄. m̄. vii.

¶ Alteram Fifhidā tenet idē de eod̄. q̄d tenuit Alestan p man̄. 7. p
xxx. ac̄. Sep̄. iii. bor̄. Tc̄. i. car̄. m̄ null̄. Silu̅. xl. porc̄. vi. ac̄. p̄ti. Sep̄
uat̄. xx. sot̄.

¶ Angrā tenet idē de eod̄ q̄d tenuit Leuric̄. p man̄. 7. p. iii. uirḡ.
Sep̄. vi. bor̄. 7. i. ser̄. 7. i. car̄. in dnio. Silu̅. cc. porc̄. viii. ac̄. p̄ti. m̄.
xxx. porc̄. 7. xl. ov̄. Tc̄. uat̄. xl. sot̄. 7 q̄n rec̄. xx. sot̄. m̄ uat̄. xl. sot̄.

¶ Hund̄ de Cessefort. Auileam tenuit lib̄. suan̄. t.r.e. p. man̄.
7 p. iii. hid̄. 7. dim̄. m̄ tenet lotir in dnio. p tantudē. Tc̄. viii. uill̄. m̄. vi.
Tc̄. iii. bor̄. m̄. v. Tc̄. iiii. ser̄. m̄. i. Tc̄. ii. car̄. in dnio. m̄. i. Tc̄. int̄ hom̄
iii. car̄. m̄. ii. lx. ac̄. p̄ti. Tc̄. 7 p̄ uat̄. viii. lib̄. m̄. c. sot̄. 7 q̄dā lib ho
Vlf tenuit. dim̄. hid̄. q̄m posset uendē. & waleran̄ pat̄ lotir̄ addidit
ad huic manerio. Sep̄. i. uill̄. 7. i. bor̄. Tc̄. dim̄. car̄. m̄ nichil. Tc̄. uat̄

xx· sol· 7· qñ rec· similit̄ m̄ uat· vii· sol·

TERRA Roberti filii Corbutionis. Hund de berdestapla. Doddenhenc

tenet Girard' de· R· qd̄ tenuit Aluric' libe· t· r· e· p man· 7· p· i· hid· 7· xvii· ac.

Sēp· i· car· Silu· xx· por· Uat· xx· sol·

¶ Hund de Witham. Smalelant tenet Nigell' de· R· qd̄ tenuit comes

Algar' p man· 7· p· ii· hid· Sēp· i· car· 7· i· bor· 7· i· ser· ii· ac· p̄ti· m̄ ii·

partes prisong. tc̄· ii· anim· m̄· iii· tc̄· i· por· m̄· xxv· m̄ ii· pull·

tc̄· vi· ou· m̄· xxxv· tc̄· vi· cap· m̄ null· Sēp uat· xx· sol·

¶ Hund de beuentreu. Leintunā tenet· R· in dnīo· qd̄ tenuit

harold' t· r· e· p man· 7· p· iiii· hid· 7· dim· tc̄· ii· car· in dnīo· m̄ null·

Sēp· i· car· hom· tc̄· iii· uill· m̄· v· 7· i· pbr· tc̄· iiii· bor· m̄· vi· tc̄· iiii· ser·

m̄ null· Silu· ccc· porc· xl· ac· p̄ti· tc̄· vii· pisc· m̄ null· tc̄· i· mol· m̄ n̄·

7· adhuc possēt restaurari· ii· car· tc̄· uat· iiii· lib· m̄· xx· sol·

In Leintuna. tenet· R· iii· hid· qs̄· tenebat· viii· soc· t· r· e·

tc̄· iiii· car· m̄ null· m̄· vi· uill· 7· i· bor· Silu· x· por·

xxx· ac· p̄ti· Dim· pisc· tc̄· m̄· n̄· tc̄ uat· lx· sol·

m̄· xx· Isti soc· reddebant· t· r· e· consuet

ad hauelingas· maneriū reg· 7· m̄ reddt̄·

¶ Lalinge· tenet· W· de· R· qd̄ tenuit

Leuuine' lib hō· t· r· e· p maneriō

·ESS·

7 p. iiii. hid. 7 dim. Tc. iii. bor. m. v. Sep. iiii. ser. 7 ii. car. Pastura
xl ou. Tc. ii. runc. m. iii. Tc. vii. an. m. ix. Tc. cvii. ou. m. cxxiiii.
Tc. vi. cap. m. null. Tc uat. iii. lib. m. iiii. Hund de Celmeresfort.

Haningefeldā tenet Ranulf de R. qd tenuit Alestan lib hō. T.R.E.
p man. 7 p. i. hid. 7 dim. m. i. bor. 7 i. ser. 7 Sep. i. car. ii. ac. pti. Silu
xii. porc. Sep uat. xxx. sol.

Walcham tenet W. de R. qd tenuit Ulf p maner. 7 p. i. hid. 7 xxx. ac.
Tc. i. uilt. m. null. Tc. ix. bor. m. xi. Sep. i. ser. 7 i. car. Silu. xxx. por.
viii. ac. pti. Sep. i. mol. Tc uat. xxx. sol. m. xl.

In Eadam tenet Ranulf. de R. i. libm hoem. de. xxx. ac. que inuasit
R. Sep. dim. car. uat. iii. sol.

Bedenesteda tenet Ingelt de R. qd tenuit Sortber p man.
7 p. iii. hid. 7 dim. Tc. ii. uilt. m. null. Sep. vii. bor. 7 ii. ser. 7 i. car.
indnio. 7 i. car. hom. Silu. c. porc. i. ac. 7 dim. pti. Tc. i. runc. 7 iiii.
an. cu uit. m. null. Tc. xl. ou. m. xxx. Tc. xvi. por. m. vii. Tc uat.
xl sol. m. L. Quidā lib hō tenuit dim hid. que inuasit. R. m tenet
Godefrid de eo. Tc. 7 p. dim. car. m null. Silu. x. porc.
uat. x. sol.

Hund de Tendringa. Fuletunā tenet
Girard de R. qd tenuit Ednod lib hō. T.R.E.
p man. 7 p. ii. hid. 7 dim. 7 xx. ac.
Tc. i. uilt. m. iii. Sep. ii. bor. 7 ii. ser.
7 ii. car. indnio. Tc. i. car. hom.
m. null. iii. ac. pti. Past. lx. ou.

tc. iiii. anim. m. iii. tc. i. runc. m. null. tc. x. por. m. xx. tc. xl.
ou. m. xx. tc. uat. L. sol. 7 qn rec. xx. sol. m uat. L. sol.

Hund de Rochefort. Pachesham tenet ide. G. de. R. qd tenuit
lib ho. p manerio. 7. p. dim. hid. 7. xxx. ac. Sep. ii. bor. 7. i. car. in dnio.
tc uat. xl. sol. m. .v.

Hund de Turestapla. Colesbunta tenet Malger. de. R. qd
tenuit Sercar. p man. 7. p. i. hid. tc. v. uill. m. iiii. tc. i. bor. m. vi.
tc. v. ser. m. ii. tc. 7. p. ii. car. m. i. in dnio. tc. 7. p. ii. car. hom.
m. i. Silu. c. por. i. ac. pti. Past. Lx. ou. tc. xv. an. m. ii. uac.
7. i. uit. tc. L. ou. m. xxv. tc. i. runc. m null. tc. ii. uasa ap. m. n.
tc. uat. iiii. lib. Post. iii. m. xl. sol.

7 viii. libi hoes tenuer. iii. hid. 7. ii. ac. 7. possent ire q uellent.
qs Rob. inuasit. 7. m tenent. iiii. milites de. R. tc. iiii. ser. m. ii.
sep. ii. car. Silu. cxx. porc. Past. Lx. ou. i. sat. Vat L. sol.

TERRA Galteri diaconi. Hund de bdestapla. In bura tenet xlii. f r
Galt. ii. hid. de tra Teddrici fris sui. 7 qdam miles tenet de eo. Sep. i.
car. 7. i. bor. 7. i. ser. 7. xxx. ac. uastate silue. Past. Lx. ou. Huic manerio
addite st. xl. ac. t. regis Witti. qs tenuit lib ho. t. r. e. 7 illas
habuit Tedric. 7. tc ualebant pdicte hide. xl. sol. 7. m. similit. 7
xl. ac. uat. viii. sol. 7. iiii. d. In dnio recepit Galt. iiii. animal.

·ESS·

m̄. similit. Tc. ii. runc. m̄. i. Tc. c. ou. ii. min⁹. m̄. l.v. Tc.
m̄. xi.

¶ Hund de Wittbrictesherna. Purlai tenet Galt in dnio qđ tenuit Leuuin⁹ t.r.e. p man. 7. p. iii. hid. 7. dim. Sep. ii. uill. m̄. i. bor. Tc. iii. ser. m̄. i. Tc. ii. car in dnio. m̄. i. 7. dim. Sep. dim. car. hom. silu. lx. porc. Sep. viii. anim. Tc. v. runc. m̄. iiii. Tc. clii. ou. m̄. lxxx. Tc. lxii. por. m̄. xlvii. m̄. xxiii. cap. Sep uat. lx. sot.

¶ Eistanes tenet Galt in dnio. qđ. tenuit Dodinc. t.r.e. p. manor. 7. p. ii. hid. Tc. vi. car. in dnio. m̄. iiii. Tc. v. uill. 7. i. pbr. m̄. i. pbr 7. iii. uill. Tc. ii. bor. m̄. xxv. Tc. vii. ser. m̄. i. Tc. silu. dccc. por. m̄. cccc. xxvi. ac. pti. i. mol. Sep. vi. uac. iiii. uit. m̄. xv. an. Tc. ii. runc. m̄. vi. Tc. lxxx. ou. m̄. cxx. Tc. lxxiii. porc. m̄ lxii. Tc. xxiiii. cap. m̄. xxxiiii. ii. uasa apu. Tc uat. vii. lib. m̄. viii.

¶ Purlai tenet Galt in dnio. qđ tenuit Leuuin⁹ cilt. p man. 7. p. v. hid. t.r.e. Tc. x. uill. m̄. v. Tc. i. bor. m̄. vi. Sep. iiii. ser. 7. iii. car. in dnio. 7. iiii. car. hom. silu. c. porc. past. c. ou. Tc uat. vii. lib. m̄. uat. vi. lib.

¶ Tremnā tenet. i. miles de. G. qđ tenuit lib hō. p man. 7. p. ii. hid. Sep. ii. bor. 7. i. ser. 7. i. car. 7. uat. l. sot. ¶ Hund de Lassendena.

¶ Colun. tenet. i. miles de. G. qđ tenuit Leuuin⁹. p man. 7. p. i. hid. 7. xiii. ac. Sep. xii. bor. 7. ii. ser. 7. ii. car. in dnio. 7. i. car. hom. silu. c. porc. xiii. ac. pti. Sep. i. mol. Tc. vi. anim. m̄. ii. Tc. ii. runc. m̄ null. Tc. xii. ou. m̄. xxiiii. Tc. xvi. porc. m̄. xiiii. m̄ xiii. cap. 7. iii. uasa. ap. Sep uat. xl. sot.

·Galt·

Hund de Tendringa Wica tenet Galt in dnio qd tenuit Edeua regina p man̄· 7· p· iii· hid· Sep· xiiii· uill· Tc· xviii· bord· m̄
xxviii· Tc· iiii· ser· m̄· ii· Sep· iiii· car· in dnio· Tc· 7 p̄· xii· car hom·
m̄· viii· Silu· c· porc· viii· ac̄· p̄ti· Tc· xii· an̄· m̄· xiiii· Sep· ii· runc·
Tc· c· ou· m̄· lxxxiiii· Tc· xl· porc· m̄· lxxi· Tc· xxx· cap· m̄· xxviiii·
Tc· vii· uasa ap· m̄· x· Tc· 7 p̄· ual· vi· lib· 7· x· sol· m̄· ual· x· lib·
7 hanc t̄rā dedit· E· regina Walto post aduentū reg Witti.

Brumleiam tenet· i· miles de Galto qd ten̄· E· regina· p maner
7· p· ii· hid· xx· ac̄· min9· Sep· i· uill· Tc· xvii· bor· m̄· xv· Tc· iiii· ser·
m̄· iii· Sep· ii· car· in dnio· Tc· int hoēs· vi· car· m̄· iiii· Silu· xl· porc·
iiii· ac̄· p̄ti· Tc· ix· anim· m̄· vii· Tc· ii· runc· m̄· iiii· Tc· c· ou· m̄· cc·
Tc· xii· por· m̄· xxx· m̄· ii· uasa apū· Tc· ual· v· lib· m̄· iiii·

Hund de Vdelesforda. Cestrefort· tenet· i· mil· de Galto qd tenuit
·E· regina· p man̄· 7· p· v· hid· Sep· x· uill· Tc· iiii· bor· m̄· xvi· Tc·
iiii· ser· m̄· i· Sep· ii· car· in dnio· 7· iii· car hom· Silu· xx· porc· viii· ac̄·
p̄ti· Sep· i· mol· Tc· ii· anim· m̄· iiii· Tc· i· runc· m̄· null· Tc· xxxvi·
ou· m̄· xlii· Tc· xvi· porc· m̄· xxxiiii· m̄· xxiii· cap· Tc· ual· c·
sol· m̄· vi· lib·

·Vii· iiii· ii· 7 d· iii· uii· 7 d· ii· V·

f
r xliii

TERRA Rogeri bigoti. H. und de hidingfort.

Hidingham tenet Garengeri⁹ de R. p. xxv. ac. qs tenuert xv. libi hoēs. t. r. e. Sēp. v. car. 7. dim. 7. i. uilt. 7. ii. ser. Silu. lxx. porc. xi. ac. pā. tc uat. xl. sol. m̄. iiii. lib. In eadē uilla tenuer. iii. libi hoēs. t. r. e. xlviii. ac. tre 7. dim. m̄ tenet Idē. G. de R. Sēp. ii. car. indnio 7. ii. car. hom. 7. v. uilt. tc. vi. ser. m̄. iiii. tc. silu. cc. porc. m̄. clx. xxiiii. ac. pā. m̄. i. mol. Tc uat. xl. sol. m̄. lx. De his xlviii. ac. n̄ testat hund. R. qd inde de parte regis esset saisit⁹. has. iii. tras tenet. Garengeri⁹. 7 Rog de Ramis calūpniat eas. s; nec hund ei testatur.

Lebeners. tenet Idē. G. de R. qd tenuer. iii. libi hoēs. t. r. e. sēp. i. car. 7. dim. 7. i. bord. silu. viii. porc. iii. ac. 7. dim. pā. Tc uat. xl. sol. m̄. iiii. lib.

Ouitunam tenet. R. indnio. qd tenuit lib hō. t. r. e. p man. 7 p. i. hid. 7. xxx. ac. sēp. ii. car. indnio. 7. ii. car. hom. Tc. iiii. uilt. Post 7. m̄. iii. Tc. vi. bor. Post 7 m̄. v. sēp. ii. ser. xxiiii. ac. pā. Tc uat. xl. sol. m̄. iiii. lib.

Belcham tenet Rob de uals de R. qd ten. vi. libi hoēs. t. r. e. p. i. hid. 7. xxxviii. ac. 7. dim. Sēp. iii. car. indnio. tc. 7 p⁹. i. car. hom. m̄. dim. Tc. iii. uilt. Post 7. m̄. ii. Tc. 7 p⁹. ix. bor. m̄. xii. Tc. iiii. ser. Post 7. m̄. i. Silu. xxx. porc. xv. ac. pā. Tc uat. lx. sol. m̄. c.

Heni. tenet Idē. R. de R. qd tenuer. v. libi hoēs

·t·r·e· p·i·hid· 7· dim· iiii· ac· min⁹· Sep· iiii· car· in dnio· Tc· iiii·
uill· Post 7 m· i· Tc· 7 p⁹· ii· bor· m· iii· Sep· ii· ser· Tc· 7 p⁹ silu· xxx·
porc· m· xx· xviii· ac· pti· Tc· 7 p⁹ uat· xl· sol· m· lxiiii·

Westunā tenet hugo de hosdenc qd tenuer· iii· libi hoes· t·r·e·
q fuer de soca algari· p· i· hid· 7· L· ac· Sep· v· car· in dnio· Tc· 7 p⁹·
·v· bor· m· x· Tc· 7 p⁹ ix· ser· m· iiii· Silu· vi· porc· xxiiii· ac· pti· m·
i· mol· Tc· 7 p⁹ uat· lx· sol· m· iiii· lib·

TERRA Roberti malet· Hund de hedingfort· Stanesteda· xliiii

tenet hub de Robto· qd tenuit Goduin⁹ lib ho· t·r·e· p man·
7 p· i· hid· Sep· ii· car· in dnio· Tc· 7 p⁹· v· car· hom· m· iii· Tc· x· uill·
Post· viii· m· iiii· Sep· vii· bor· Tc· vii· ser· m· vi· Tc· silu· d· porc·
m· cccc· x· ac· pti· Tc· i· mol· m· ii· Huic manerio adiacet· i· hid·
7· dim· 7· l ii· ac· qs tenuer· sochemani· t·r·e· Tc· iiii· car· m·
·iiii· 7· dim· Tc· 7 p⁹· vi· bor· m· xxiiii· Tc· iiii· ser· m· i· Silua·
xxx· porc· xvi· ac· pti· Tc· xvi· an· v· runc· lx· ou· l· cap· xl·
por· x· uasa· apu· m· x· an· l· ou· xxvi· cap· xl· porc· viii· uasa
apu· Tc· uat· vi· lib· m· ix· 7· i· soc· q n potuit recede· terra
tenens· xx· ac· 7· uat· ii· sol·

Goldingham tenet idē hub· de R· qd tenuit lib ho Goduin⁹·
t·r·e· p man· 7 p· ii· hid· Tc· iii· car· in dnio· Post 7 m· ii· Sep·

vi. uill. 7. v. bor. Tc. 7 p⁹ vi. ser. m° ii. Sep. xvi. ac. pti. huic manerio
adiacebant. iiii. soc. de xvii. ac. 7. i. ac. pti. Tc. x. an. 7. ii. runc.
l. ou. xl. capre. m°. xii. an. i. runc. cclx. ou. lxv. por. v. uasa apu.
Tc. uat. lx. sol. m°. vi. lib. Hund de Lassendena

Colun. tenet. R. indnio. qd tenuit Alsoui⁹ p man. 7. p. i. hid. 7. xxx. ac.
Sep. vii. uill. 7. xv. bor. Tc. iiii. ser. m°. iii. 7 sep. iii. car. in dnio.
Tc. int hom. v. car. m°. iiii. Silu. cccc. porc. Sep. i. mol. xiii. ac. pti.
Tc. xii. anim. iii. runc. lx. por. xl. cap. xx. ou. m°. vi. an. xx. porc.
xxx. ou. iii. uasa ap. Sep. uat. vi. lib. 7. Tc. fuit. i. soc. q libe tenuit
i. uirg. m°. ht. R. sep. dim. car. Tc. uat. viii. sol. m°. vii.

Parua colum tenet Galt de. R. qd tenuit Goduin⁹. p man. 7 p. i.
hid. 7. i. uirg. Tc. viii. bor. m°. xvii. Tc. iiii. ser. m°. i. Silu. xxx. porc.
xi. ac. pti. i. mol. Tc. uat. xl. sol. m°. lx. 7 e in ptio de Stanesteda
in. lx. lib.

Hund de Angra

f xlv Terra Willi de Scohies. Mortunā tenet Willm indnio.
qd tenuit Sexi⁹ p manerio. 7. p. i. hid. 7. xx. ac. Tc. iiii. uill. m°.
iii. Sep. xvi. bor. Tc. vi. ser. m°. iiii. Tc. 7. p⁹. iii. car. in dnio. m°. ii.
Tc. 7 p⁹ ii. car. hom. m°. i. 7. dim. Silu. cccc. porc. xx. ac. pti.
Tc. runc. m°. iiii. Tc. viii. uac. 7. vi. uit. m°. xi. an. m°. xxxvi. ou.
Tc. lx. por. m°. xiiii. Tc. xxx. cap. m°. lx. Tc. uat. viii. lib. m°. x.
7. i. lib. ho tenuit. xliii. ac. 7. dim. m°. W. in uasto. 7. n ptinebat
isti manerio qd tenet Rad de eo. Sep. i. uill. 7. ii. bor. 7. i. ser.

.W.

7. i. car' in dnio 7 dim' car' hom'. Sep uat. xxx. sol. s; huc usq habuit xxx. sol.

TERRA Rogeri Pictauensis. Hund de Lessendena. Bura xlvi. f
tenuit Ulmer' p man' 7 p. i. hid. m. R. p tantundē. Tc. vi. uilt 7 qn rec' similit. m. v. Sep. ix. bor. Tc. 7 p' vi. ser. m. iiii. Tc. 7 p' iii. car' in dnio. m. ii. Tc. 7 p' iii. car' hom'. m. i. 7 dim'. Silu' ccc. porc. xii. ac' pti. Sep. i. mol. 7 adhuc sep ptinent. iii. uilt. 7 ii. bor. huic t'. i. car. Tc. ii. runc. xiiii. anim. lxxx. ou. xxviii. porc. xxvi. cap. m. vii. anim. liiii. ou. vi. por. Tc. 7 post uat. vii. lib. m. xi. 7 qn rec' similit. 7. viii. libi hoēs tenuer'. dim. hid. 7. xxx. ac'. Sep. iii. car' 7 iii. ac' pti. Silu' xxx. porc. hoc appciatū ē sups.

Bercola tenuit Leuuin' Croc p man' 7 p. i. hid. 7. xxv. ac'. m. Rog. similit. Tc. vii. uilt. p' 7. m. v. Tc. v. bor. 7 qn recep. vii. m. v. Sep ii. ser. Tc. 7 p' ii. car' in dnio. m. i. Tc. 7 p' ii. car' hom. m. i. Silu' ccc. porc. viii. ac' pti. Sep. i. mol. Huic man' ptinet. i. beruuita que uocat' Bradefelda p. dim. hid. 7. xxx. ac'. Tc. 7 p' i. car' m. null. Tc. rec'. R. in dnio. i. runc. 7 xiiii. anim. 7 xlviii. ou. 7 c. ou. 7 vi. porc. xxxii. cap. m. iiii. anim. lxxx. ou. xi. porc. Tc. uat. vi. lib. 7 qn recepit. vii. m uat. lx. sol. 7. vii. libi hoēs tenuer'. dim hid. 7. xi. ac'. 7 dim'. Tc. 7 p' ii. car'. m. i. ii. ac' pti. 7 appciatū ē insup dictas lib.

Hund de Tendringa. In Bradefelda tenuit Leuuin' dim hid. 7. xv. ac'. Tc. i. bor. 7 i. ser. m. n̄. Tc. 7 p' i. car'. m. n̄. Tc uat. xl. sol.

·ESS·

7 · qn recepit · xxx · sol · m · uat · v · sol ·

·xlvii· ~~TERRA Hugonis de Gurnai~~ Hund de hidingaforda ·
Listunā tenet · Goisfrid · talebot qd tenuit lib homo p man · 7 · p dim · hid ·
7 · xxx · ac · Sep · ii · car · in dnio · 7 · i · car · hom · tc · 7 · p · vi · bor · m · v · tc · 7 p
·iii · ser · m null · xxx · ac · pti · dim · mol · tc · iii · uac · c uit · xii · ou
·vii · porc · m · iii · uac · c uit · xxii · ou · viii · uasa ap · Sep uat · lxviii · sol ·
ꝑ Hund de Tendringa · Erleiam tenuit Osbt · p man · 7 · p · ii · hid ·
7 · dim · m · tenet Agnes · tc · xvi · uill · Post 7 · m · vii · tc · iiii · bor
m null · tc · iiii · ser · m null · Sep · ii · car in dnio · tc · int hoes · xiii · car ·
7 · qn rec · vi · m · iii · Silu · xl · porc · iii · ac · pti · m · ii · mol · Tc · xxx ·
ou · v · porc · m · xliiii · ou · viii · porc · vii · an · x · cap · iii · uasa apu ·
tc uat · vi · lib · Post 7 · m · iiii ·
ꝑ Hund de Laffendena · Forham tenet Goisfrid de hugone ·
qd tenuit Erbert p man · 7 · p · ii · hid · tc · x · uilt · m · vii · tc · v · bor
m · xi · tc · v · ser · m · iiii · Sep · iii · car · in dnio · tc · v · car · hom · m · iiii ·
Silu · c · porc · xii · ac · pti · Sep · i · mol · tc · ii · runc · 7 · iii · uac · cu
uit · lx · ou · xii · cap · viii · porc · x · uasa · ap · m · ii · runc · viii · an ·
Lxxx · ou · xxv · cap · x · porc · vi · uasa ap · 7 · iii · libi hoes tenent
·xiii · ac · Sep · dim · car · Sep · uat · vii · lib · 7 · x · ac · abstulit
Rog pictauensis de isto manerio · sic hund testat ·

~~Terra Willi Peurelli.~~ .xlviii.

Torindunam tenet Drogo de Willo. qd tenuit . Ailmar libho
t. r. e. p man. 7 p. i. hid. 7. dim. m° st. iii. hid. 7. dim. 7. xxi. ac.
Sep. ii. car. indnio. Tc. ii. car. hom. m° iii. Tc. i. uill. m° non.
Tc. iiii. bor. m°. xi. Tc. iii. ser. m° ii. Tc. i. uac. lx. ou. xi. por.
m°. v. uac. xv. porc. lx. ou. Tc. iiii. soc. 7. modo similit tenent
.ii. hid. 7. dim. 7. xxi. ac. de eadem tra. 7. inde ablate st. lvi. ac.
Sep ibi e. silua. c. porc. Past. lx. ou. Tc ual. lx. sol. m° c.

H[illegible]und de Cessefurda. Turruc. tenet. W. indnio. qd ten.
Ailmar. t. r. e. p man. 7. p. iii. hid. 7. xliii. ac. Tc. ii. uill. m° iii.
Tc. xi. bor. m°. xviii. Sep. ii. ser. 7. ii. car. indnio. Tc. iiii. car. hom.
.m°. v. Past. c. ou. Sep. i. pisc. Tc. ii. uitt. lviii. ou. i. runc. m°.
.v. uac. iiii. uit. lxxxv. ou. viii. porc. Tc. ual. vi. lib. 7 qn rec.
m°. xii. lib. 7. unciā auri. In hoc manerio iacebant. ix. soc. t. r. e.
tenentes. iii. hid. m° st. v. soc. 7. tenent. i. hid. 7. dim. 7. Gislebtus
ho epi baiocensis tenet. i. hid. 7. dim. x. ac. min. 7. hund nescit
q m°. xx. ac. etiam tenet Anschetill. ho epi. londonie. que
iacebant in hoc manerio. t. r. e. 7 similit nescit hund.

.xlix.

~~Terra Radulfi de limesio.~~ Brandunā tenet. Rad. f
indnio. qd tenuit lib ho. t. r. e. p man. 7. p. ii. hid. 7. dim.
xv. ac. min. Sep. ii. car. indnio. 7. iii. car. hom. 7. vii. uill.

7 .vii. bor. 7 .iiii. ser. Silu. x. porc. xxxii. ac. pti. i. mol. Tc uat
.iiii. lib. P 7 m° .vi. Huic manerio addidit harduin t. r. Witti.
xx. ac. Sep. dim. car. m° .i. bor. Tc. silu. xx. por. m° .vi. appciatu e supi.
In Hiuetuna. iacet .i. soc. hns. dim. car. sep. 7 uat. iii. sol.
Hund. de angra. Cinghe uuella tenet R. in dnio qd tenuit
harold de Rege. e. p man. 7 p .vii. hid. Sep. xix. uitt. 7 .ii. bor. 7
.ii. car. in dnio. Tc. xvi. car. hom. m° .xi. Silu. dccc. porc. xxxi.
ac. pti. sep. i. mol. Tc uat. viii. lib. m° x. 7. vi. libi. hoes. manser
in .ii. hid. 7 .xv. ac. qs m° ht. Rob. greno. ex dono regis sic ipse dic. 7
Tc. habebant. iii. car. m° .ii. Silu. xl. porc. viii. ac. pti. Tc .i. mol.
m° null. Sep uat. xl. sol. 7. qda lib ho tenet 7 tenuit. xxx. ac.
que m° ht petr uicecomes. Tc .i. car. m° dim. Silu. xxx. porc. ii. ac.
pti. uat. v. sol. De ista tra habuit. R. libatione e suo feudo.
In supdicto manerio de Brumduna rec. R. iii. anim. xv. ou.
xv. por. i. runc. m° vi. anim. xxiiii. ou. xviii. porc. i. runc.
7 In Cinghe uuella rec. vi. an. 7 .xvii. ou. 7 .xi. porc. m° .x. an.
.lx. ou. xx. porc. Rad de Limeseio tenet .vi. ac. de soca reg. s;
antecessor ei9 inuasit.

.L. TERRA Robti de todeneio. Hund. de Vdelesfort. Cestreuuic
tenuit .i. lib ho. t. r. e. p m. 7. p .i. hid. 7 .dim. Sep. i. car. in dnio
7 .ii. car. hom. Tc. 7 p. iiii. uitt. m° .iii. m° .ii. bor. silu. c. porc. iiii. ac.
pti. uat. xl. sol.

TERRA Radulfi de Todeneio. Hund' de Herlaua. In .LI.
Ouesham tenet Rog' de .R. dim' hid' q'm tenuit Ermar'. Sep' .i. car'.
Silu' .xii. porc'. T'c' ual' .x. sol'. m' .xv.
Laghefara tenet .Rog' de .R. q'd tenuit Sexi p man' 7 p .i. hid'.
T'c' .iiii. uill' m' .ii. m' .vii. bor' T'c' .iiii. ser' m' .iii. T'c' .ii. car' in d'nio
m' .i. Silu' .xxx. porc' .xvi. ac' p'ti. Sep' .xiii. porc' 7 .lx. ou' 7 .iiii. uac'.
Sep' ual' .lx. sol'.

TERRA Walt'i de doai. Hund' de Cesseurda. Upmunstre .LII.
tenet Walt' in d'nio q'd tenuit Sueno' suart p man' 7 p .vi. hid' 7 d'
7 .xxx. ac'. Sep' .viii. uill' T'c' .v. bor' m' .vii. Sep' .iiii. ser' 7 .ii. car'
in d'nio. T'c' .v. car' hom' m' .iiii. Silu' .cc. porc' .viii. ac' p'ti. T'c' .i.
pull'. m' .n'. m' .lxxxv. ou' 7 .xxv. ou'. T'c' ual' .vii. lib' m' .viii.
7 .x. ac' iacuer' in hoc manerio q's tenet .G. demagna uill' in suo
escangio ut dicit.
Raneham tenet .Walt' in d'nio q'd tenuit Lestan' p'posit' .R.E.
p man' 7 p .viii. hid'. T'c' .iii. car' in d'nio m' .ii. T'c' .vi. car' hom'
m' .v. Sep' .xii. uill' T'c' .ii. bor' m' .ix. T'c' .v. ser' m' .iiii. C .v. ou'
.xx. por' .i. runc'. Sep' ual' .x. lib'. Huic manerio addita est dim'
hid' q'm tenebant .iii. libi hoes .T.R.E. 7 p'q'm W. rex uenit Walt'
eam addidit suo manerio. cui n' adiacebant .T.R.E. ut consulat'
testat'. 7 T'c' habebant .i. car' m' dim' 7 q'n rec' dim' ual' .xx. sol'.
Hund' de Tendringe. Holanda tenuit Lestan' p .vi. hid' 7 d'. Sep' .xiiii. uill' T'c' 7 p' .x. bor'
m' .xii.

ESS.

tc 7 p. v. ser. m. iii. tc 7 p. iiii. car in dnio. m. ii. tc 7 p. xi. car hom. m. viii.
Silu. c. porc. xiiii. ac. pti. Sep ual. xxiiii. lib.

LIII. Terra Mathie mauritaniensis. Hund de dommauua.
Estanas tenet. M. in dnio qd tenuit Adulf lib ho t.r.e. p man.
7 p. v. hid. Tc. v. car. in dnio. 7 qn rec. iiii. m. iii. Tc. x. car. hom.
m. vii. Tc. xi. uill. 7 i. pbr. m. xv. uill. 7 i. pbr. Tc. x. bor. m.
xvi. Tc. x. ser. m. ix. Silu. cc. porc. tc. m. cl. lxvii. ac. pti. Sep
i. mol. 7 ii. runc. 7 viii. an[illegible]xx. por. 7 lx. ou. 7 x. cap.
7 iii. uasa ap. Tc. ual. x. lib. 7 qn rec similit. m. ual. xv. lib.
Hund de Celmeresfort. Ginga tenet. M. qd tenuit duschill.
p. man. 7 p. v. hid. Sep vii. uill. 7 viii. bor. 7 iiii. ser. 7 ii. car.
in dnio. 7 iii. car. hom. Silu. ccc. porc. 7 i. runc. v. anim.
xx. porc. xxx. ou. Tc. ual. sol. m. vi. lib.

LIIII Terra Comitisse de albamarla. Hund de hidingforz.
Barlea tenet in dnio qd tenuit Leuuin lib ho t.r.e. p man.
7 p. ii. hid. 7 xxx. ac. Tc. iii. car. in dnio. post 7 m. ii. Sep v.
car. hom. 7 x. uill. 7 v. bor. Silu. xxx. porc. xl. ac. pti.
7 vii. anim. 7 xxv. ou. 7 xxiiii. cap. xxviii. porc. ii. uasa
apu. Tc. 7 p. ual. viii. lib. m. xii.
Hund de Tendringa. Sciddinchou. tenet in dnio qd
tenuit Aluric p manet. 7 p. ii. hid. Sep xv. bor. Tc. iiii. ser.

· Comitissa ·

post 7 modo .i. Tc. ii. car. in dnio. p'7 m .i. Tc. iiii. car. hom. post.
7 m .ii. Silu. xl. porc. vi. ac. pti. Tc. i. mol. 7 .i. pisc. m .n. Past. xl. ·iii]
oil. Tc. iii. uac. iii. uit. xl oil. ii. runc. xxx. porc. m .i. runc. iii. an.
xlviii. oil. Sep. ual. lx. sol.

TERRA Iudith comitisse. Hund de beuentreu Wilauestou tenuit Wallef comes t.r.e. p man. 7 p .x. hid. 7 dim. Sep. ii. car. in dnio. Tc. xv. car. hominu. m. xxii. Tc. xxv. uill. m. xxxvi. Tc. i. bor. m. xxv. Sep. iiii. ser. Silu. ccc. porc. lxxx. ac. pti. Past. de viii. sol. Sep. i. mol. Tc. vi. piscinę. m. ii. m. viii. anim. i. runc. xxxv. por. lx. oil. xx. cap. Tc ual. xv. lib. m. xxviii. lib. 7 ii. uncias auri. ·LV·

TERRA Frodonis fris abbis. Redeuuinestre tenet F. in dnio qd tenuit Orgar' p man. 7 p .i. hid. 7 .i. virg. Sep. xv. uill. 7 vi. bor. 7 .iii. 7 .iii. car. in dnio. 7 .vi. car. hom. Silu. c. porc. xxx. ac. pti. Tc. x. anim. lx. oil. l. porc. xxv. cap. i. uas ap. m. xviii. an. cxl. oil. xxxvii. porc. xxx. cap. iiii. uasa ap. Tc ual. viii. lib. m. xv. De hoc manerio tenet Algar' de Frodone xxx. ac. 7 ual. x. sol. in eod. ptio. LVI.

·ESS·

·LVII· ¶ TERRA SASSELINI. Hund' de bdestapla.
Stanitinge. 7 Winthelle. q̃s tenet S. tenuer. Alric'. 7. Vluuin'.
p man. 7 p. ii. hid. 7. xxx. ac. Sep. ii. car. in dnio. 7. ii. bou hom.
Silu. xl. porc. Tc. i. runc. 7. vii. porc. 7. xv. ou. m̃. i. runc. lxx. ou.
xviii. por. xx. cap. Sep uat. l. sol.
¶ Hund' de Witham. In Hutlea tenet. S. dim. hid. 7. xxii. ac.
q̃s tenuit Leueard'. t. r. e. Tc. i. car. m̃. dim. Tc. i. an. m̃. iiii. 7. xii.
ou. vi. porc. i. runc. Vał. x. sol.
¶ Hund' de Wensistreu. Legrã tenet. S. q̃s tenuer. ii. libi hoes
t. r. e. p maner. 7. p. viii. hid. Tc. iiii. car. indnio. m̃. ii. Sep. ii. car.
hom. 7. i. uilt. 7. xvii. bor. Tc. viii. ser. m̃. iii. Tc. silu. c. porc. m̃. lx.
vii. ac. pti. Tc. xxiiii. anim. cc. ou. xxiii. porc. iii. runc. iiii.
uasa ap. m̃. vii. an. cxxv. ou. lx. porc. iii. runc. iiii. uasa apu.
Sep. uat. vii. lib.
¶ Dim̃ Hund' de Clauelinga. Rincepo tenet. S. q̃s tenuit lib ho
p. man. 7. p. i. hid. Sep. i. car. m̃. iii. bor. 7. i. ser. 7. iiii. ac. pti. 7
xviii. ou. 7. xviii. porc. Vał. xx. sol.
¶ Hund' de Cesseurda. In Celrediç tenet. S. i. maner. de. i. hid.
7. dim. 7. xxx. ac. q̃s tenuit Orgar lib ho. t. r. e. Tc. i. car. indnio
m̃. i. 7. dim. Sep. ii. car. hom. Tc. iii. uilt. m̃. iiii. Sep. vi. bor. Tc.
·ii· ser. m̃. null. Silu. c. porc. past. lx. ou. Tc. l. ou. xxiiii. por.
·iiii· runc. xii. anim. m̃. iiii. an. xii. ou. vi. por. i. runc. Tc.
uat. lx. sol. m̃. iiii. lib. 7. i. soc. fuit in hac tra de. xv. ac. q̃ potat
uende. s; soca iacebat in Warlea. tra sci pauli. Sep. dim. car. 7

uat. iii. sol.

Hund de Udelesfort. Banhuntã tenet. S. p manerio qd tenuit Aluric lib ho. T.R.E. p. man. 7 p. ii hid. Quando recep. iiii. bor. 7 m. Sep. i. car. in dnio. m. dim. car. hom. x. ac. pti. Tc. i. an. 7 i. porc. m. xxx. ov. ii. an. i. runc. Tc 7 p⁹ uat. xl. sol. m. lv.

~~Tra Goisfridi filii Eustachii.~~ Hund de Udelesfort. Wicam tenuit Sexi T.R.E. lib ho. p. man. 7 p. iii. hid. 7 xiii. ac. Tc 7 p⁹ xiiii. uill. m. ix. Tc 7 p⁹ viii. bor. m. xxi. Sep. iiii. ser. 7 ii. car. in dnio. 7 iii. car. hom. Tc 7 p⁹ silu. c. por. m. lx. xx. ac. pti. Sep uat. vii. lib. Tc. i. runc. L. an. ~~xxx. por. xxxvi. cap.~~ m. i. runc. ~~xi. an. xxx. cap. xxxvi. porc.~~ ii. an. · LVIII.

~~Terra Willi Leuric~~ Scelgham tenuit Alsgar lib ho. T.R.E. p man. 7 p. viii. hid. Sep. vi. uill. Tc viii. bor. m. x. Sep. iiii. ser. 7 ii. car. in dnio. 7 iii. car. hom. Past. c. ov. Sep uat. vi. lib. · LIX.

~~Tra Hugonis de Sco Quintino~~ Hormeadã tenuit Wlsi T.R.E. p man. 7 p. i. hid. 7 dim. Sep. i. car. in dnio. Tc. iii. bor. m. iiii. Silu. x. porc. uill. pars pisciñ. Sep. i. runc. i. an. xxx. ov. i. porc. Uat. xx. sol. De hac tra abstulit Godwin. ii. mansiones. · LX.

Hund de Wensistreu. Wighebgã tenuit Aluric. lib ho

p man· 7 p ii· hid· Sep· i· car· in dnio· tc· i· bor· m̄ ii· tc· ii· ser·
m̄ iii· tc· i· mol· m̄ n̄· Sep· i· runc· 7 vii· an· 7 i· porc· tc·
.lv· ou· m̄ xlv· Sep uat· xxx· sol·

Hund de Lauxendena· Paruā bricceiam· tenuit Wluard'
t·r·e· p man· 7 p dim· hid· 7 xv· ac· m̄ tenet hugo de dono
regine· p tantunde· silu· x· porc· iiii· ac· pti· tc· i· bor· 7 i· ser·
7 m̄ simil· Sep· i· runc· vii· anim· xxv· por· liii· ou· tc· 7 p'
uat· xx· sol· m̄ xvi·

Hund de bdestapla

.lxi· ~~Terra Eudonis filii ulgeri~~ Hornindunā tenuer·
·ii· libi hoēs· t·r·e· p man· 7 p ii· hid· 7 dim· 7 xv· ac· tc·
·iii· car· in dnio· m̄ ii· tc· ii· car· hom· m̄ i· Sep· i· uill· tc· xiiii·
bor· m̄ xvi· tc· iii· ser· m̄ null'· Past· l· ou· xii· ac· pti· tc· v·
anim· i· runc· xx· por· c· l· ou· m̄ xxxv· ou· Val· L· sol·
In eād uill· ē qdā diacon' habens· xxx· ac· 7 qrtā partē ecclie
7 iacet ad elemosinā regis·

Warangre tenet ·E· qd tenuit Almar' holefest· t·r·e· 7 p i·
hid· 7 dim· 7 p man· tc· ii· car· in dnio· m̄ i· tc· iii· car· 7 d·
hom· m̄ iii· tc· vii· uill· m̄ ix· m̄ iiii· bor· tc· iiii· ser· m̄
null'· Silu· L· porc· viii· ac· pti· tc· vii· uac· i· porc· c· ou· v· mini·
xl· cap· i· runc· vi· uasa ap· m̄ iiii· an· ix· por· xxiiii· ou·

·ii· uasa apu. Sep uat. c. sot.

TERRA Rogi Marescalci. Hund de bdestapla. ·Lxii.

Hexendena. tenuit Aluuard' dore t. r. e. p man. 7. p. xl. ac.
m° tenet R. te. dim. car. m°. null. Sep uat. iiii. sot. 7. In Hucles.
·v. ac. qs tenuit. Cola lib ho. 7. uat. iiii. sot.
Beruuna tenuit Vluuin' hapra. p man. 7. p. dim. hid. m° R.
te. i. car. m° dim. i. ac. pti. te. uat. x. sot. m°. v.
Lohou tenuit Aluuin' p man. 7. p. xl. ac. m° R. Sep. dim. car.
Silu. iii. por. Vat. v. sot.

Terra Adami filii durandi malis operis. Hund de domauua. Lxiii.

Willinghehala tenuer. v. lib. hoes. t. r. e. p maner. 7. p. dim.
hid. te. ii. car. m°. i. m°. vi. bor. Vat. x. sot.
Hund de hidingforc. Horsteda forc. tenuit Godric' lib ho.
p. xv. ac. t. r. e. m°. tenet. A. te 7. ps. i. car. m°. dim. Sep. v. bor.
Silu. xl. porc. iii. ac. pti. te uat. x. sot. m°. xiii.

Tra Godefridi lorenarii. Hund de beuentreu. Ileforc. Lxiiii.
tenuer. ii. lib. hoes. t. r. e. p man. 7. p. iii. hid. xxx. ac. m°. te
·ii· car. in dnio. m°. iii. te. car. 7. dim. hom. m°. i. te. vii. uilt. m°. iiii.

Tc̄ · iiii · bor · m̄ · vi · Tc̄ · i · ser · m̄ · ii · Silū · xx · porc̄ · xx · ac̄ · p̄ti ·
m̄ · i · mol · 7 · i · pisc̄ · Sēp · uat · iiii · lib ·

· LXV · T̄ra lefsi nepotis Walerami · Hund de Wdelesforđ ·
Alsenham ten̄ Oeruena liba fem̄ · t · r · e · p man̄ · 7 · p · iiii · hid ·
Sēp · ii · car in dnio · Tc̄ · 7 · p̄ · vii · car hom̄ · m̄ · vi · Sēp · viii · uill ·
Tc̄ · 7 p̄ · i · bor · m̄ · xii · Sēp · v · ser · Tc̄ silū · dccc · por · 7 qn̄ rec̄ ·
· dc · m̄ · d · xii · ac̄ · p̄ti · Sēp · i · mol · 7 · ccxx · ou · 7 · viii · uac̄ ·
7 · lx · porc̄ · 7 · i · runc̄ · 7 · i · pull · Tc̄ · 7 p̄ uat · vi · lib · m̄ · viii ·

· LXVI · T̄ra Willi diaconi · Hund de Wensistreu · Peltendunā ·
tenuit Turchill' lib hō · t · r · e · p man̄ · 7 · p · v · hid · Sēp · ii · car · in
dnio · 7 · ii · car · hom̄ Tc̄ · iiii · uill · m̄ · iii · Tc̄ · ix · bor · m̄ · x · Tc̄ · ii · ser · m̄ · iiii ·
Silū · lx · porc̄ · i · sal · 7 · i · ecclia · de · xxx · ac̄ · Sēp · dim̄ · car · 7 · i · soc̄ · de xvii ·
ac̄ · De his · v · hid · calūt hamo dapifer · lxxx · ac̄ · de arabili t̄ra · 7 ·
· cc · ac̄ · de maresc · qđ totū adiacebat huic manerio · t · r · e · 7 post
aduentū regis Willi · sic hund testat̄ · 7 hanc occupationē p̄cepimus
in manu regis · Tc̄ · supdictū maneriū cū hoc toto 7 qn̄ rec̄ · uat · vi · lib ·
7 · m̄ · uat · c · sol · 7 qđ inde ablatū ē uat · xx · sol ·
Hund de hidingforđ · Scaldeforđ tenuit Godere lib hō · p man̄ ·
7 · p dim̄ · hid · t · r · e · Tc̄ · 7 p̄ · i · car · m̄ · i · 7 · dim̄ · Tc̄ · iii · ser · m̄ · i · bor ·

silu' .xii. porc. vii. ac. pti. Tc uat. xl. sol. m. l.

Tra Galt'i com. Hund de hidingforde. Scaldeforte tenuit LXVII.
lib ho. t.r.e. p man. 7 p. dim. hid. Tc 7 p. i. car. 7 dim. m. i. Sep. i.
uill. 7 iii. bor. Tc 7 p. ii. ser. m. i. Silu. viii. porc. xi. ac. pti. Tc ii.
runc. 7 xii. anim. 7 lx. porc. 7 liii. ou. 7 iii. cap. m. x. anim. 7
viii. porc. 7 liii. ou. 7 xx. cap. 7 v. uasa ap. Tc uat. xl. sol. m. l.
In Asseuuella tenuit Edaga dim. hid. p man. m. Galt. Tc iii.
bor. m. vii. Tc i. car. 7 dim. m. i. Silu. lx. por. xi. ac. pti. Tc i. uac. 7
xxx. porc. 7 v. ou. m. iiii. an. 7 viii. porc. 7 liii. ou. Tc uat. xl.
sol. m. lx.

Hund de berdestapla .LXVIII.
Tra Wodum'e Wicforde tenuit Eduin' grut lib ho. p maner.
7 p. dim. hid. Sep. i. car. 7 i. bor. iii. ac. pti. Vat. x. sol.
Hund de Wicham. In Wicham. tenet. O. i. hid. qm
tenuit harold. Sep. i. car. Tc i. bor. m. ii. Silu. xii. porc. Tc viii. ac. pti.
m. iiii. 7 alias tulit. Goffrid baignard. Tc iiii. por. m. vii. Tc xx.
ou. m. xl. Tc iiii. an. m. x. m. ii. runc. Vat. xv. sol.
Hund de Wdebrictesherna. Crichesciam tenuit alduuard
t.r.e. p man. 7 p. i. hid. Tc ii. bor. m. i. Sep. i. car. past. xl. ou. m.
lxxxv. ou. Sep. uat. xxx. sol.
Hund de Wensistreu. Legra tenuit lib ho. t.r.e. p man.

7 p. ii. hid. Sēp. ii. car̄ in dnīo. tc̄ v. bor. m̄ iiii. Sēp. ii. ser̄. Silu.
xx. porc̄. Tc̄. xxxii. oū. m̄ c. tc̄. i. uac̄ cū uit̄. m̄ x. anim̄. m̄
xl. cap̄. 7 ii. runc̄. tc̄ vii. por. m̄ x. Sēp uat. lx. sol.

Hund de Lassendena. Crepinges tenuit Aluuard' p. i. uirḡ
t̄re. m̄ tenet. modum̄. Tc̄. i. car̄. m̄ dim. ii. ac̄. p̄ti. Silū. xl. porc̄.
Vat. x. sol. hoc tenuit. i. lib hō.

Indunilanda tenuit Laghemann'. i. uirḡ. m̄ tenet Modum̄. Sēp
i. bor. tc̄. 7 p'. dim̄. car̄ m̄ null. tc̄ uat. x. sol. m̄. vi.

Hund de Tendringa Tendringā tenuit Aluric' p. xv.
ac̄. m̄ Modū. p man̄. 7 p tant̄. Tc̄ ii. ser̄ m̄ i. Sēp. i. car̄ Vat. xx. sol.
Sēp. i. runc̄. m̄ iiii. por. 7 iiii. cap̄. 7 x. oū. 7. vi. an̄. hoc ē in dnīo.

Pereltham tenuit Goduin' p̄br. p man̄. 7 p. i. hid. 7. v. ac̄. m̄ tenet
M. Tc̄. i. car̄. m̄. null. tc̄ uat. x. sol. m̄. xxx. d.

Hund de Bdestapla

Lxix. TERRA ILBODONIS. Wicfort tenuer. ii. libi. hōēs. t. r. e. p. xl. ac̄.
M. m̄ tenet Ilbodo simul. Sēp. dim̄. car̄. 7. ii. libi hōēs. Vat. xl. d.

Hund de Hidingfort. Listunā tenet Ilbodo q'd. tenuit lib hō
t. r. e. p man̄. 7 p. dim̄. hid. 7. i. uirḡ. Sēp. ii. car̄ in dnīo 7. i. car̄. hom̄.
7. v. bor. 7. iii. ser̄. 7. xxx. ac̄. p̄ti. 7. dim̄. mol. Sēp. v. an̄. 7. i. runc̄.
7. xliii. oū. 7. xv. porc̄. 7 Vat. lx. sol. 7 vii. libos hōēs tenet
Ilbodo. tenentes dim̄. hid. t. r. e. tc̄. 7 q'n rec̄. ii. car̄ m̄. dim̄. 7. iiii.
bor. Tc̄ uat. xx. sol. m̄. xv. sol. 7. vi. d.

·ILBODO·

Dunulandam tenuer· IIII· libi hoes p· I· hid· 7 dim· 7 VIII ac· m tenet· I·
Tc· II· car· m eos· m· I· car· m· III· bor· II· ac· pti· Tc· ual· X· sol· m· VII·

~~Tra Hagebti~~ Hund de Bdestapla. Nezendena tenuit Tou· LXX·
lib ho· t·r·e· p· LIIII· ac· Tc· I· car· m· null· Tc ual· X· sol· m· III· sol·
7· IIII·d·

Dunulanda tenuit Modun· p dim hid· 7· XII· ac· m tenet hagebt
p tant· Sep· II· bor· Tc· I· car· m null· Tc ual· XXIIII· sol· m· X·
Rameham tenuit· I· pbr libe p· dim· hid· m· tenet· hag· Tc· dim·
car· m· n· Val· X· sol·

~~Tra Tedrici pointel~~· Tilibiam tenet hunald de· tedrico· ·LXXI·
qd tenuit lib ho· t·r·e· p man· 7· XLV· ac· Sep· dim· car· 7· I· bor
·7· IIII· ac· pti· Past· L ou· Tc ual· VII· sol· m· VIII·

Hund de Wicbrictesherna· Fanbruge tenuit Godric
lib ho· t·r·e· p· man· 7 p· VIII· hid· m· T· indnio· Tc XII· uill
m· II· m· X· bor· Tc· X· ser m· V· Sep· II· car· indnio· Tc· IIII· car·
hom· m· II· Silu· CC· porc· hic fuer· II· libi· hoes hntes· L· ac·
pt supdictas hid· Tc· III· runc· X· anim· XX· porc· CL· ou· m
·II· runc· V· anim· VIII· anim· XX· por· CC· ou· Sep ual· VII· lib·

Tedric tenet· I· hid· 7· dim· p escangio de Cogheshala qd tenuit
Tisdin· Tc· II· car· m null· Tc· III· bor· m null· Silu· III· por·
XII· ac· pti· Tc ual· XX· sol· m· X·

·ESS·

Hund' de Rochefort. Sutunam tenet .T. in dnio. qđ tenuit
lib ho. t.r.e. p man. 7 p. ii. hid. 7 xxx. ac. Sep. ii. car. in dnio. 7.
.vi. ser. Te. i. bou. m. ix. Silu. L. porc. Past. c. ou. iiii. ac. pti. huic
manerio iacebant. iii. libi hoes. un9 tenebat. dim hid. 7 poterat abire
sine licentia dni ipsi9 mansionis. 7. ali9 tenebat. xxx. ac. qs tenet.
Grimbold9 7 uat. x. sot. de. T. 7. ter9. xxx. ac. qs tenet hunold9. 7 uat. x. sot. 7 poterant abire
In dnio. tc. T. ii. runc. 7. vii. an. vi. por. c. ou. vi. uasa apu.
m. ii. runc. vii. an. xxi. porc. cvi. ou. Tc uat. to. uat. iiii.
lib. m. vii. De hoc manerio tenet. Rot. de. T. dim. hid. 7.
.ii. bor. 7. ii. car. 7 uat. x. sot. in eod pcio. 7 huic manerio ad
iacebat. i. soc. q n potat recede.

.LXXII. ~~Terra Rogeri de Sumeri dns~~ Hund' de Wicham Ruenhale
tenuit Ulsi lib ho p. man. 7. p. xxx. ac. t.r.e. sep. i. car. uat. xx. sot.
Hund' de hidingfort. Felstede. tenuit. Ulsi9 sub comite. Algaro.
p. man. 7. p dim hid. 7. xxx. ac. Sep. ii. car. in dnio. 7. iii. ser.
silu. xx. porc. x. ac. pti. Tc. uat. xxx. sot. m. xl.
Badaiuen tenuit Ulsi9 lib ho p. man. 7. p. i. hid. 7. dim. Tc. i. bor.
p9 7. m. iii. Sep. iiii. ser. 7. ii. car. in dnio. Silu. xl. porc. viii. ac. pti.
Sep. uat. xl. sot.

.LXXIII. ~~Terra Gislebti filii salomonis~~ Hund' de hidingfort. In

Felestou tenuit lib hō. xxx. ac. quas tenet. G. sep. i. car. val. xx. sol.

T. Tra Willi filii costantini Caundenā tenuit Suen̄. p. man̄. .Lxxiiii.
7. p. ii. hid. t. r. e. 7. xl. ac. m̄ tenet. W. simit. tē. v. uitt. p̄. 7. m̄. iiii.
tē. 7. p̄. vii. bor. m̄. x. tē. iiii. ser. m̄ null. Sēp. ii. car. in dnio. tē. int̄
hōes. iiii. car. p̄. 7. m̄. iii. Silū. d. porc. xx. ac. p̄ti. sēp. i. mol. tē. 7 p̄
ual. Lx. sol. m̄. c.

T. Tra Ansgeri coci Aluuelea tenuit Godeman̄ lib. p. L. ac. Sēp .Lxxv.
dim̄. car. 7 In Sutfor tenuit lib hō. xxv. ac. 7. int̄ istā trā. 7. supdictā
ē sēp. dim̄. car. 7. ual. x. sol.

T. Tra Roberti filii Rosfelini hund de Vdelesfort. haidenam .Lxxvi.
tenuit Aluuin̄ lib homo. t. r. e. p man̄. 7. p. v. hid. 7. xv. ac.
sēp. xviii. uitt. tē. iii. bor. post. 7. m̄. vii. sēp. v. ser. 7. iii. car. in
dnio. 7. viii. car. hom̄. 7. viii. ac. p̄ti. Silū. viii. porc. ii. runc.
.cc. vi. ou. xl. porc. xiii. uasa ap. m̄. i. runc. ccvi. ou. xx. po.
x. uasa ap. tē. 7 p̄ ual. x. lib. m̄. xii. 7 qdā anglic̄ Goduin̄ tenet
sēp. xii. ac. sēp. i. bor. 7. Leuuin̄ similr̄. v. ac. 7. ual. xii. d.

T. Tra Radulfi brnel hund de Tendringa. Brūbeleiam. .Lxxvii.
7 Westnanetunā. tenuit. Brictmar̄. p man̄. 7. p. iiii. hid. 7. d.
7 fuer̄. ibi. ii. halle. m̄ tenet. R. Sēp. v. uitt. tē. 7. p̄. xxxv. bor.

m. xxiiii. Tc. vi. ser. m. ix. Tc. iii. car. in dnio. m. ii. Tc. 7 p°. x. car. hom. m. vi. Silu. dc. porc. xvi. ac. p̃ti. Sep uat. vii. lib. hanc t̃ram deseruiuit. R. erga. G. de magnauilla p hoc qđ ipse. G. dixit ei. qđ rex sibi dederat seruitiu illius t̃re. s; p duas uices dedit de suo censu ministris regis. q̃n rex misit legatos suos in hanc t̃ram.

.lxxviii. ~~Tra Roberti filii Gotberti~~ Belesteda tenuer. iii. libi hoes p. man. 7 p. i. hid. 7 dim. 7. xl. ac. Sep. iii. bor. 7. i. ser. 7. ii. car. in dnio. Silu. x. porc. xv. ac. p̃ti. Tc. uat. xxx. sol. m. l.

.lxxix. ~~Tra Reinaldi balistarii~~ Phenbruge tenet. R. de rege. p man. 7. p. iii. hid. 7 dim. Sep. i. uill. 7. vii. bor. 7. ii. car. in dnio. 7. ii. car. hom. past. c. ou. Sep uat. c. sol. sed monachi de Eli de calumpniant & hundret eis testat. & dimidiam hidam saisiuit in ista illam t̃ram p aduentum regis Willi que p annum uat. xxx. sol.

.lxxx. ~~Terra Gondwini~~ Hund de Turestapla. Colesbuntam tenuit Alric. p man. 7 p. i. hid. m tenet. G. Sep. ii. bor. Tc. iiii. ser. m. v. Tc. i. car. m. dim. Tc uat. xxx. sol. 7. q̃n recepit ualebat xxx. sol. m uat. x. sol.

.lxxxi. ~~Terra Otonis aurifabri~~ Hund de hidingforz.

·OTTO·

Glestinge chorp. tenuit Comes Algar⁹ p dim̃. hid. m̃ tenet Otto. aurifab.
Sẽp. iii. car̃. in dnio. 7 iii. car̃ hom̃. T̃c. xiii. bor. m̃ xvi. Sẽp. vi ser̃.
Silu. Lx. porc. xxv. ac̃. pti. Lxxx. oũ. xxxii. anim̃. lxxviii. por.
7 iii. runc̃. 7. xii. soc̃ fuer̃. t̃. r̃. e. m̃. sũt. xi. manentes in hoc man̄.
7 tenent. dim̃. hid. 7 xxx. ac̃. Sẽp. iiii. bor. 7. i. car̃. 7. i. ser̃. T̃c. ual.
x. lib. m̃. xii. 7. qñ. r̃. dedit. xv.

~~Tra Gislebti pbri~~. Hund de hidinefort. Mildetunã tenuer̃. ·Lxxxii·
ix. soc̃. comitis algari. p. i. hid. 7. dim̃. 7. xxviii. ac̃. Sẽp. i. car̃ 7 d̃.
in dnio. iiii. ac̃. 7. dim̃. pti. Val. xx. sol. hanc t̃rã reclamat ex dono
regine.

Hund de bdestapla

~~Tra Grimi p̃positi~~ In bura ten̄. Grim⁹. ii. hid. In qb; erat. i. car̃. ·Lxxxiii·
7. ii. serui. t̃. r̃. e. m̃ ũ sũt. ii. car̃. in dnio. 7. dim̃. car̃ hom̃. iii. uilt.
·vi. bor. iii. ser̃. Pastura. c. oũ. [d. hid. 7. x. ac̃ uastauit filius] 7 de istis. ii. hid. ẽ una de hominib; sanctã fidẽ (?)
extra regẽ. quã post aduentũ reg̃ addidit. G. ad suã aliã t̃rã. p. R.
filiũ Wimarc. uicecomitẽ. sic ipse. G. dicit. 7 hoc totũ ualuit t̃. r̃. e.
xl. sol. m̃. L. In Celdeuuella tenuit God man̄ lib hõ. xx. ac̃. 7. forif-
fact⁹ non potuit emdare. Dedit aũt. Grim⁹ regi p. eo. xxx. sol.
7. p licentiã habuit de pace tenere t̃rã 7 ualet. xx. d̃.

~~Tra Uluuini uenatoris (?)~~. Hund de bdestapla In Hor(?) ·Lxxxiiii·
sca crane. t̃. r̃. e. iii. hid. qs tenet Uluuinus. t̃c. ii. car̃. in dnio 7

7 .i. uill de dim. car. 7 .iiii. ser. 7 .i. mol. Past. lx. ou. Dim. hid silue. m°.
.ii. car in dnio. iii. bor. v. ser. Vat. lx. sol. In his hid. addite st alie .iii.
4. hid. 7 xxx. ac. silue. in qb; manent .viii. lib. hoes. c .ii. car. Past. cxxx. ou.
Int totu uat. lx. sol. 7 iste .iii. hid. remanent regi.
¶ Hund de Wibrictesherna. Lacenduna tenuit .i. lib ho. t.r.e.
p man. 7 p .v. hid. 7 .xv. ac. m° tenet .R. Tc. vi. uill. m° .iii. bor.
Tc. iiii. ser. m° .v. Sep .iii. car. in dnio. vii. runc. xiii. an. xxxi. porc.
.ccxlv. ou. Sep uat. iiii. lib.

.lxxxv. ¶ In hund de cesseurda tenuit ~~Edwardus fili Suani~~ dim. hid.
m° tenet Edeua uxor ei°. Tc .i. car. m° dim. Past. xxx. ou. Vat. x. sol.

.lxxxvi. ¶ ~~Tra Turchilli ppositi~~ Hund de Celmeresfort. In Walfara
tenet .T. i. hid. x. ac. min°. Sep .iii. bor. 7 .i. ser. 7 .i. car. in dnio. Tc
int hoes. dim. car. Silu. xl. porc. vi. ac. pti. Tc uat. xx. sol. m° xxx.
¶ 7 qda famul regis tenet .viii. ac. 7 uat .ii. sol.

.lxxxvii. ¶ 7 qda lib ho noe ~~Siuuardus~~ tenuit 7 tenet de rege. xxx. ac. 7
ptinent ad Wicheresfelda. Sep .iii. bor. Tc .i. car. m° dim. Silu.
viii. porc. vii. ac. pti. Sep .i. mol. Vat. viii. sol.

.lxxxviii. ¶ 7 ~~Godwinus diacon°~~ tenuit 7 tenet .lx. ac. 7 uat .xvi. d.
7 .i. ho Witti filii grossę tenet .ii. ac. de saca regis. 7 reddit con
suetudine reg.

Libi homines regis. In hundret de Laxendena ht rex. vii. libos homines. 7 hos ipso · LXXX IX ·
sciõ bund habat. tenentes dim hid. 7 uat. viii. sol. 7. i. lib homo tenuit. iii. ac. 7 d.
7 m hns e pastã. c. ouib; 7 tra. ad. ii. boues. Tc uat. x. sol. 7 qndo. Rob de monte
begonis inuasit. ualebat. x. sol. m nichil.
7. i. lib hõ tenuit. xiii. ac. ibi e sep. i. car. 7 silu. xx. porc. 7 i. ac. pti. tc uat. x. sol. m reddit
xxx. sol. 7 Ricard hõ hamonis inuasit istã trãm. 7 ht huc usq; ei spolia

INVASIONES SUP REGE IN EXSESSA. In horninduna inuasit Goduin
gudhen. ii. mansiones. que st de tra quã hug de scõ quintino de rege tenet. · XC ·
7 inde dedit uadem. In eadẽ uilla idẽ Goduin. inuasit. iii. uirgatas
terre sup regẽ de tra cuidã libi. hõis que remanet regi p iudiciũ
hundret 7 inde dedit uadẽ. In danituna. xii. ac tre qs tenuit
ulmarus. & remanent regi qete:

Inuasio todrici. puintel

In tiburruca quã. t. r. e. teñ. xi. libi. hoĩs. i. h. 7 dimidia. 7 xlii.
ac. tre. 7. iiii. iii. car. in dñio. cc. ih. ii. Past. ad. xxx. o. Tc uat. xl. s.
m xx. & hanc trã. inuasit. t. po intol 7 e in manu regis.

Hund̄ de Wensistreu. Legram tenuit. i. liber hō t.r.e. p man. 7 p. ii. hid.
7 hoc inuasit. Id&. T. Tc. ii. car. m̄ nulla. nec qn rec. m̄ ii. bor. Tc silu. xl. por. m̄. xxx.
Tc uat. lx. sol. 7 qn rec. xl. m̄. xx. 7 In burnham inuasit. T. xv. ac. 7 dim.
7 tam̄ erant in manu regis pquā hec placita fierent.
Hund̄ de Rochefort. Stanbruge inuasit. T. qd tenuit. lib hō t.r.e. p man. 7 p
i. hid. 7 dim. 7 xx. ac. 7 hoc man tenent. iii. milit. de T. Tc. iii. uill. m̄. ii.
Tc. i. ser. m̄ null. Tc. ii. bor. m̄. v. Sep. i. car. in dnio. Tc. ii. car. hom. m̄. i. Tc uat. xl.
sol. m̄. c. Pachesham inuasit. T. qd tenuer. ii. libi. hoes. p dim. hid. 7 xxv. ac. Sep.
i. car. Rob tenet de eo. uat. xx. sol. Hec. ii. maneria tenuit. T. pointel p escangio de cogheshala. 7 m̄ est in manu reg. 7 In Middebroc inuasit. xx. ac. Sep. i. uill. 7 uat
iiii. sol. 7 soca iacet in ecclia sce trinitatis de cantebury. ut hund testatur.
hoc etiam tenuit. T. pointel p escangio. 7 e in manu regis.

I. Inuasio Ranulfi piperelli. In Terlinga inuasit. R. v. libos hoes. tenentes. iii.
hid. xv. ac. min. t.r.e. de hoc manerio tenet. Rog. de R. ii. hid. 7 lxxx. ac.
7 Ranulf. xxx. ac. Tc. iii. car. 7 dim. m̄. vi. Tc. ii. uill. m̄. v. m̄. v. bor. Silu.
xx. porc. xxii. ac. pti. Tc uat. lxxv. sol. m̄. iiii. lib. 7 xv. sol.
7 In Widialma. inuasit. R. xxx. ac. qs tenet in dnio. 7 uat. v. sol.
7 In Stanesgata. inuasit. R. i. hid. 7 xxx. ac. qd tenet. Radulf. fili brien de eo. qd
tenuer. ii. libi. hoes. t.r.e. Sep. ii. bor. 7 i. car. Past. xx. ou. Tc uat. xv. sol.
m̄. x. 7 In henes. xx. ac. 7 d. qs tenuer. xii. libi hoes. t.r.e. m̄ tenet Turold.
7 uat. iii. sol. 7 In lamers. ii. ac. libe tre. 7 uat. iiii. d.

Invasio hugonis de monteforti in Exsessa.

Hugo de monteƒ invasit .i. liberum hominem sup regē. 7 .W. fili9 grossę .xx. liberos hoēs. hii omnes tenebant .iii. hid. 7 .ix. ac. t.r.e. In quibus erant tē .ii. car. 7 dim. m .ii. 7 dim. Sēp .xiiii. bor. 7 .v. ser. Tē .ii. mol. m .i. Silu. clvii. porc. xxx. ac. pti. Sēp ual. vi. lib. 7 .ii. sol. 7 adhuc .iiii. liberos hoēs invasit. de .ii. hid. 7 .xx. ac. quę ual. xxx. sol. 7 erant ibi tē .ii. car. 7 dim. m nulla. 7 In hund. de Laxendena invasit .vii. liberos hoēs tenentes .i. hid. 7 .xxx. ac. in quibus erant .iii. car. m .ii. 7 dim. Tē .i. bor. m .vi. Silu. c. porc. xii. ac. pti. Tē ual. xxx. sol. m .l. 7 un9 ex his tribus iacet ad feudū sci petri de Westmonasterio ad feringes. 7 hoc ē testimonio hundreti. Ser fuit liber9 hugoni in numero suorum maneriorum ut dicunt sui homines.

7 In Boringham .xv. ac. tre. qs tenuit lib. ho. 7 m tenet .W. fili9 grossę. 7 ual. xxxii. d.

In hund. de Cessefort. ē .i. lib. hō. de .xl. ac. q ptinebat ad hanelingas. t.r.e. quas m ht. Scs Petr9 de Westmonasterio. qa sua sponte uenit ad abbtiam. 7 n reddit consuetudinē ad haneringas.

Invasio .G. de magna uill. Masceburam tenuit Alueua libera femina t.r.e. quā m tenet Vlumer9 ex dono regis. 7 .G. eam invasit sup regē. in qua tra ē .i. hid. 7 sēp .i. car. 7 .i. ser. 7 .viii. ac. pti. Tē ual. .x. sol. m .xxx. 7 In Canefelda .viii. ac. tre qs .G. invasit sup regē. 7 Ricard9 tenet de eo.

Wigghepet tenuit Bosi lib. hō. t.r.e. p man. 7 p .ii. hid. 7 dim. Tē 7 p9 .ii. car. in dnio. m .i. 7 dim. Tē .iiii. car. hom. post 7 m .vi. Tē 7 p9 .vii. uill. m .viii. Tē .v. ser. post 7 m .vii. Silu. xxx. porc. xxiiii. ac. pti. Sēp .i. mol. Tē 7 p9 ual. c. sol. m .vi. lib.

·ESS·

Hund de Wensistreu. Legram tenuit. Vluric' lib ho. t. r. e. p man. 7 p .ii. hid. 7 hoc inuasit. Ide. T. Tc. ii. car. m nulla. nec qn rec. m. ii. bor. Tc silu. xl. por. m. xxx. Tc ual. lx. sol. 7 qn rec. xl. m. xx. ⁊ In burnham inuasit. T. xv. ac. 7 dim. 7 tam erant in manu regis p'quam hec placita fierent.

Hund de Rochefort. Scanbruge inuasit. T. qd tenuit. lib ho. t. r. e. p man. 7 p .i. hid. 7 dim. 7 .xx. ac. 7 hoc man tenent .iii. milit. de. T. Tc. iii. uill. m. ii. Tc. i. ser. m. null. Tc. ii. bor. m. v. Sep. i. car. in dnio. Tc. ii. car. hom. m. i. Tc ual. xl. sol. m. c. Pachesham inuasit. T. qd tenuer. ii. libi. hoes. p. dim. hid. 7 xxv. ac. Sep. i. car. ual. xx. sol. : Rob tenet de eo. hec. ii. maneria tenuit. T. pointel p escangio de cogheswhala. 7 m st in manu reg. ⁊ In Middebroc inuas it. xx. ac. Sep. i. uill. 7 ual. iiii. sol. 7 soca iacet in ecclia sce trinitatis de cantorbury. ut hund testatur. hoc etiam tenuit. T. pointel p escangio. 7 e in manu regis.

⁊ Inuasio Ranulfi piperelli. In Cerlinga inuasit. R. v. libos hoes. tenentes .iii. hid. 7 xv. ac. in man. t. r. e. de hoc manerio tenet. Rog. de. R. ii. hid. 7 lxxx. ac. 7 Ranulf' xxx. ac. Tc. iii. car. 7 dim. m. vi. Tc. ii. uill. m. v. m. v. bor. Silu. xxx. porc. xxii. ac. pti. Tc ual. lxxv. sol. m. iiii. lib. 7 xv. sol.
⁊ In Widiama. inuasit. R. xxx. ac. qs tenet in dnio. 7 ual. v. sol.
⁊ In Stanesgata. inuasit. R. i. hid. 7 xxx. ac. qd tenet. Radi filius brien de eo. qd tenuer. ii. libi. hoes. t. r. e. Sep. ii. bor. 7 i. car. Past. xx. ou. Tc ual. xv. sol. m. x. ⁊ In heinges xx ac. 7 .d. qs tenuer. xii. libi hoes. t. r. e. m tenet turold' 7 ual. iii. sol. In lammers .ii. ac. libe tre. 7 ual. iiii. d.

Inuasio hugonis de monteforti in exsessa

Hugo de monef. inuasit .i. liberu hominē sup regē. 7 W. filius grossi .x. libos hoēs. hii omēs tenebant .iii. hid. 7 .ix. ac. t. r. e. Inq̄b; erant tc̄ .ii. car. 7 dim. m̄ .i. 7 dim. Sēp .xiii. bor. 7 .v. ser. Tc̄ .ii. mol. m̄ .i. Silu. clvii. porc. .xxx. ac. pti. Sēp ual. vi. lib. 7 .ii. sol. 7 adhuc .iiii. libos hoēs inuasit. de .ii. hid. 7 .xx. ac. que ual. .xxx. sol. 7 erant ibi tc̄ .ii. car. 7 dim. m̄ nulla. 7 in hund. de Laxendena inuasit .vi. libos hoēs tenentes .i. hid. 7 .xxx. ac. inq̄b; erant .iii. car. m̄ .ii. 7 dim. Tc̄ .i. bor. m̄ .vi. Silu. .c. porc. .xii. ac. pti. Tc̄ ual. .xxx. sol. m̄ .l. 7 un⁹ ex his .vi. trib; iacet ad stadiū sci petri de Westmonastrio ad feringas. 7 hoc ē testimonio hundreti. Sed sunt libat⁹ hugoni in numero suoꝝ maneriorum. ut dicunt sui homines.

7 In Boringham. .xv. ac. trę. q̄s tenuit lib. hō. 7 m̄ tenet W. filius grossi. 7 ual. .xxxii. d.

In hund. de Cesseurda ē .i. lib. hō de .xl. ac. q̄ ptinebat ad hauelingas. t. r. e. que m̄ ht̄ Scs̄ Petr⁹ de Westmonastrio. qa sua sponte uenit ad abbatiam. 7 n̄ reddit consuetudinē ad hauelingas.

Inuasio .G. de magna uill. Wasceham tenuit Aluena libra femina. t. r. e. quā m̄ tenet Vluuin. ex dono regis. 7 G. eam inuasit sup regē. in q̄ tra ē .i. hid. 7 sēp .i. car. 7 .i. ser. 7 .viii. ac. pti. Tc̄ ual. .x. sol. m̄ .xxx. 7 in Canefelda .viii. ac. trę q̄s .G. inuasit sup regē. 7 Ricard⁹ tenet de eo.

Wigghepet tenuit Boso lib. hō. t. r. e. p man. 7 p .ii. hid. 7 dim. Tc̄ 7 p⁹ .ii. car. in dnio. m̄ .i. 7 dim. Tc̄ .iiii. car. hom. post 7 m̄ .vi. Tc̄ 7 p⁹ .vii. uill. m̄ .viii. Tc̄ .v. ser. post 7 m̄ .vii. Silu. .xxx. porc. .xxiiii. ac. pti. Sēp .i. mol. Tc̄ 7 p⁹ ual. .c. sol. m̄ .vi. lib.

·ESS·

Wicgepet· tenuit· lib hō· t· r· e· p man· 7 p· iii· hid· Tc· 7 p· ii· car· in dnio· m̄
·i· 7 dim̄· m̄· i· car· hom· 7· i· uilt· Sēp· v· bor· Tc· i· ser· m̄· null· Sēp uat· xl·
sot· 7 In Wendena· ten̄ lib hō· vi· ac̄· 7 dimi· 7· uat· ii· sot·

In phernehum ten̄· iiii· libi hōes· t· r· e· iii· hid· 7· iii· uirg· 7 m̄ tenent· iiii
uilti de eo· Tc· 7 p· viii· car· m̄· v· Tc· 7 p· vi· uilt· m̄· iiii· Tc· 7 p· iiii· bor· m̄· xv·
Tc· 7 p· vii· ser· m̄· iii· Tc· 7 p· silu· lx· por· m̄· L· xiiii· ac̄· p̄ti· Sēp uat· vi· lib·

In Stanburna· dim̄· hid· ten̄· lib hō· t· r· e· Tc· 7 p· ii· car· in dnio· m̄ null·
Sēp· dim̄· car· hom· 7 iii· bor· 7· i· ser· xii· ac̄· p̄ti· Tc· 7 p· uat· xl· sot m̄· L·

In Wesuunic· vi· libi· hōes· t· r· e· de· i· hid· 7 xlvi· ac̄· Tc· i· car· m̄· null· Tc· 7 p
xv· sot· m̄· x·

In Archesdana tenuit Goduui sech· i· hid· viii· ac̄· min9· modo ē in manu reg̃
Tc· i· bor 7· i· car· m̄· nich· ii· ac̄· p̄ti· Tc· uat· xx· sot m̄· x· 7 istā trā· tenuit· G·
de magna uilt· 7 xv· ac̄· tenuit· Ylmar· ad feudū Ansgari sub· G· 7· co
mitat non testat·

Hugo de bneris· tenebat· xxxvii· ac̄· de rege· qd negauit· 7· post ea
fuit derationata ad opus reg· 7· dedit uadē· Sēp· i· car· in dnio· 7· i· bor· Silu·
xl· porc· iiii· ac̄· p̄ti· Tc· uat· x· sot· m̄· xx·

In Elesinchov· tenuit lib hō· i· hid· t· r· e· qm̄ humfrid9 aurei testiculi· inuasit
sup· rege· Sēp· i· car· in dnio· 7· vii· bor· 7· ii· ser· Silu· xxx· porc· vii· ac̄· p̄ti·
Tc· i· mot· Tc uat· xvi· sot· m̄· xxiii·

In Wighebega addidit hamo dapifer· ii· soc· reg· qs inuasit sup rege· de·
xxx· ac̄· 7 uat· iiii· sot· 7 In Caresseia· viii· ac̄· 7 uat· viii· d· 7 In Stanburna +
+ ·xl· ac̄ q̃s tenuit· [illegible] lib hō· 7 xii· libi hōes t· r· e· 7 adhuc [illegible] Sēp· ii· car· 7· iii· bor· 7 uat· xl· sot·

In Hund de Udelessort· occupauit W· cardun· i· soc· de· viii· ac̄· 7· iacet
ad cethelle· de feudo· G· de magna uilt· 7· uat· ii· sot·

Dim. hund de Clauelinga. Inuasio Suani. Bolituna. 7. Beruuna. ten Godum' lib ho. de herldo. t.r.e. p man. 7 p. iiii. hid. 7. dim. m ten Alured de eo. Sẽp. ii. car. in dnio. 7. v. car. hom. 7. vii. uilt. 7. xiii. bor. 7. v. ser. Silu. xxx. porc. ii. ac. pti. Tc. 7 p' uat. iiii. lib. m. vi. hanc trã inuasit Rob fili' uuimare t. r. Willi. 7. adhuc ten Suen.

In Magghedana. Inuasio Albic' de uer. i. hid. 7. dim. 7. xv. ac. qd ten. iii. libi hões. t.r.e. Tc. v. car. Post 7 m. iiii. Sẽp. vi. uilt. 7. vi. bor. 7. iii. ser. Silu. xxx. porc. 7. ix. ac. pti. Tc. 7 p' uat. lx. sol. m. iiii. lib.

In Soultuna. xv. ac. trę. qs ten lib ho. t.r.e. Tc. i. car. Post. dim. m. null. 7. uat. iii. sol. In Mappesteda 7 In Cobeners. inuasit uxor albici de uer. + v. libos hões. de. i. ac. 7 iiii. parte. ac. qs tenuit Tidbald faber. 7 uat. iii. sol.

Rad. baignard inuasio in henha. dim. hid. 7 x. ac. qd tenuer. ii. libi hões. t.r.e. Sẽp. i. car. uat. xii. sol. In Celuestuna. i. hid. 7 xliii. ac. qs tenuer. vi. libi hões. t.r.e. Tc. 7 p' iiii. car. m. iii. xv. ac. pti. uat. xl. sol.

In bolintuna tenuit. i. lib. ho. xxx. ac. t.r.e. 7. adhuc ten. s; celauit. 7 ideo dedit uade. 7 uat. [iiii] xx. sol.

In phernecham tenuit lib ho. xxx. ac. m ten. Rad latimar. s; celauit. 7 ideo dedit uad. 7 uat. x. sol.

In Lissildeuuella. tenuit. ten sep. i. lib ho. xxxv. ac. 7. uat. vi. sol. 7. viii. d.

Inuasio Turoldi In hanies tenuer. iiii. libi hões. t.r.e. xviii. ac. 7. adhuc tenent. Sẽp. dim. car. int eos. 7. uat. iii. sol.

·ESS·

In Lamers inuasit · Tessold' · xlvii · ac' q's tenuer' · viii · libi hoes · t · r · e · 7 ad huc tenent.

Sep · dim' · car' · 7 uat · v · sol

In Vasio Walerami. In hem · dim · hid · 7 · xx · ac' · 7 · xx · dim · qd tenuer'
· vii · libi · hoes · t · r · e · 7 hnt sep · i · car' · 7 · iiii · ac' · pti · 7 · uat · x · sol · hoc tenet
Rog' de · lohe. In halsteda ten' · Vluuin' · xx · ac' · q's inuasit Walet' · Sep · i · car · tc ·
· i · bor · m · xl · tc · iii · ser' · m · null' · silu · xvi · por · v · ac' · pti · tc uat · xx · sol · m · xxx.

In brancheram · xxx · ac' · tre tenuer' · iii · libi hoes · t · r · e · 7 · uat · iii · sol · hanc
tra inuasit Ledmar' de hamesteda · 7 · tenuit ad feudu Ricardi · 7 · R · n e inde
sibi tutor.

In vasio · Ricardi filii · Comitis Gisleberti. Almar' de blea · Golstan.
Alaric de alreforda · Vluric de brandima · Isti tenent · dim' hid · 7 · vi · ac'
7 tenuerunt · t · r · e · m tenet eas · Goismer' de · R · Sep · i · car · 7 · i · bor · 7
· v · ac' · Sep uat · xxviii · sol.

In Phincinghefelda tenet Ernald' de · R · lxxx · ac' · qd tenuit brictric' lib
ho · t · r · e · Sep · ii · car' · in dnio · tc · 7 p' · i · uill · m · null' · tc · 7 p' · iii · bor · m · viii ·
Sep · iii · ser' · tc silu · xl · por' · m · xxx · tc · 7 p' uat · xl sol · m · lx.

Ad Lacelea tenuit Grim' · lib ho · dim' hid · qm tenet Ernald' · Sep · ii · car' · tc 7 p'
· iiii · bor · m · viii · Tc ii · ser' · m · null' · tc 7 p' silu · lxxx · por · m · lx · x · ac'
pti · tc · 7 p' uat · xl · sol · m · lx.

Ad ersham tenuit brictmar' lib ho · i · hid · t · r · e · m tenet Wielard'
tc · 7 p' · i · car' · m · i · 7 · dim · tc · ii · bor · post 7 m · vii · ix · ac' · pti · tc uat · xxx · sol
post 7 m · xl.

In Wenunghou tenet Germund' xxxvii · ac' · 7 · dim · qd ·

·RICARD·

qđ tenuit Colemann liƀ hō·t·r·e· Sēp·iii·car· in dnīo· tē·7 p·ii· car·hom· m̄·iii·
·i·ser· Silū·iiii· porc· x·ac̄· p̄ti· tē·uat·Lx·sol· m̄·iiii·liƀ·7·x·sol·
In Geldeham ten& burnart·xl·ac̄· q̄s tenuit· Goduin liƀ hō· t·r·e· Sēp·i·car·
7·ii·bor· Silū·x·porc· v·ac̄· p̄ti· tē·uat·xx·sol· post 7 m̄·xxx·
In barlea ten& Anschetill· dim·hid·7·xxiii·ac̄· qđ ten̄· Grim 7·Godena liƀi
hōes t·r·e· tē·i·car· m̄·i·7·dim̄· tē·7 p·iii·bor· m̄·v· ix·ac̄·p̄ti· tē·uat·xx·sol·
post· xxx· m̄·xl·
In Topesfelda ten&· Rad·xv·ac̄· qđ tenuit Alestan liƀ hō·t·r·e· Sēp·i·car·
tē·7 p·iii·bor· m̄·vii· tē·7 p·iiii·ser· m̄·null· Silū·xx·por· vi·ac̄·p̄ti· tē
7 p uat·xx·sol· m̄·xxx·
In Topesfelda ten&·G·xv·ac̄· qđ tenuit· duua· Sēp·i· car· in dnīo· 7·i·car·
hominū 7·iii· uill· 7·ii·bor· 7·ii·ser· Silū·xxx·porc· viii·ac̄·p̄ti· tē
7 p uat·l·sol· m̄·lx·
In Norttuna ten& Anschetill· lv·ac̄· qđ tenuit· brictric liƀ hō·t·r·e·
tē·i· car· in dnīo post·7·m̄·ii· Sēp·i·car·hom· 7·v·uill· tē·7 post
v·bor· m̄·viii· tē·7 p·iii·ser· m̄·ii· Silū·xl·por· x·ac̄·p̄ti· tē uat·xl·
sol· post·7·m̄· Lx·
In bebenhers tenuit Leuecilt· liƀ hō·iii·ac̄· 7·adhuc ten&· 7· derolf
in Alfelmestuna·iiii·ac̄· 7· holt· liƀ hō·i·ac̄· 7 In bumesteda Lemmin
7 Lemar·v·ac̄· 7 In Salinges Algar·xx·ac̄· 7 In oluitu na· brictulf
xxx·ac̄· Isti om̄s habebant· t·r·e· iii·car· tē·7 p·iii·bor· m̄·viii·
tē·7 p·ii·ser· m̄ null· Silū· xii·por· viii· ac̄·7·dim̄·p̄ti· tē·7 p
uat·xxx·sol· m̄·xlv·7·ii·đ·
De istis supradictis hōiƀ habuit Wisgar com̄dationē tantū·

·ESS·

In benedisc· inuasit Wisgar' anteč· R· xxx· ac̄· p̃quā rex uenit in hanc t̃rā·
7 post ea habuit Ingelric' illā· 7 hund' testat̄ qđ p̄tinebat ad feudū Ingelrici· & huc usq; tenuit illā· R·

In byrdefelda tenuit Felaga· i· hid· 7· xxx· ac̄ de comite Algaro· 7 postq̄ rex uenit in hanc patriā inuasit· R· istā terrā q̄m n̄ tenuit antecessor eius nc hund' testat̄· Sep̄· iii· uill· m̄· vii· bor· t̄c· iii· ser· m̄· i· t̄c· i· car· 7· dim̄ in dnio· m̄· i· Sep̄· i· car· hom· Silu' c· por· xx· viii· ac̄· p̃ti· m̄· i· mol· t̄c uat iiii· lib· m̄· lx· sol·

In hoosenga tenuit Felaga dim̄· hid· m̄ tenet Ric̄· sic̄ istā sup̄dictā· 7· Galt' de eo· Sep̄· ii· uill· 7· i· car· Silu'· ii· porc̄· iiii· ac̄· p̃ti· Vat· xii· sol·

In hasinghā tenuit lib hō· ii· ac̄· 7· dim̄· in hund' de Laxedana· m̄ tenet· R· 7· ibi ē m̄· i· mol· reddens· xv· sol· 7 t̄n erat ēmdat' ante' Ricardi·

In hund' de Laxendena tenuit Lutan' in Colun· xl· ac̄· m̄ tenet· R· 7 in hac t̃ra ante' ei' nullā habuit consuetudinē· n̄ comdatione· t̄c· iiii· bor· m̄· vi· Sep̄· i· car· Silu'· xx· por· iiii· ac̄· p̃ti· m̄· i· mol· Vat· xx· sol·

In Crepinga tenet Aluuard' lx· ac̄· 7· iiii· ac̄· 7· iiii· ac̄· 7· dim̄· libe· qđ m̄ tenet· R· sicut aliā· t̄c· sub ipso· iiii· bor· m̄· vi· Sep̄· i· car· Silu'· xx· porc̄· ·ii· ac̄· p̃ti· Vat· xx· sol·

7 Aluui' uenator tenuit libe· dim̄ hid· 7· xx· vi· ac̄· 7· dim̄· m̄ tenet· R· in Beolt sic̄ aliā· t̄c· ii· bor· m̄· vi· Sep̄· i· car· Silu'· xv· por· ii· ac̄· p̃ti· t̄c· dim̄ mol· m̄ n̄· t̄c uat· xx· sol· m̄· xxxvi·

In Colun tenuit Vluric' libe· v· ac̄· m̄· R· sic̄ alios· Vat· ii· sol·

In Fachā tenuit Touillda· iii· ac̄· m̄· R· sic̄ alios· 7 uat· vii· đ·

In Beolt ten̄· Godinḡ· vi· ac̄· m̄· R· t̄c· đ car· m̄· ii· boil· i· ac̄· p̃ti· t̄c uat· xxx· ii· đ· m̄· v· sol·

·Ricard'·

In halsteda tenuit lib ho. t.r.e. ii. ac. 7. dim. 7 ual. xxx. d. Istos denarios retinuit Aluredus ppositus R. 7 inde dedit uade.

In hersham tenuit libera femina. xxx. ac. m tenet Widardus dergge? iii dic. s; hund non testat. 7. R. filius comitis G. habuit seruiciu. Tc. dim. car. m. n. m. ii. bou. Val. x. sol.

In brancheteu. iii. libi hoes. t.r.e. xxx. ac. qs Lermar ppositus reclamauit ad feudu. Ricardi. s; hoes illius n testant. 7 inde dedit uade. 7 ual. iii. sol.

In Cauuride xxx. ac. qs tenuit Ulmet lib ho. t.r.e. m tenet Garnerus ho. Ricardi. 7 uocauit Ilbodone ad warant. 7 p ea n adduxit warant. 7. ual. viii. sol.

In Eadwulueuuella? ii. libi hoes. dim. hid. t.r.e. hanc tra inuasit Aluuar? ppositus R. 7 reuocauit eu ad warant. s; ipse sibi defuit. 7. ex hoc dedit ille uade. 7 ual. xvi. sol.

[Monachi de cantebria tenent in lalinga. i. hid. qm tenebant. iii. libi hoes t.r.e. Sep. i. car. Val. xx. sol. hec tra addita e illi manerio t.r. Willi.

[In Colun tenet Turbnus. xxii. ac. sine dono reg. 7 nulla reddit consuet.

[Henric de ferreriis inuasit. i. libm homine. de. xvi. ac. in Scepla. 7 ual. ii. sol.

[Willelm inuasit in Sciddeha. i. libm hom. de. vi. ac. Val. ... xvi. d.

[In bumesteda inuasit Rob blundus. x. ac. qs tenuit Eduu lib ho. Sep. uast. Val. xx. sol.

·ESS̄·

In Mildetuna Inuasit .R. malet ·xv· ac̄· q's ten' lib' hō ·t·r·e· Sep̄ dim̄ car̄· Val· v· sol·

Frodo fr' abbis tenuit uousq; ·ii· libos hoēs. In Stanmaina q's Orgar' ante cessor ei' inuasit· manentes in soca reḡ· 7 hn̄t· xxx· ac̄· Sep̄ dim̄ car̄· 7 ual· iii· sol·

In Cishella tenuit Leuuin' v· ac̄· 7 m° tenet· Roḡ de otburuill· id° q't antecessor ei' fuit saisit'.

In hund' de Rochefort iacent ·xv· ac̄ de angra· q't tenet Berengari' hō comitis· e· tunc ual· xv· d̄· m°· xx·

Hundret de colecestra. In eadē colecestra tenuit.
Godric. i. lib hō tēpr regis eaduuardi. iiii. mansiones. t r e.
7 unā æcclam. & .iiii. hidas in grenesteda. Quo mortuo filii eī.
terrā in quat diuiserunt. partes. Quarū rex habet duas. in
quibus ptinent duo domū in burgo. que sēp regi reddiderunt.
consuetudinem. 7 ad huc reddt. In duabus hidis. tō. ii. car.
in dnīo. 7 m̄. Tō. iii. uilli 7 m̄. Tō. ii. s. 7 m̄. Tō. xxiiii. ac pti.
7 mareso 7 m̄. Tō. i. mol. m̄ dim̄. Tc uat. xl. sol. 7 m̄. Et
de duab; aliis partib; ht comes eustachi. i. h. Et iohs
fili Walerami. alterā. h. Et in qrta comitis eustachii. ē.
tota æccla. 7 qrta pars molendini. 7. qrta pars pti. tō. i. car.
m̄. nulla. 7 ualt id totū. xxx. sol. Et in qrta parte
iohs fuit. i. car tēpr r. e. m̄. nulla. Et quarta pars molendini.
qrta pars pti. 7 uat in totū. xxx. s. Et de his duab; partib;
nullā habet rex consuetudinē.

Et burgenses calumpniant. v. hidas de lex sendena
ad consuetudinē. 7 scotū ciuitatis. que iacuert ad p̄bendā tā
t̄rā quā tenebat Godric.

Isti sō burgenses regis. q reddunt ɔsuetudinē
Coleman. habet. i. domū de colecestra. tē. 7. v. ac. t r e.
& sēp reddit regi consuetudinē. Leuuin. ii. dom. 7. xxvi.
ac. t r e. Uluric. i. dom. Eduin pr. i. dom. 7. xx. ac.
Tohilt. i. d. 7 nouē. ac. Ulstan eudlac. iiii. dom. 7. xx.
ac. Leuuin crist. i. dom. 7. x. ac. Manuuin. iiii. dom. 7. xxx.

.ESS.

Aluric' .i. dom' 7 .xi. ac. Herdedun' .x. đ. 7 dim' .xx. ac.
Alfoihc p̄r .i. dom' 7 .xxv. ac. Leuot .i. dom' 7 .xvi. ac.
Wluric' .i. dom' 7 .viii. ac. Suertlinc .i. dom' 7 .x. ac.
Aluuart .i. dom' 7 .ii. ac. Eduin' .i. dom'. Goda .xiii. dom'.
7 .xx. ac. Sprot .ii. đ. 7 .iii. ac. Edric' .iiii. dom' 7 .xvi. ac.
Goduuin' .i. đ. 7 .xvi. ac. Goduuin' uuachesot 7 filii ei' .v. đ.
7 .xii. ac. Blanc' .vi. dom' 7 .xx. ac. Aluric' .ii. dom'.
7 .xiiii. ac. Stanart .ii. đ. 7 dim' 7 .x. ac. Goduin' .i. đ.
7 .ix. ac. Wluric' .ii. đ. 7 .i. ac. Alst' .i. đ. 7 .iii. ac. 7 dim'.
Aluuardus .ii. đ. 7 .xxiii. ac. Manuuin' .ii. đ. 7 .viii. ac.
Loffesse .i. đ. 7 .ii. ac. 7 dim'. Leuuin' .x. ac. Wluuin' .i. đ.
7 .ii. ac. 7 dim'. Godinc' .ii. đ. 7 .x. ac. Goda .i. đ. 7 .viii. ac.
Wluuin' monitor .i. đ. 7 .vii. ac. Alfgar' .i. đ. Wluart.
.ii. đ. 7 .i. ac. Aluuin' .i. đ. 7 .x. ac. Alfgar' p̄r .i. đ. 7 .i. ac.
Frent .i. đ. 7 .ii. ac. Osgot .ii. đ. 7 .i. ac. Wluric' .ii. đ.
Arnu' .i. đ. 7 .iiii. ac. Eduin' .i. đ. 7 .iiii. ac. Saluare .i. đ.
7 .vii. ac. Loflet .iii. đ. 7 .xxvi. ac. 7 .i. mol. Aluric' .i. đ.
Goduuin' .i. đ. Sprot .i. đ. 7 .iii. ac. Grimolf .ii. đ. 7 .ix. ac.
Sagar' .i. đ. 7 .x. ac. Aluric' .i. đ. Aluuin' .iii. đ. 7 .ix. ac.
Vlaric' .i. đ. 7 .vi. ac. Sprot .i. đ. 7 .iii. ac. Wluuart .i. đ.
7 .viii. ac. Leuuin' .i. đ. 7 .x. ac. consilio. Goduin' .i. dom'.
Golstan' .i. đ. 7 .v. ac. Wluuin' .i. đ. 7 .iiii. ac. Wluuart.
.i. đ. 7 .iii. ac. Wluuin' .ii. đ. 7 .vii. ac. Goduuin' .ii. dom'.
7 .vi. ac. consilio. Alfst' .ii. đ. Lofstan' .i. đ. 7 .i. ac. Godric' .i. đ.

Alric .i. d. Hod .i. d. Brictuuin .i. d. 7 v. ac. Leffled .i. d.
Alric .i. d. 7 iiii. ac. 7 dim. Eduuin .i. d. 7 ii. ac. 7 dim.
Scadebutre .i. d. Manuuin iiii. ac. Golduuin .i. d. Uluric.
.i. d. 7 ii. ac. Osiet .i. d. Eduuin .i. d. 7 x. ac. Uluric .ii. d.
7 v. ac. Aluuin .ii. d. Eduuin .i. d. 7 iii. ac. Uluuin .i. d.
Blacstan .ii. d. Manstan .ii. d. 7 x. ac. Aluric .i. d. 7 i. ac.
Leuuin .i. d. Aluuin .ii. d. 7 xxii. ac. Leuuin .ii. d. Edric.
.i. d. Leuuin .i. d. Uuod .i. d. Ulst .i. d. Goldric .ii. d.
7 xxvii. ac. Goda xxii. ac. Calebot .vii. ac. Manstan .ii. d.
7 i. ac. Ulfeih .i. d. Manuuin .i. d. Winemer .i. d. Saorin.
iii. d. 7 iiii. ac. Louric .i. d. Uluuart .i. d. 7 iiii. ac. Ul
uuin .i. d. 7 x. ac. Lef fled .i. d. 7 xxv. ac. Godric .i. d.
Deremann .i. d. Tstan .i. d. Du Hel .i. d. 7 dim. ac. Godde .ii. d.
Got cill .i. d. 7 i. ac. Stan .i. d. Ordr .i. d. Alfstan .i. d.
Tour .i. d. Goldinc .i. d. Lemmer .i. d. 7 ii. ac. Blacstan .i. d.
Manuuin .i. d. Aluuin .i. d. Lefsun .ii. d. Aluric .i. d. 7 ii. ac.
Brunman .i. d. Aluuin .i. d. Saulf .ii. d. 7 dim. 7 x. ac.
Leuuin .iii. ac. Uluric .i. d. Alfstan .i. d. Goduuin iii. ac.
Golduin .i. d. Goduuin .i. d. 7 i. ac. Wiega .i. d. Ledmar .i. d.
Ulstan .ii. d. Godesun .i. d. 7 iii. ac. Olebolt .ii. d. 7 i. ac.
Goduuin .i. d. Godeua .i. d. Lefstan .i. d. Eduuardus pr. .i. d.
hacon .i. d. Albricsb .i. d. Taco .i. d. Sauuart .i. d. Borda.
.i. d. 7 v. ac. Uluuart pr. .i. d. 7 i. ac. Cullinc .ii. d. 7 vii. ac.
Aluuolt .i. d. Aleman .i. d. 7 v. ac. Godeua .i. d.

·ess·

Siuuardus pr̄·i·đ·7·IIII·ac. Pic·i·đ. Uluuin̄·III·đ·7·IIII·ac.
Loueua·i·đ·7·IIII·ac·7·dim̄. Aluric̄·xvi·ac. Aluuen·ii·đ.
Uluric̄·i·đ·7·i·ac·7 dim̄. Witt·pecatū·i·đ. Berđ·i·đ. Rosell̄.
i·đ·7 vii·ac. Leuuin̄·i·đ·7·ii·ac. Goda·i·đ. Uluuin̄·i·đ.
Leuesun̄·i·đ. Colman̄·i·đ. Pote·iii·ac. Godric̄·i·đ. Siricus·
i·đ·7·ii·ac. Alric̄·i·đ·7·ii·ac. Liuui·i·đ. Brictric̄·i·đ.
7·ix·ac·7·dim̄. Lefstan̄·i·đ. Uudobil·i·đ. Blacstan·i·đ.
Alfleo·i·đ. Ulueua·i·đ·7·xx·ac. Goda·i·đ·7·xx·ac.
Ascere·i·đ·7·xix·ac. Godric̄·i·đ. Brunloc·i·đ. Alnod·ii·đ.
7·IIII·ac. Goduuin̄·i·đ·7·x·ac. Leuuin̄·i·đ·7·x·ac.
Aluric̄·pr̄·III·đ·7·II·ac. Rogerius·i·đ·7·IIII·ac. Godric̄.
i·đ. Aluric̄·i·đ·7·ii·ac. Sueraine·i·đ·7·x·ac. Godid·ii·đ.
7·xIIII·ac. Brunuuin̄·i·đ·7·III·ac. Uluuin̄·i·đ. Brungar̄.
ii·đ·7·xvIII·ac. Sunegot·i·đ. Siuuard̄·i·đ·7·vi·ac·7·dim̄.
Ulstan̄·xi·ac. Leffsius·ii·đ·7·vIII·ac. Sagrim·i·đ. Uluuin̄.
i·đ. Leuuin̄·i·đ. Leuric̄·i·đ. Godric̄·i·đ·7·i·ac. Westan.
ii·đ·7·xxx·ac. Arnolf·i·đ·7·xvi·ac. Turric·i·đ.
Alstan·v·ac. Alfsius·i·đ. Goldere·i·ac. Godsune·i·ac·7 dim̄.
Uluuin̄·i·đ. Aluric·i·đ. Goduuin̄·i·đ. Pecoc·i·đ. Aluuin̄·i·đ.
Brictric·i·đ. Manuuin̄·i·đ. Uluric·i·đ. Godsune·7·dim̄.
7·vi·ac. Brunuuin̄·i·đ. Manuuin̄·i·đ. Edric̄·i·đ. Loueua.
i·đ. Ouuin̄·i·đ. Alstan·ii·đ. Aluolt·vi·ac·7 dim̄. Manuuin̄.
i·đ·7·v ac. aluuart·i·đ·7·xii·ac. Lemerus·x·ac.
Abbas sc̄i eadmundi·ii·đ·7·xxxx·ac. Stanhert·i·dom̄.

Uluuin'. i. d'. Samuele. i. d'. Leuret. i. d'. 7 ii. ac. Aluoua. x. ac.
Ulstan. i. d'. 7 xiii. ac. Leuuin'. i. d'. Leuoua. i. d'. Aluric. i. d'.
Godric. i. d'. 7 ix. ac. Ulric. i. d'. 7 iiii. ac. Uluuin'. i. d'.
Aluuen. i. d'. Tescho. ii. d'. 7 xx. ac. t're. 7 debet consuetudines
reg; 7 numquã reddit. Uluricus. iii. ac. Scotinc. i. d'. herstan.
i. d'. Leuric'. i. d'. 7 xlii. ac. Edric'. i. d'. Dela. i. d'. hunec. ii. d'.
Manuuin'. ii. d'. Aluric. ii. d'. Got hugo. vi. ac. Leuuinus. i. d'.
7 xxvi. ac. Dimidi'. bland'. iiii. d'. Lef sune. i. ac. Aluoua.
i. d'. Leuoua. iii. ac. Sueno. i. d'. Ulsi'. i. d'. Alflet. i. d'. Rad
pinel. iii. d'. infra muros. 7 vi. ac. 7 non reddidit consuetudinẽ
7 indedit uadẽ. Orlaf. iii. ac. 7 dim̃. Walt'. ii. d'. horrap. i. d'.
Aluuin'. i. d'. Stamburc. i. d'. Ulstan. ii. d'. 7 v. ac. Chenticc.
i. d'. Sprot. i. d'. 7 vi. ac. Eduuin'. i. d'. 7 iii. ac. Got flet.
xx. ac. Mansune. x. ac. Goduinc. i. d'. 7 vi. ac. Uluoua. v. ac.
Uluric. i. d'. 7 i. ac. 7 dim̃. Lorchebret. i. d'. 7 x. ac. Goldere.
i. d'. P't suam t'ram habent isti burgenses. li. ac. p'ti.
Ad'mo hamo dapifer. i. d'. 7 i. curtã. 7 i. hidã t're. 7 xvi. burgenses.
7 hoc totum tenuit antecessor suus. ulurbt'. t'p'r. r. e. Et hoc totũ
p't suam aulã reddebat consuetudinẽ t'p'r regis. e. 7 adhuc
reddũt burgenses. de suis capitibus. Sed de t'ra sua. & de hida quã
tenent de hamone n̄ ẽ reddita consuetudo. In hida. i. car. t'c 7 m̃
nulla. Tc. vi. ac. p'ti. 7 m̃. Et hoc totũ ual. t'p'r. r. e. iiii. lib.
7 q'do simil' recep. & m̃. xl. sol. ¶ Mansune. ii. d'. 7 iiii. ac.
Goda. i. d'. ¶ Eudo dapif'. v. d'. 7 xl. ac. t're. quas tenebant.

ESS.

burgenses tēpr̄. r. e. 7 reddebant omnē consuetudinē burgensiū.
M° n̄ n̄ reddē 7 sucedunt .ii. de suis capitibus. hoc totū ē quarta parte
eccłę sci petri. reddit xxx. sol. ⁊ Hug de monte forti .i. đ.
quam ten̄ tēpr̄. e. Godric suus antecessor 7 reddebat tc̄ consuetudinē regis. M° n̄ reddit nec postea reddidit ex quo hugo habuit.
⁊ Rog pictauensis .i. đ. quam tenuit alflet sua antecessor.
tēpr̄. r. e. 7 reddebat consuetudinē regis; m° n̄ reddit nec reddit
ex quo Rog habuit. ⁊ Eustachi comes .xii. đ. 7 unā quā occupauit
engelric. 7 reddebant consuetudinē regis tēpr̄. r. e. M° n̄ reddē
nec reddiderunt ex quo eustachi habuit. 7 ualent .xii. sol.
Witt nepos epi .ii. đ. quam ten̄ churchill 7 reddit consuetudinē
Otto aurifab. iii. đ. que iacent ad escaldeforde quas tenebat.
Alueua comitissa. 7 reddebant consuetudinē regis. 7 m° n̄ reddē;
& hoc ē de t'ra regina. ⁊ Abbas de uuestmonast'io .iiii. đ.
quas tēpr̄. r. e. tenuit comes haroldus ad forigens. & tc̄ reddebant
consuetudinem. m° n̄ reddē. ⁊ Goisfridus de magna uilla .ii. đ.
quas ten̄. Gent tēpr̄. r. e. ad erligam 7 reddebant consuetudinē
m° non reddē. ⁊ Sueno .i. đ. quā tenuit. goda tēpr̄. r. e. ad elmesteda.
7 tc̄ reddebant consuetudinē regis. m° reddē. n̄ caput hois.
⁊ Witt de uuare uilla .i. đ. de suo nono quā ten̄. Rob uii marc.
tēpr̄. regis. e. 7 reddebat consuetudinē. m° n̄ reddit. ⁊ Turstinus
uuisfart .ii. đ. de iohanno filio uualerā 7 dim̄ hidā t're q̄d
tēpr̄. r. e. tenuer duo burgenses 7 reddebant consuetudinē.
regis. m° n̄ reddē consuedo. Illa dim̄ hida ual. tc̄ x. sol. 7 q̄do.

recep. vi. sol. m. v. s. ¶ Rad. piperell'. ii. d. quas tenuit. Adelmar'
tēpr. regis. e. ad terlingas. 7 reddebant consuet. m̄ n̄ reddunt.
Quarū una extra murū ē. ¶ Rad. baignart. i. d. quā tenet.
Adelmar'. melc. tēpr. r. e. ab collensum tr. 7 reddebant consuet. m̄ n̄.
¶ Abbatissa de berchinges. iii. d. tēpr. r. e. & tc̄ reddebat consuetudinē;
m̄. n̄. ¶ Albic'. de uer. ii. d. 7 iii. ac̄ t̄re. q̄s tenuit. Uluuin'. lib'
anteccessor. tēpr. r. e. Tc̄ reddebant consuetudinem.

Dominium regis in colecestra. cii. ac̄ t̄re. de qb; st. x. prati.
in quib; st. x. bord'. Et. cc. 7 xl. ac̄ inter past'. 7 fructec tam
& hoc totū iacet ad firmā regis. ¶ In cōmune burgensium. iiii.
xx. ac̄ t̄re; & circa murum. viii. perc. de q̄ toto p annū habent
burgenses. lx. sol. ad seruicium regis si op' fuerit. sin autē in cōmune
diuidē;

¶ Est autē consuetudo ut uno q̄q: anno quinto decimo die
post pascha reddant burgenses regi duas marcas argenti
7 hoc pertinet ad firmā regis. Pt ea de una quaq; domo.
p annum. vi. denarios qui reddē potest ad uict tū solda-
-riorum regis. ut. ad expeditionē t̄re t maris; & hoc n̄ ē ad firmā.
Et hoc sit si rex soldarios habuerit t expeditionē fecerit.
Et propt hos. vi. denarios tota ciuitas ex omnib; debitis reddebat
tēpr. r. e. xv. lib. 7 v. sol. 7 iii. d. in uno quoq: anno; De quib;
reddebant monetarii. iiii. lib. tēpr. regis. e. M̄ reddit. iiii.
xx. lib. 7. iiii. sextarios mellis t xl. sol. iiii. Et pter hoc
c. sol. uic comiti de gersuma. Et x sol. 7. iiii. d. ad p bendarios

pascendos. Et pter hoc reddunt burgenses de colecestra & de meldu-
-duna .xx. lib. p moneta. 7 hoc constituit. Waleram. & advocavit.
regē adiutorē. qd condonavit illis .x. lib. & tn̄. Walchelin.
epc. querit ab illis .xl. lib.

In colecestra ē quedā eccle sci petri quā tenuit .ii. pri. tēpr. r. e.
in elemosina regis. cui adiacent .ii. hi. terrę. in quibus erant .ii. car.
7 m̄. Tō. iii. b. m̄. iiii. Tō. iii. s. m̄. ii. Tc̄. xii. ac̄. pti. 7 m̄. Tō. i. mol.
7 m̄. Tc̄. ii. domus in burgo. 7 m̄. Tō totū ual. xxx. sol. m̄. xlviii. sol.
De hac elemosina reclamat. Rob. f. rad. de hatingis. iii. partes.
7 eudo dapifer tenet quartā. & tēpr. r. e. reddebant consue-
-tudinē. 7 m̄ non reddit.

CPSIA information can be obtained
at www.ICGtesting.com
Printed in the USA
LVHW051954230821
695572LV00003B/328

9 781169 743311